KB236491

AI는 알려주지 않는 나의 미래 직업

AI 시대 진로 설계서

AI는 알려주지 않는 나의 미래 직업

AI 시대 진로 설계서

AI 시대 진로 설계서

이승주 지음

법꽃

추천사

신동재 (한국폴리텍 운영이사, 국회언론인연대회의 고문, 전 중앙일보 기자)

이 책은 직업을 나열하는 안내서가 아니다. 자신의 성격과 습관, 타고난 기질을 얼마나 정직하게 마주할 수 있는지를 묻는다. 기자를 꿈꾼다면 성급한 확신이나 타인을 수단으로 삼는 태도가 왜 치명적인 결함이 되는지도 분명히 짚어낸다. 보고 싶은 것만 보고, 믿고 싶은 것만 믿는 확증편향에 취약하다면, 왜 언론인이 되는 것을 다시 생각해야 하는지까지 정확하게 보여준다.

조정현 (사랑아이여성의원 원장, 전 대한산부인과의사회 부회장)

우리나라 입시는 적성과 성향보다 성적으로 전공을 선택하게 만든다. 그러나 의사는 피와 불편함을 견디고, 시작한 일을 끝까지 해낼 각오와 끈기가 필요한 직업이다. 지독한 공부와 반복되는 임상, 예측 불가능한 변수까지 감당할 마음이 없다면 이 길을 택해선 안 된다. 내가 후배들에게 늘 하던 경고가 이 책에 그대로 담겨 있다. 의대를 지망한다면, 이 책의 질문을 스스로에게 먼저 던져보길 권한다.

이동흡 (데톤스 리 법률사무소 고문 변호사, 전 헌법재판소 재판관)

법조인은 인공지능(AI)이 분석하고 예측하는 것으로는 엄두조차 내지 못하는 예리한 판단과 맥락을 읽어내야 한다. 인간의 생각과 행동은 단순하지 않다. 이 책은 법조인의 길을 꿈꾸는 젊은이에게 그 길을 감당할 수 있는 사람인지를 '리얼'하게 묻고 있다.

장영택 (경감, 서울경찰청 여성청소년과 아동학대수사 전문수사관)

수사는 기술이 아니라 사람의 심리를 통찰해야 한다. 단편적이거나 편향적이지 않고 객관적인 사고를 갖고 있는 사람이 해야 한다. 이 책을 통해 나에게 맞는 길을 찾기를 바란다.

김종경 (시인, 사진작가)

이 책을 읽으며, 예술가는 자유인이 아니라 자유를 감당해야 하는 사람이라는 사실을 다시 생각하게 되었다. 고독과 좌절 속에서도 작업을 멈추지 않는 인내심과 무너진 자존심 위에서 스스로 다시 세울 자존감이 없었다면 오늘의 나는 없었을 것이다. 재능보다 먼저 자신을 점검하게 만드는 이 책을, 예술가를 꿈꾸는 청소년들에게 권하고 싶다.

이의도 (용인시 남사농협 상임이사, 전 NH농협은행 용인시지부장)

은행원은 숫자를 다루는 기술보다 감정을 걷어내고 차갑고 정밀하게 판단할 수 있는 성격이 요구되는 직업이다. 이 책은 숫자를 끝까지 책임지는 사람이 어떤 태도를 지녀야 하는지를 분명히 보여준다. 나 역시 이 책을 통해, 내가 그만큼 치밀한 사람인지 스스로 묻게 되었다.

안영선 (강하중학교 교장, 시인, 여행 칼럼니스트)

이 책을 읽으며 '올 것이 왔다'라는 생각이 들었다. 잘하는 것과 하고 싶은 것 사이에서 무엇이 나에게 맞는 선택인지 스스로 묻게 만든다. 수많은 진로 상담 끝에 말하자면, 이만큼 정직하게 자신을 돌아보게 하는 책은 드물다. 진로를 앞둔 학생이라면 반드시 읽어야 한다.

최은진 (청심국제고, 델프트 공대 졸업생 학부모)

이 책을 읽으며, 아이의 선택보다 먼저 아이의 성향을 보지 못했던 부모로서 나 자신을 돌아보게 되었다. 진로를 결정하기 전에, 아이를 이해하는 일이 먼저였다는 사실을 조용히 일깨워준다.

'무엇을 해야 하지?'가 아니라, '나는 누구인가?'에서 출발해야 한다.

나는 한때, 거짓말처럼 멋진 말을 잘 늘어놓던 친구를 알고 있었다. 허풍이 일상이던 그는 늘 반짝이는 이야기를 풀어놓았지만, 이상하게도 누구 하나 눈살을 찌푸리지 않았다. 오히려 그의 말은 사람을 기분 좋게 만들었다. "우리 학교 앞에 정말 맛있는 떡볶이 가게가 생긴대! 우린 진짜 복 터진 거야."라는 식의 표현이었다. 선생님들도 그의 과장된 말에 호통 대신 "넌 홍보실에서 일해야겠다."라는 농담 섞인 격려를 곁들이곤 했다.

그 친구는 정말 국내 굴지의 광고 회사에 입사해, 수많은 이들의 마음을 움직이는 문장을 쓰는 사람이 되었다. 나는 직업을 이야기할 때마다, 늘 그를 떠올린다. 타고난 재능이란 결국, 자기다움을 끝까지 밀어붙인 용기에서 나오는 것 아닐까?

법원을 취재하던 시절, 나는 판사들의 일상을 가까이에서 본 적이 있다. 가장 인상 깊었던 건, 그들이 하루 종일 묵묵히 사건 서류를 읽는 모습이었다. 하루에 천 장 이상 읽는 판사도 있었다. 말을 아끼며 서류를 넘기던 그의 눈가엔 마른 눈곱이 붙어 있었다. 응급실에서 만난 의사는 이렇게 말했다. "요즘 제 소원은, 그냥 앉아서 여유롭게 밥 한 끼 먹는 거예요." 사람들은 생명을 다루는 고귀하고, 선망받는 전문직으로 의사를 바라보지만, 현장에서의 그는 피와 땀, 고름과 눈물 속에서 하루를 시작하고 끝내는 노동자였다.

일선 현장에서 직접 대하는 여러 직업은 생각보다 덜 멋지고, 훨씬 더 고달프다. 우리는 그 고단함을 모르고 성적표대로 직업을 고른다. 대부분의 청춘이 그렇다. 기질도 성격도 습관도 고려하지 않은 채, 성적순으로 대학을 가고, 그 대학이 허락한 전공을 따라 직업을 정한다. 고등학교 시절 한 번쯤 해봤던 적성검사 결과는 참고 수준일 뿐이고, 자신이 무엇을 좋아하고 잘할 수 있는지를 진지하게 묻는 사람은 드물다.

그래서 나는, 지금 막 진로의 갈림길에 선 청춘들에게, 조금 늦게라도 다시 시작하려는 이들에게 작은 나침반 하나를 건네고 싶다. 삶은 결국 일과 직업으로 채워진다. 그렇다면 내 안의 나와 손발이 맞는 일을 찾는 것이, 덜 고되고, 좀 더 행복한 선택 아닐까?

요즘 젊은이들은 '무엇을 하며 살아야 하지?'라는 질문에 갇혀 있다. 그 물음은 애초에 순서부터 틀렸다. '무엇을 할까?'보다 먼저 '나는 누구인가?'를 물어야 한다. 문제는 학교도, 부모도, 사회도 '나'를 알려주지 않는다는 점이다. 대신 "교사나 공무원이 최고야. 안정적이잖아."라고 가르친다. 그 말은 "불안하지 않은 삶이 중요해."라는 말로 번역된다. 우리는 '직업'을 선택하는 것이 아니라 '불안'을 피하는 것이다.

그러나 직업은 단순한 생계 수단이 아니다. 직업은 한 사람이 세상과 만나는 방식이다. 의사는 고통의 치유를, 디자이너는 아름다움을, 판사는 정의를 손에 쥔다. 때문에 '무슨 일을 할까?'가 아니라 '나는 매일 무엇을 보고, 만지고 싶은가?'를 물어야 한다. 스스로 감당할 수 있는 감정, 오래 들여다보고 싶은 세계, 매일 손에 쥐고, 눈으로 보고, 마음으로 대하고 싶은 무언가가 바로 직업의 본질이다.

재능이 없다고 지레 포기하지 말자. 처음부터 잘하는 사람은 없다. 잘하는 것처럼 보이는 사람도, 대부분은 시행착오 끝에 감각을 얻는다. 나랑 좀 맞는 것 같다는 느낌은, 적어도 세 가지쯤은 직접 해본 뒤에야 찾아온다. '나에게 맞는 일이 뭘까?'라는 질문은, 축적된 경험 이후에야 던질 수 있다.

더불어 꿈이 없다고 자책할 필요도 없다. 꿈은 정답지가 아니라 방향표다. 멀리 흐릿하게만 보여도 괜찮다. '혼자가 편해' '사람을 도우면 뿌듯해' '무언가를 만들어내면 짜릿해'와 같은 감각들이 바로 방향이다. 방향만 있다면, 길은 얼마든지 나중에 찾을 수 있다.

두 가지가 충족되면 좋은 직업이다. 첫째는 나를 괴롭히지 않는 일이고, 둘째는 나를 조금씩 성장시키는 일이다. 이 두 가지만 있어도 평생 출근이 두렵지 않다. 반대로 나쁜 직업은 둘 중 하나다. 하나는 돈은 벌지만 나를 갉아먹는 일이고, 다른 하나는 대충할 수 있어서 결국 나를 대충 살게 만드는 일이다. 처음엔 편해 보여도, 결국 삶이 무기력해진다.

당신이 지금 열여덟이라면, 이긴 첫 번째 선택일 것이다. 스물다섯이라면, 두 번째 선택일 수 있다. 중요하지 않다. 다만 어떤 선택이든 간에 불안이 아니라 나로부터 출발해야 한다. 그렇게 시작한 길은 실패해도 덜 아프다. 왜냐하면 그것은 내 실패이기 때문이다. 남이 시킨 인생의 실패가 아니다.

그러니 질문을 바꿔보자. 무슨 일을 할지 고민하는 대신 '내가 세상에 던질 수 있는 나다움은 무엇이지?'라는 질문에 답을 찾는 순간, 직업은 따라온다. 일을 하지 말고, 나를 찾자.

이 책이 당신에게 작은 힌트 하나라도 건넬 수 있기를 바란다. 그리고 당신이 만지고 싶은 세계가, 언젠가 당신을 기다리고 있다는 사실을 잊지 않기를 기대한다.

이승주

목차

1부 /
진로 선택 전에 알아야 할 것!
나 자신을 알라!

2부 /
진로 선택 전에 알아야 할 것!
직업의 본질을 알라!

7장 차가운 이성과 뜨거운 감정 사이 _법률가의 세계

8장 생명과 치유의 직업 _의료인의 세계

9장 숨겨진 끈기의 시간 _기술과 숫자의 직업

10장 가르치는 일의 진짜 얼굴 _교육인의 세계

11장 끈기와 마감이 뒷받침하는 자유와 창의 _예술과 표현의 직업

12장 안정성 뒤 보이지 않는 무게감 _공공과 안전의 직업

1부

**진로 선택 전에
알아야 할 것!
나 자신을 알라!**

1장

다시 생각하는 직업 선택의 기준

적성과 전공의 한계를 넘는 새로운 기준

"나는 I라서 사람을 많이 만나는 직업은 안 맞아요."
"P형이라 반복적 일상은 자신 없어요."
"F라 감정 소모가 심한 업무는 피하고 싶어요."

언제인가부터 진로 상담 현장에서 자주 들리는 표현들이다. MBTI(Myers-Briggs-Type Indicator, 성격 유형 지표 검사), 에니어그램(Enneagram, 사람을 9가지 성격으로 분류하는 성격 유형 지표), DISC(Dominance, Influence, Steadiness, Conscientiousness, 주도형, 사교형, 안정형, 신중형 등 4종의 성격 분류 검사) 같은 성격 유형 검사가 자기소개 수단이 되었고, 누군가의 직업 선택과 업무 성향까지 이 알파벳 조합이 좌우하는 시대가 되었다.

하지만 그 알파벳이 설명하는 것은 어디까지나 경향성일 뿐, 결코 운명은 아니다. 성격은 참고의 언어가 될 수는 있어도 자신을 제한하는 언어가 될 수 없다. 이에 집착하는 순간 가능성을 닫아버리는 결과를 만든다.

대한민국은 MBTI의 늪에 빠져 있다

대표적인 것이 MBTI다. 이는 성격을 네 가지 기준, 즉 외향과 내향, 감각과 직관, 사고와 감정, 판단과 인식으로 나누어 사람을 총

16가지 유형으로 분류하는 검사다. 대인관계에서의 반응, 감정 처리 방식, 업무 상황에서의 정보 선호 등을 가볍게 진단해 볼 수 있는 유용한 프레임이다. 본래는 자기 이해와 관계 소통을 돕기 위한 참고 도구로 만들어졌지만, 최근 많은 이들이 이 알파벳 조합을 마치 성격을 결정짓는 공식처럼 받아들이곤 한다.

실제 요즘 사람들은 자기 성격을 설명할 때 MBTI를 먼저 언급하는 경우가 낳다. '나는 INFP야' '그 친구는 ESTJ라서 그래'처럼 네 글자로 자신을 소개하고, 그걸 바탕으로 직업이나 인간관계를 해석하려 든다.

하지만, 이 검사는 어디까지나 경향성을 보여주는 것이지 적성이나 가능성을 정해주는 기준은 아니다. 참고는 될 수 있지만 단정의 언어가 되어서는 안 된다.

더욱이 검사 결과가 어떤 직업은 가능하고, 어떤 일은 불가능하다는 판단의 근거가 될 수는 없다. 내향형인 사람이 외향적 업무를 못하는 것도 아니고, J형(계획형)이 아닌 사람이 마감을 못 지키는 것도 아니다. 많은 상담사, 교사, 간호사, 조직 리더가 자신을 I형(내향형)이라 말하면서도 사람들과 함께 일하고, 많은 작가나 개발자가 E형(외향형)임에도 혼자 있는 일에 몰입한다.

성격은 단독으로 직업 적합성을 결정하지 않는다. 그보다 훨씬 큰 영향을 미치는 요인은 익숙해진 경험과 반복을 통해 길러진 내성이다.

이 지점에서 적성에 대한 오해도 생긴다. 많은 사람은 적성을 타고나는 것, 미리 알 수 있는 것이라 믿지만 본질적으로 적성은 결정된 것이 아니라 만들어지는 것이다. 처음엔 어렵고 낯설었지만 반복하다 보니 익숙해졌고, 어느 순간 지겹지 않다는 느낌이 생겼다면, 그게 바로 적성이다. 잘해서가 아니라 지겹지 않아서 계속할 수 있다면, 그것이 가장 현실적인 적성의 정의다. 반대로, 아무리 잘해도 흥미가 금세 사라지고 반복하기 싫다면, 그것은 특기일 수는 있어도 진짜 적성은 아닐 수 있다.

성격도, 적성도 시간이 흐르면 변한다

문제는 많은 사람이 성격과 적성을 너무 빠르게 정체성처럼 고정해서 생각하는 데 있다. '나는 이런 사람이니까 저 일은 안 맞아' '성향상 그런 업무는 무리야'라는 식의 말은 겉으로는 자신을 잘 파악하고 이해한 것처럼 보이지만, 다른 한편으로는 한계를 너무 일찍 정한 표현일 수 있다.

누구나 일할 때 불편한 부분이 있을 수 있다. 하지만 그 불편함이 진짜 맞지 않음인지, 단지 익숙하지 않음인지 구분하려면, 일단 그 일을 해보는 경험이 필요하다. 경험 없이 성급히 결론을 내리면 성격은 설명이 아니라 걸림돌이 된다.

더구나 성격은 고정된 게 아니다. 모든 사람은 특정 환경에선 말이 많을 수 있고, 특정 환경에서는 조용할 수 있다. 어떤 팀에선 주도적이고, 또 어떤 구조에선 수동적이다. 성격은 본질이라기보다는 환경 속에서 굳어진 반응의 패턴이며, 반복된 조건 안에서 형성된 행동 습관에 가깝다. 일할 땐 계획적인 J형으로, 주말에는 무계획한 P형(즉흥형)으로 살아가는 건 지극히 자연스럽다. 성격은 고정된 자아가 아니라 환경에 반응하는 유동적인 시스템이다. 직업이라는 환경은 그 시스템을 아주 정교하게 조정하는 것이다.

직업은 사람을 바꾼다. 역할이 생기면 책임감이 생기고, 반복된 피드백은 행동을 바꾸며, 업무의 패턴은 사고방식을 바꿔놓는다. 성격이 직업을 선택하는 기준이 될 수는 있지만 직업이 성격을 바꾸는 경우는 훨씬 더 많다. 내향적인 사람이 상담직을 오래 하다 보면 자연스럽게 타인의 말에 반응하고 감정을 조절하며 질문하는 능력을 갖추게 된다. 그 순간 그는 내향형일까 외향형일까? 정답은 둘 다다. 성격은 고정값이 아니라 반복과 환경에 따라 조정되는 감정적 근력이다.

그래서 I형이라 못 한다는 망설임은 'I형인 줄 알았는데 생각보다 잘 해내고 있다'라거나 '그 일이 안 맞을 줄 알았는데, 해보니 지겹진 않다'로 바뀌어야 한다. 이런 표현이 나올 때, 성격과 적성은 운명이 아니라 가능성이 된다. 중요한 건 나의 유형이 아니라 경험이고, 나의 기질이 아니라 반복이다. 자기 자신을 너무 빨리 정의하지 말자. 그 정의가 주는 안정감 뒤에는 아직 열어보지 못한 가능성의 문이 잠겨 있을지도 모른다.

그래서 정말 중요한 질문은 이것이다. 자신이 믿는 나는 정말 나인가? 아니면, 지금까지 들은 설명 중 가장 설득력 있어 보이는 것에 불과한가?

우리가 접하는 성격 유형은 본인을 이해하는 데 도움은 될 수 있지만 그 설명이 곧 자신을 결정할 수는 없다. 성격 검사는 특정 시기와 맥락, 반응을 기반으로 한 순간적인 스냅숏에 불과하다. 그 자체가 진짜 나는 아니다. 사람은 계절처럼 바뀌고, 감정은 흔들리며, 관계가 달라지면 생각도 바뀐다. 어제의 나와 오늘의 나는 다르고, 올해의 나는 작년과 닮은 듯 다르다. 그러니 '원래 이래'라는 말은 언제나 조심스럽게 다루자.

성격검사를 자기 한계의 근거로 삼지 말라

성격을 유동적으로 받아들이는 사람일수록 새로운 환경에 잘 적응한다. 이들은 잘할 수 있을지보다는 익숙해질 수 있을까를 먼저 고민한다. 직업은 그런 사람에게 가능성의 훈련장이 된다. 자신도 몰랐던 능력이 드러나고, 몰입하는 경험을 통해 새로운 에너지를 발견하며, 싫지 않은 반복이 어느 순간 천직을 만든다. 그런 경험이 쌓일수록 성격은 더욱 유연해진다. 우리는 직업을 선택하지만, 동시에 직업이라는 환경 속에서 천천히 설계되고 조형되는 존재이기도 하다.

적성도 마찬가지다. 좋아서 하는 일, 잘해서 하는 일, 아무 이유 없이 오래 할 수 있는 일이 있다. 그 기준은 생각보다 단순하다. 바로 지겹지 않음이다. 지루한 일은 잘해도 힘들지만 싫지 않은 일은 잘하지 않아도 계속하게 된다. 그 순간 우리는 적성이란 단어를 진짜 실감하게 된다. 타고난 재능보다, 경험 속에서 축적된 감정의 패턴이 훨씬 더 정확한 나침반이 된다.

마지막으로 강조하자면, 성격도 적성도 단 한 번의 검사나 테스트로 결론을 내릴 수는 없다. 그 결론은 종종 불완전하고, 때로는 위험하다. 진짜 중요한 건 성격을 자기 이해의 언어로는 쓰되, 자기 한계의 언어로는 사용하지 않는 것이다.

그렇게만 해도 우리는 성격이라는 좁은 문을 넘어서, 훨씬 더 넓고 자유로운 자기 서사의 공간으로 들어설 수 있다. 경험은 언제나 추측보다 강하고, 행동은 언제나 성향을 이긴다. 진짜 나는 그 반복과 실행의 과정 안에서 천천히 완성된다.

전공은 출발선일 뿐, 도착지는 아니다
과대평가되고 있고, 과소평가되고 있다

"이 전공 나와서 뭐 해요?"
"그 과는 취업이 안 돼요."
"돈 되는 전공은 따로 있어요."

전공 선택을 앞두고 수없이 반복되는 말들이다. 사람들은 수능 성적표를 받아 든 순간 진로보다는 수익률과 안정성, 취업률을 기준으로 학과를 고른다. 전공은 공부의 주제가 아니라 생계의 도구가 되고, 그 도구가 만들어줄 직업은 이미 정해진 답처럼 여겨진다.

하지만 현실은 그렇게 단순하지 않다. 전공은 진로의 출발선이 될 수는 있어도 도착지를 결정하지는 않는다.

경영학을 전공했지만 콘텐츠 기획자가 된 사람, 국문학을 공부했지만 데이터 분석을 하는 사람, 화학공학을 배웠지만 마케팅과 브랜딩에 몰두하는 사람이 있다. 우리는 매일 전공과 무관하게 일하는 수많은 사람을 만난다. 문과 출신 개발자나 이과 출신 작가라는 말이 더 이상 낯설지 않다는 사실은 전공이 직업을 결정한다는 통념에 물음표를 던진다. 실제로 많은 경력은 전공에서 출발하지 않고, 경험과 연결, 반복과 우연 속에서 방향이 바뀌며 차곡차곡 쌓여간다.

전공 살린 직업을 갖는 사람은 생각보다 적다

전공이 과대평가되는 이유 중 하나는 돈 되는 전공이 있다는 믿음 때문이다. 의대, 약대, 간호학과, 컴퓨터공학과처럼 시기별로 특정 전공이 주목받는 경향이 있다. 수익률 높은 직군에 진입할 수 있다는 이유로 인문학은 비효율적이고, 예체능은 위험한 선택으로 취급되곤 한다.

하지만, 이 기준은 대부분 단기적인 것에 불과하다. 기술과 산업의 흐름은 몇 년 단위로 바뀌고, 유망 전공의 순위는 매해 뒤집힌다. 수익률만 보고 전공을 선택한다면 우리는 미래를 준비하는 것이 아니라 과거의 데이터를 따라가는 셈이다.

더구나 그 전공이 돈은 되지만 본인이 버티기 힘든 분야라면 상황은 더 나빠진다. 적성과 무관하게 전공을 선택하면 이탈률과 번 아웃이 올 가능성이 높을 뿐 아니라 졸업 후 경력 유지율도 낮은 경우가 많다. 이른바 탈출하는 전공이 생겨난다.

반대로 처음에는 생계 걱정이 컸던 전공이더라도 흥미와 관심을 따라간 이들이 오히려 한 직장을 길게 이어가는 경우도 많다. 중요한 건 직업을 빨리 갖는 게 아니다. 오래 버틸 수 있는 동기와 에너지의 원천을 찾는 일이다.

한편, 현재 과소평가된 전공도 있다. 철학, 언어, 예술, 환경, 지역학처럼 당장은 취업과 연결되지 않는 것처럼 보이는 학문이다. 그러나 디지털 전환과 융합 시대가 본격화하면서 이 전공들은 오히려 재조명받고 있다. 인공지능 시대에 철학은 윤리와 통찰의 키워드가 되었고, ESG와 지속 가능한 지구라는 개념의 부상은 환경학을 핵심 역량으로 만들었다. 인문학 기반의 스토리텔링은 콘텐츠 산업의 주요 기술이 되었다. 바로 써먹을 수 있는 기술은 빠르게 낡지만, 생각을 조직하는 힘은 시간이 갈수록 가치가 올라간다.

실제로 경력 전환 시에도 깊이 있는 전공은 강력한 무기가 된다. 겉보기에는 어울리지 않는 전공과 직무의 조합이 오히려 기억에 남고 신뢰를 주는 독특한 조합이 되기도 한다. 철학을 전공한 브랜드 전략가, 사학을 공부한 UX 연구자, 예술사를 전공한 기술 중심 기업의 프로젝트 매니저를 상상해 봐라. 깊게 파봤다는 증거는 어느 분야에서든 통찰력과 설득력을 만들어준다. 넓은 전공보다 깊은 전공이 더 유연한 전환을 가능하게 한다.

물론 법, 의학, 기술, 엔지니어링처럼 전공 자체가 진입 자격이 되는 분야에서는 전공이 매우 중요하다. 자격 기반의 전문직은 그 전공이 곧 실무 기반이 된다. 그러나 그 외 대다수의 직업군에서는 전공이 실무 지식의 절반도 안 되는 경우가 많다. 중요한 것은 전공보다 그 전공을 배우는 과정에서 얼마나 깊게 사고하고, 문제를 풀며, 자기만의 시야를 만들었는가이다.

생각의 도구가 되는 전공을 택하자

전공을 정할 때 우리는 너무 많은 것을 예측하려 한다. 졸업 후 첫 직장, 연봉, 안정성까지 미리 계산한다. 그렇지만 그 예측은 현실에서 번번이 어긋난다.

전공 선택의 핵심 질문은 단순하다. '나는 이 주제에 대해 오래 생각할 수 있는가?' '질리지 않고 계속해서 탐구할 수 있는가?'이다. 이 두 질문에 '예'라고 답할 수 있다면 그 전공은 이미 의미 있는 기반이 된다. 처음부터 직업이 되는 전공이 아니라 생각의 도구가 되는 전공을 선택할 수 있다면 훨씬 더 단단한 기반 위에 서게 된다.

전공은 결국 자격이 아니라 습관이다. 문제를 정의하고, 정보를 해석하고, 생각을 구조화하는 훈련의 경험이다. 그 훈련이 심화될수록 전공은 직무를 넘어 사고력이라는 자산이 된다. 그리고 그 자산은 예상하지 못한 경력 전환의 순간에 강력한 힘으로 작용한다. 지금 하는 일이 과거의 전공과 다르더라도 그동안 단련한 사고의 깊이와 통찰력은 절대 사라지지 않는다.

전공이 경력의 일부가 되려면 수동적으로 수업을 듣고 학점을 채우는 것을 넘어서야 한다. 그 전공 안에서 자기만의 언어를 만들어낸 경험이 있어야 한다. 학문의 깊이는 결국 얼마나 오래 그것에 대해 생각했는가로 귀결된다. 같은 전공을 해도 누군가는 남의 말만 정리하다 끝나고, 또 누군가는 자신만의 질문을 붙들고 탐색하며 졸업한다. 그 차이가 커리어 전환의 순간에 결정적인 실력을 만든다. 겉으로는 전공과 무관한 길을 걸어도 사고의 깊이와 연결의 유연성은 절대 사라지지 않는다.

전공은 사회적인 기준으로 자주 평가되지만, 그것이 전부가 아니다. 개인의 인생에서 질문을 던질 수 있는 틀로 작동해야 한다. 어떤 전공이든 그 안에서 자신만의 호기심과 고민, 질문을 만들어낼 줄 아는 사람은 어떤 진로에서도 자기만의 방향을 만들어간다. 이과와 문과의 경계, 실용과 순수의 구분도 흐려지는 시대다. '나는 어디에서 가장 오래 생각할 수 있는가?'라는 질문이야말로 가장 결정적인 나침반이 된다.

전공을 정한다는 건 미래의 직함을 고르는 일이 아니다. 어떤 생각의 언어를 자신의 언어로 삼을 것인가를 선택하는 일이다. 그리고 이 언어는 당장은 빠르게 써먹기 어려울 수 있지만 가장 오래 살아남는다.

입시철이 되면 모든 것이 숫자로 바뀐다. 백분위, 등급, 평균, 내신, 수능, 경쟁률 등 마치 이 점수들이 모든 미래를 정해줄 것처럼 수험생도 부모도 교사도 긴장한다. 0.1점 차이로 합격과 불합격이 갈리고, 단 1등급 차이로 대학과 학과의 이름이 달라지니 성적은 자연스럽게 미래를 결정짓는 무기처럼 여겨진다.

하지만 현실은 그렇게 단순하지 않다. 성적은 학교 배치의 기준일 수는 있어도 인생의 배치표는 아니다. 점수가 높다고 성공이 보장되는 것도 아니고, 낮다고 가능성이 닫히는 것도 아니다.

입시는 결과를 내기 위한 제도다. 정해진 시간 안에 정해진 문제를 풀고, 높은 점수를 받은 사람이 상위권 대학과 학과에 진입하는 구조다. 이 제도는 단기 집중력과 시험 기술에 능한 사람에게 유리하게 설계되어 있다. 성적은 일정한 조건에서의 수행 능력을 평가할 수 있지만 지속가능성이나 잠재력, 변화에 대한 적응력 같은 본질적인 역량은 측정하지 못한다. 그런데도 우리는 그 점수에 너무 많은 것을 걸고, '나는 몇 점짜리 인생이다'라고 말하듯이 한 사람을 점수로 정의해버린다.

0.1점 차이로 입학한 학과가 맞지 않을 수도 있고, 점수가 부족해 들어간 전공이 오히려 적성일 수도 있다. 입시는 단기 게임이지 장기 전략이 아니다. 당장의 성적은 학교를 정할 수는 있어도 그 학

교 안에서 어떤 사람이 될지를 정해주지는 않는다. 경영학과를 나왔지만 콘텐츠 기획을 하고, 사회학을 전공했지만 프로그래머가 되고, 의대를 다니다 문학을 선택한 사람도 있다. 삶은 성적표가 아니라 경험과 선택, 반복과 적응 속에서 결정된다.

입시, 학벌보다 배움의 태도에 집중하라

또한 성적은 시험 기술을 측정할 수는 있어도 배움의 태도를 평가하진 못한다. 시험을 잘 보는 사람과 진득하고 깊이 있게 배우는 사람이 꼭 같은 것은 아니다. 성적은 시험 날의 컨디션, 기출 문제에 대한 익숙함, 시간 관리 능력 등 수많은 요인의 영향을 받기 때문이다.

반면 태도는 하루이틀이 아니라 수년간 쌓인 내면의 습관이다. 배움에 대한 태도, 변화에 유연하게 적응하는 자세, 포기하지 않고 끝까지 가보려는 의지다. 이 모든 것은 점수로 측정되지 않지만 장기적으로 훨씬 더 이로운 자산이 된다.

결정을 성적에 맡기면 성적이 흔들릴 때 방향도 잃는다. 수능을 망쳤다고 말하는 아이들이 결과 이상으로 좌절하는 이유는 그동안 삶의 기준을 오직 점수에만 의존해 왔기 때문이다. 점수가 기준이었기에 기준이 무너지자 자신도 함께 무너진다. 반대로 기준이 자신에게 있는 사람은 점수를 도구로 활용한다. 목표가 있고, 점수는 그 목표를 향한 수단일 뿐이다. 설령 수단이 실패해도 방향을 유지한다. 자기 기준이 분명한 사람은 점수에 휘둘리지 않는다.

물론 높은 성적은 분명 뿌듯한 성취다. 하지만 그것이 전부는 아니다. 점수는 하나의 결과일 뿐 그 사람이 누구인지를 말해주는 전부가 될 수 없다. 시험 점수는 제한된 시간과 형식 안에서 정답이 정해진 문제를 푸는 방식으로 얻어진다. 하지만 현실의 문제는 대부분 정답이 없고, 시간제한이 없으며, 문제 자체가 불분명한 경우가 많다. 그 안에서 중요한 것은 정답을 잘 맞히는 능력보다 모호함 속에서도 방향을 잡는 능력이다.

배움의 지속성이 입시 이후를 결정한다

입시 이후를 결정하는 것은 성적이 아니라 배움의 지속성이다. 공부는 시험을 위한 것이 아니라 삶을 해석하기 위한 도구다. 진짜 중요한 질문은 '나는 시험 이후에도 계속 배우는 사람인가?'이다.

고등학교 3개년의 성적은 인생 전체의 성취도에서 3%도 차지하지 않는다. 그 이후의 10년, 20년을 어떻게 채워갈지는 지금의 태도가 결정한다. 그 태도는 성실함, 탐구심, 회복력, 관계 맺기, 몰입력처럼 수치로 보이지 않지만 분명 존재하는 역량들이다.

성적을 활용하되 본인을 규정하는 잣대로 삼지는 말자. 성적은 자신의 일부일 수는 있지만 전부가 될 수는 없다. 지금 점수로 할 수 있는 일을 찾는 건 중요하다. 하지만 그 점수로 스스로 어떤 사람인지까지 결정해 버리는 건 위험하다.

성적은 출발선이 될 수는 있어도, 인생의 종착지를 알려주는 표시는 아니다. 대학의 이름이 한 인간을 정의하지 않고 첫 전공이 그 미래를 완성하지 않는다. 진짜 나를 만들어가는 힘은 점수가 아니라 방향 감각과 반복할 힘, 그리고 끝까지 배우려는 태도다.

진로 상담이나 경력개발 지원 현장에서 만나는 사람들의 가장 큰 고민은 뭘 좋아하는지, 뭘 잘하는지 모르겠다는 것이다. 진심이 묻어나는 이 말은, 어쩌면 지금을 살아가는 대다수의 공통된 고백일지도 모른다. 세상은 '자신을 알라'고 말하지만, 정작 사람들은 자신을 잘 모른 채 출발선에 서 있다. 여기서 꼭 기억해야 할 사실이 있다. 대부분 사람은 자기를 모른다는 점이다.

우리는 흔히 어떤 일을 시작하려면 먼저 확신이 있어야 한다고 생각한다. 실제로는 그 반대다. 해봐야 알게 되는 것들이 훨씬 많다. 처음부터 명확한 사람보다 막연한 상태에서 움직이기 시작한 사람이 더 많고, 더 멀리 간다. 알고 시작하는 사람보다 하면서 알게 된 사람이 훨씬 많다. '아직 내 길을 모르겠어요'라는 말은 오히려 자연스럽다. 문제는 모르기 때문이 아니라 모른다는 이유로 멈추는 데 있다.

잘 모르겠지만 일단 해보는 힘은 방향보다 먼저 작동하는 에너지다. 우리는 자신을 판단할 때조차 지나치게 많은 확신을 요구한다. ‘내가 정말 좋아하는 게 맞을까?’ ‘이게 나랑 진짜 맞는 걸까?’ 등 꼬리에 꼬리를 무는 의구심을 갖는다. 하지만 이런 질문은 시작 이전에는 결코 답이 나올 수 없다. 해보기 전에는 당연히 모르고, 그 모름은 결코 부끄러운 것이 아니다. 해보지 않아서 모른다는 말은 가장 진실에 가깝다.

일단 시도해야 진짜 적성을 파악할 수 있다

좋아하는 일을 찾으려는 사람이 많지만, 좋아하지 않아도 시작하는 사람도 있다. 막연한 흥미, 불분명한 관심, 어렴풋한 끌림만으로 첫발을 내딛기도 한다. 그런 시작이 오래가고, 반복 속에서 어느 순간 몰입이 생기기도 한다. 그러다 보면 그 일이 어느덧 적성처럼 느껴지고, 자기도 모르게 그 일을 잘하게 되는 순간이 온다. 처음부터 좋아해서 시작한 게 아니라 반복했기 때문에 나중에 좋아진 경우가 더 많다.

잘하는 것 역시 해보지 않으면 드러나지 않는다. 누구나 처음엔 잘하지 못하고, 누구나 초반엔 모든 것이 낯설다. 그런데 모른다는 이유로 시도조차 하지 않으면 우리는 가능성을 탐색할 기회를 잃는다.

중요한 것은 타고난 재능이 아닌, 그 일에 오래 머물 수 있는가이다. 좋아서 오래 했든, 싫지 않아서 계속했든, 시간의 축적은 한 사람 안의 감정 에너지와 실행력을 보여주는 신호다. 결국에 맞는 길은 내가 직접 걸어본 길 중에서만 발견할 수 있다.

생각만으로 알 수 있는 길은 없다. 해보지 않은 일에 대해 내리는 판단은 대부분 상상이나 편견에 가깝다. 한 번도 해본 적 없는 일에 대해 자신과 맞지 않는다고 말할 수는 없다. 그건 거절이 아니라 회피일 수 있다. 반대로 '이건 내 일이야'라고 확신하는 사람도 그 일이 정말 잘 맞아서라기보다 계속해 왔기 때문인 경우가 많다.

확신과 가능성은 움직이는 가운데 생겨난다

확신이 없다고 망설이는 것이 잘못된 것은 아니다. 다만 확신은 움직이는 가운데 생겨난다. 해보지 않고는 모를 수밖에 없고, 해봐야 자신이 어떤 사람인지 알게 된다. 나와 맞는 사람을 만나보지 않고는 연애 성향을 모를 수밖에 없듯 새로운 일을 시도하지 않으면 직업 성향도 알 수 없다. 그리고 대부분의 진짜 경험은 예상 혹은 추측과 다르다. 예상과 결과 사이를 오가며 반복하고 조율하는 그 과정을 통해 비로소 자기 리듬을 발견한다.

작은 시작들이 쌓이면 움직인 만큼 자기 자신을 알아가게 된다. 처음엔 모른 채로도 괜찮다. 대부분은 그렇게 살아간다. 문제는 모른다는 사실이 아니라 그 모름을 핑계로 한 발짝도 떼지 못하는 데 있다.

그러니 다시 묻자. 꼭 잘해야 시작할 수 있는가? 꼭 좋아해야만 할 수 있는가?

그렇지 않다. 그저 해보고 싶은 마음, 싫지는 않은 감정, 왠지 끌리는 작은 호기심이면 충분하다. 완벽한 확신보다 더 중요한 것은 불확실한 상황에서도 일단 움직여보는 용기다. 우리는 방향을 찾기 위해 움직이는 것이 아니라 움직이면서 방향을 만들어가는 존재다.

일단 해보자. 지금 당장은 자신에 대해 잘 모른다는 감각을 그대로 안고 있더라도 시작하자. 그 모름은 결코 나쁜 것이 아니다. 오히려 그 안에야말로 진짜 가능성이 숨어 있을 수 있다.

2장

약점을 강점으로 승화

단점을 무기로 만드는 기술

"허풍 좀 있어요."라는 말이 무기가 되는 순간이 있다

말의 포장력이 직업이 된다

"쟤는 말을 좀 보태."
"현실감이 없어. 맨날 허세야."

어릴 적부터 흥미진진하게 이야기를 풀어내고, 감정을 실어 과장된 표현을 즐기던 사람이라면 한 번쯤은 들어봤을 만한 평이다. 사람들은 조금 '오버'스럽고 앞서 나가는 말투를 허풍이라는 이름으로 낙인찍곤 한다.

하지만 그런 성향이 세상 밖으로 나오면 전혀 다른 수식어를 갖게 된다. 브랜딩, 스토리텔링, 기획, 콘셉트, 메시지 등이다. 한때 허풍으로 폄하되던 성향은 사람의 이목을 끌 수 있는 재능으로 바뀌고, 그 능력이 돈이 되는 시대에선 오히려 전문성이 된다.

허풍은 거짓과는 다르다. 거짓은 숨기고 속이는 행위이고, 허풍은 과장하고 부각하는 행위다. 듣는 사람도 그 과장을 알아차리지만, 이야기가 풍성하고 장면이 살아 있다면 오히려 즐긴다. 특히 사실과 정확함만으론 흥미를 끌 수 없는 시대에는 이야기를 포장할 줄 아는 사람이 더 많은 기회를 얻는다. 바로 이 지점에서 허풍은 단점이 아니라 능력이 된다. 말의 포장력이 경쟁력이고, 스토리가 설득을 대신하는 순간, 허풍은 직업이 된다.

말을 보탤 줄 아는 사람은 타고난 언어 감각을 지닌다. 어떤 단어를 써야 사람들이 고개를 돌리는지, 어떤 구조로 문장을 전개해야 시선이 따라오는지, 어떤 억양과 흐름으로 말을 이끌어야 설득이 완성되는지를 감각적으로 안다. 훈련된 기술이라기보다는 반복된 관심 끌기의 순간 속에서 체득한 생존 감각에 가깝다. 그리고 그 기술은 기획서의 제목이 되고, 슬로건이 되고, 브랜드 메시지가 되고, 기사 제목이 되며, 유튜브 영상의 오프닝이 된다.

세상에는 내용보디 말이 먼지 팔리는 분야가 많다. 싱품보다 광고를 먼저 기억하고, 강연 전체보다 한 문장이 퍼지며, 정책보다 문장이 회자한다. 의미보다 형태가 먼저 도달하는 시대에선 그 형태를 설계할 수 있는 사람이 필요하고, 그 자리에 이른바 솜씨 좋은 허풍쟁이가 들어선다.

광고 기획자, 브랜드 마케터, 콘텐츠 에디터, 정치 보좌관, 카피라이터, 방송작가, 강연자들이 주인공이다. 이들의 공통점은 현실을 그대로 전달하는 것이 아니라 현실을 새롭게 말할 줄 아는 사람이라는 점이다.

허풍이 콘텐츠와 결합하면 광고가 된다

지금껏 이 능력은 오랫동안 불신의 언어로 다뤄지곤 했다. 말을 잘한다는 이유로 번지르르하다는 평을 듣고, 핵심 없이 수사에만 능하다는 평가를 받아왔다. 언변이 좋다는 칭찬은 금세 본질이 없다는 비난으로 바뀌고, 콘셉트 감각이 좋다는 평가는 공허하다는 말로 퇴색된다. 그 허풍을 잘 쓰면 카피가 되고, 브랜딩이 되고, 중요 쟁점이 되는 줄도 모른 채 말이다.

오늘날의 세상에서 이는 포장력이라는 이름의 중요한 능력이다. 본질과 실체를 꿰뚫는 사람이 필요하듯 이를 활용해 잘 팔 수 있는 사람도 필요하다. 물론 조심스러운 기술이기는 하다. 과장이 지나치면 신뢰가 무너지고, 현실 감각을 잃으면 기반이 붕괴하기 때문이다.

하지만 콘텐츠를 기반으로 하는 탄탄한 본질 위에 이 말의 기술이 더해지면 설득력과 영향력을 동시에 갖춘 소통 능력자가 된다. 말만 잘하는 사람이 살아남는 게 아니라 의도를 전달할 줄 아는 말을 할 수 있는 사람이 살아남는다.

허풍이라는 단어가 부정적이던 시절 우리는 그 능력을 숨겼다. 하지만 지금은 그 반대로 가야 한다. 허풍이라는 말을 다시 정의하고, 직업적 맥락에 맞게 조정하고, 정확하게 훈련해서 무기로 삼아야 한다. 말이 많은 사람은 그저 떠드는 사람이 아니다. 그들은 장면을 만들고, 감정을 불러오며, 관점을 전환하는 언어의 디자이너다. 말을 다루는 사람은 많지만, 말로 사람을 움직일 줄 아는 사람은 드물다.

말을 과장한다고 나무라지 마라. 과장은 방향을 바꿀 수 있다. 말이 앞선다고 비난하지 말자. 말이 앞서야 마음이 따라온다. 우리는 지금 말의 시대에 살고 있다. 말은 상품이고, 말은 영향력이고, 말은 콘텐츠다. 말을 어떻게든 꾸며낼 줄 아는 사람은 결국, 말이 밥이 되는 자리에 앉게 된다. 허풍이라는 단어는 끝이 아니라 시작

일 수 있다. 그 허풍이 말의 근육이 되고, 세상을 설계하는 언어의
뼈대가 될 수 있다.

허풍은 의사소통 능력으로 발전할 수 있다

앞서 말했듯이 말을 잘하는 능력은 오래전부터 오해받아 왔다.
공부는 묵묵히 하는 것이고, 일은 조용히 처리하는 것이라는 믿음
속에서 말을 잘하는 사람에게는 요란하다는 낙인을 찍었다. 실력
보다 말이 앞서는 것처럼 보이고, 본질 없이 포장만 한다는 의심도
따라왔다. 하지만 의사소통 능력이 곧 경쟁력인 시대에서 말을 다
룰 줄 아는 능력은 더 이상 부차적인 기술이 아니다. 직업 세계에서
가장 빠르게 돈이 되는 스킬이기도 하다.

실제로 기업 채용에서 중요하게 보는 역량 중 하나가 바로 의사
소통이다. 협업 능력, 기획력, 설득력, 제안서 작성 능력, 발표력 등
기업이 요구하는 핵심 역량은 말로 표현하고 전달하는 힘을 바탕
으로 한다. 허풍은 그 감각을 익힌 사람의 말하기 방식 중 하나일
수 있다.

말이 많다는 평가를 두려워하지 말자. 오히려 그 말을 다듬고,
조율하고, 맥락에 맞게 설계하면, 전달력이 되고, 창조력이 되고,
설득의 언어가 된다. 그 언어는 무대 위에서, 회의실 안에서, 보고
서 속에서, 강연장에서, 기획안 속에서 살아 움직인다.

허풍은 덜 완성된 스토리텔링일지도 모른다. 아직은 정돈되지
않았을 뿐이다. 그 재능을 가볍게 여기지 말고, 직업적 역량으로 전

환하려는 시도가 필요하다. 말이 단순한 전달을 넘어서 상대의 감정을 건드리고 그림을 상상하게 하며 하나의 메시지로 귀결될 수 있도록 노력하자. 더 많은 청소년과 청년들이 말을 훈련하고, 의미를 만들고, 진심을 입히는 기술로 무장하는 순간, 허풍은 단점이 아닌 무기가 된다.

이 분야의 직업

판매 전문가, 영업사원, 영업 기획자, 마케팅 기획자, 광고 기획자, 홍보 전문가, PR 매니저, 쇼호스트, 인플루언서, 강연가, 이벤트 기획자, 연설 코치, 커뮤니케이션 컨설턴트, 협상 전문가, 세일즈 코치

정직함이 밥벌이가 된다
거짓말 못 하는 사람의 직업적 반전을 만나다

"넌 너무 솔직해."

"말 좀 아껴."

"사람이 그렇게 있는 그대로 다 말하면 어떡하니."

거짓말을 잘 못 하는 사람은 늘 이런 말을 들으며 자란다. 돌려말하는 기술도 어색하고, 어물쩍 넘어가는 감정 표현도 서툴다. 누

군가 묻기만 하면 있는 그대로 말해버리고, 숨기려 해도 표정과 태도에 다 드러나며, 말할까 말까 망설이다 결국 말해버리는 사람들이다. 그래서 자주 불편한 진실을 입에 올리는 사람, 손해를 감수하더라도 말의 균형을 깨는 사람이라는 인식이 따라붙는다. 그 평가는 흔히 융통성 부족이나 감각 없다는 비난으로 이어진다.

아이러니하게도 이런 티 나는 정직함이 경력의 무기가 되는 직군이 있다. 진실성과 일관성이 구조를 지탱하는 분야에서는 말솜씨보다 태도가 중요하기 때문이다. 비서직, 대민 공무원, 병원 창구 담당자, 인사 담당자, 교정직 공무원처럼 이해관계와 정보 비대칭이 얽힌 자리에서는 말을 포장하는 기술보다 신뢰를 주는 태도가 더 결정적인 경쟁력이다. 그리고 거짓말을 못 하는 사람은 신뢰의 내구성을 타고난 사람이다.

솔직함으로 신뢰를 얻는 직군을 찾아라

비서직이 대표적인 예다. 비서는 단순히 일정을 조율하고 메모를 전달하는 사람이 아니다. 조직 안의 말의 흐름을 관리하는 역할을 맡는다. 누구의 말을 누구에게 어떻게 전달할지, 어디까지 생략하고 무엇을 덧붙여야 할지를 판단해야 한다.

이때 가장 요구되는 역량은 화려한 말솜씨가 아니라 정보를 정확하게, 일관되게 전달할 수 있는 정직성이다. 아무리 사교적인 말이라도 진심이 없으면 금세 들키고, 한 번 무너진 신뢰는 다시 쌓기 어렵다. 그런 자리에서는 말을 꾸미지 못하는 사람이 오히려 말의 신뢰를 책임지는 사람이 된다.

공무원, 특히 민원 최전선에서 일하는 행정직이나 병원 안내, 교정직도 마찬가지다. 업무의 본질은 단순히 제도나 절차를 설명하는 것이 아니다. 정보를 투명하게 관리하면서도 감정을 안정적으로 조율하는 일이다.

이 과정에서 중요한 것은 겉으로 드러나는 말보다 그 말에서 느껴지는 '진짜다'라는 감각이다. 사람들은 말의 내용보다 말하는 사람의 눈빛과 억양, 태도를 먼저 읽는다. 꾸며낸 말은 쉽게 들통나고 어설프게 거짓말하는 사람의 비언어적 진심은 오래 기억에 남는다.

인사 담당자 역시 마찬가지다. 수많은 지원서를 보고 면접을 진행하며 판단을 내려야 하는 자리에서 필요한 건 판단의 날카로움이 아니라 태도의 일관성이며, 요령보다 정직함이다. 채용이나 인사 평가처럼 민감한 판단을 내리고, 그 결과를 알릴 때는 눈치껏 말 잘하는 사람보다 말에 기준이 서 있는 사람이 더 신뢰를 얻는다. 말과 행동의 간격이 적고, 감정의 진폭이 작으며, 외부 영향에 흔들리지 않는 사람이 신뢰를 얻는다.

감추기보다 정확히 전달하는 사람이 중요한 자리에 남는다

물론 숨기기에 서툰 성향이 언제나 장점인 것은 아니다. 조직 안에서는 손해를 보기 쉽다. 회의에서 불편한 이야기를 꺼냈다가 분위기를 어색하게 만들고, 굳이 말하지 않아도 될 사실을 드러냈다가 팀의 리듬을 깨뜨릴 수도 있다.

하지만 긴 시간 동안 조직에 남는 사람을 보면 말솜씨보다는 말의 무게를 감당할 줄 아는 사람이다. 요령보다는 기준이 있고, 포장보다는 진심이 있으며, 감추기보다는 정확히 전달하는 사람이 결국 중요한 자리에 남는다.

거짓말을 못 한다는 건 감정 회로가 섬세하다는 뜻이고, 말과 마음 사이의 거리가 짧다는 뜻이다. 그만큼 신뢰를 설계할 수 있는 기반이 마련되어 있다는 의미이기도 하다. 조직은 사람이 움직이는 구조이고, 사람은 결국 신뢰를 통해 움직인다. 따라서 신뢰가 자산이 되는 자리에서는 티 나는 정직함이 가장 오래가는 설득의 언어가 된다.

늘 솔직하다는 이유로 손해만 보며 살아왔다면, 이젠 그 성향을 약점이 아니라 직무와 잘 맞는 역량으로 바라봐야 한다. 말에 속임수가 없는 사람, 말이 곧 표정이 되는 사람에게 어울리는 자리는 분명 존재한다. 그곳에서는 말의 꾸밈보다 말의 일관성과 무게감이 훨씬 더 높은 평가를 받는다. 그 자리에서 진심은 반드시 통한다.

이 분야의 직업

감사 전문가, 내부통제 담당자, 윤리경영 담당자, 컴플라이언스 전문가, 감사원 감사관, 공직 감사관, 공정거래 조사관, 금융감독원 조사관, 보험 심사원, 자금세탁방지 담당자

무뚝뚝함이 무기가 되는 자리가 있다
감정보다 근거가 필요한 직업을 택하라

"감정이 너무 없어."
"좀 더 공감하면서 말하면 안 돼?"
"사람보다 숫자가 더 중요한 것 같아."

숫자에 강한 사람, 감정보다 근거에 집중하는 사람, 말보다는 계산이 편한 사람은 종종 인간관계에서 무뚝뚝하다는 얘기를 듣는다. 상황을 이성적으로만 보려 한다는 이유로 공감력이 없다는 평가도 따라온다.

하지만 그런 사람에게는 타고난 판단력과 완벽한 정보 처리 능력이 있다. 이는 감정보다 정확성이 중요한 세계에서는 단점이 아니라 강력한 무기가 된다.

감정이 아닌 숫자로 대화한다

회계, 재무, 투자, 금융, 위험 관리 같은 직무에서는 숫자가 모든 대화의 시작이자 끝이다. 감정으로 해석할 수 없는 현실, 기준과 규칙이 지배하는 구조, 숫자가 곧 진실인 세계에서는 말보다는 수치가, 위로보다는 검토가, 공감보다는 판단이 중요하다. 이 분야에서는 냉철한 분석력이야말로 최고의 신뢰 자산이며, 숫자에 집중하는 무뚝뚝한 사람이 가장 잘 맞는다.

회계사나 세무사는 법적 기준에 따라 복잡한 수치를 정리하고, 오류 없이 문서를 만들고, 누락 없이 세금을 계산해야 한다. 이때 필요한 것은 감정적 배려가 아니라 숫자의 질서를 읽는 능력, 흐름의 이상을 포착하는 민감함, 규칙을 끝까지 지켜내는 고집이다. 이러한 능력은 꼼꼼한 성향에서 비롯된다. 말보다 엑셀 작업을 편하게 여기고, 수치를 읽고 판단하는 데 감정을 섞지 않으며, 한 줄의 오류를 추적하는 데 지루함을 느끼지 않는 집중력, 이 모든 것이 숫자의 세계에서 통하는 근력이다.

투자 분석가나 리스크 관리자는 감정이 판단을 흐릴 수 있는 자리에 있다. 기업의 위험 요소를 평가하고, 미래를 예측하며, 거대한 돈의 흐름을 다루는 사람들에게 정서적 낙관이나 과잉 동정은 치명적인 변수다. 이들에게는 데이터를 한발 물러서서 바라볼 수 있는 적절한 거리를 지키는 자질이 필수다. 차갑게만 보인다는 이유로 외면받던 성향이 위험을 객관화할 줄 아는 냉철함으로 바뀌는 순간, 그 사람은 조직 안에서 필요한 존재가 된다.

은행 여신 심사처럼 고객의 감정에 공감하면서도 금융의 규칙을 어기지 않아야 하는 업무에서는 양방향적 태도가 요구된다. 감정보다 기준을 우선시하는 사람은 초반엔 비인간적이라는 오해를 받을 수 있지만, 시간이 지날수록 업무의 일관성과 정확성으로 가장 신뢰받는 인물이 된다. 고객을 위한 결정에서도 흔들리지 않고, 조직의 기준에서도 감정에 휘둘리지 않는 사람이 결국 책임지는 자리에 오른다.

우직함이 조직을 지킨다

우리는 아직도 이런 성향을 단점으로 생각한다. 말수가 적고, 표정이 없고, 지나치게 계산적으로 보인다는 이유로 정서 지능이 낮다거나 조직에 어울리지 않는다고 평가한다. 일하면서 서로의 감정을 배려하고, 소통하는 태도는 필요하다. 다만 모든 사람에게 같은 방식의 의사소통을 요구하는 건 무리다. 어떤 자리는 말보다 분석이, 공감보다 판단이 먼저 필요한 법이다. 그 자리는 일에 감정을 지나치게 섞지 않는 사람이 맡아야 한다.

숫자 중심적인 사람은 회의에서도 그 특징이 드러난다. 수식어가 난무하는 감정적인 토론보다 근거 있는 숫자와 자료를 선호하고, 제안서는 감성보다 수치 기반으로 작성한다. 획기적인 아이디어 앞에서도 구조와 예산을 먼저 검토한다. 이들은 인간미가 없다, 열정이 부족하다는 오해를 받기도 하지만, 위기 상황에서는 누구보다 신속하게 판단하고 기준을 제시한다. 모두가 혼란에 빠졌을 때 이성적으로 무게를 재고 위험 요소를 감지해 내는 이런 사람이 있어야 조직은 무너지지 않는다.

문제는 이 성향의 사람들이 종종 스스로 움츠러드는 데 있다. 너무 무미건조하다거나 공감력이 부족하다는 말로 자신을 과소평가하며 타인의 기준에 맞추려 애쓴다. 하지만 숫자를 믿는 사람은 감정을 무시하는 게 아니라 감정이 위험할 때 한발 물러설 줄 아는 사람이다. 그리고 이들은 말보다 수치가 중심이 되는 구조에서 필요하다.

무뚝뚝하다는 말을 자주 들어온 사람이라면 자신을 변화시키기보다 근거가 먼저 작동하는 직업을 찾으면 된다. 관찰력이 면밀하고, 외부의 영향에 흔들리지 않으며 판단에 일관성이 높은 이들이다. 이렇게 숫자와 구조로 말하는 사람은 정확함으로 신뢰를 얻는다. 그리고 그 신뢰는 말보다 오래 남는다.

이 분야의 직업

통계 분석가, 경제연구원, 투자분석가, 리스크 매니저, 품질 분석가, 기술 검증 전문가, 수리 통계 전문가, 시장조사 전문가, 예측모델링 전문가

예민해서 불편한 게 아니라, 예민해서 필요하다
참견과 관찰력의 직업적 가치는 무한하다

"넌 왜 그렇게 사소한 걸 자꾸 말해?"
"또 참견이야. 그냥 좀 넘어가."
"진짜 피곤하게 산다."

'디테일'에 민감하고, 흐름의 어긋남을 그냥 지나치지 못하며, 누군가가 놓친 것을 굳이 짚어내는 사람이 있다. 이들은 일상에서 예민하고 피곤한 사람이라는 평가를 받는다. 분위기를 깨고, 굳이

말을 보태며, 작고 사소한 것에 목숨을 건다는 핀잔을 듣기도 한다. 하지만 그 예민함과 완벽주의, 쓸데없어 보이는 감지력이 어떤 일에서는 결정적인 직업적 자산이 된다.

콘텐츠 연출자, 영상 감독, 품질 관리자, 시험 감독관, 교사, 교육자, 지도자를 떠올려보자. 공통점은 사소한 것이 무너지면 전체가 흔들리는 일을 한다는 점이다. 영상 한 컷의 타이밍, 자막의 정렬, 말의 억양, 서사의 결, 학습자의 반응, 시스템의 미세한 결함 등이 그렇다. '이 정도는 괜찮겠지'라고 넘기는 순간, 품질은 무너지고 흐름은 깨진다. 이런 자리에 필요한 사람은 예민한 사람이다. 지루하리만치 보고, 또 봐야 하고, 타고난 예민함으로 많은 것을 감지하고, 민감해서 완벽주의자라 불려도 지나치지 않다.

감독과 연출자는 감정의 리듬을 만드는 사람이다. 장면 하나, 눈빛 하나, 음향의 페이드아웃(fade-out, 소리가 점차 사라지거나 희미해지는 현상) 타이밍까지 모두 섬세한 감각 위에서 완성된다. 좋은 감독은 잘 만든 장면을 만드는 사람이 아니라 어긋나지 않게 장면을 이어 붙이는 사람이다. 이런 자리는 무던한 성향으로는 버티기 어렵다. '어차피 괜찮겠지'보다는 '이거 불편하지 않을까'를 먼저 느껴야 하고, 그 감각이 결과물을 바꾼다.

품질 관리자나 시험 감독관도 마찬가지다. 흐트러진 공정 과정, 어긋난 숫자, 규정 위반의 사소한 조짐을 놓치지 않아야 사고를 막을 수 있다. 불편한 말이라도 필요하면 반드시 하고, 애매모호한 사안에 대해서 정확히 지적할 수 있어야 한다. '괜찮다'라는 말을 경계하고, '다 이렇게 한다'라는 주변의 원성에도 멈추지 않는 이가 몸담은 조직은 실수가 적다.

교육 현장에서의 참견은 불편함이 아니라 돌봄이다. 아이의 눈빛이 흐릿한 날, 수업 중 말수가 유난히 적은 학생, 질문 타이밍에 망설이는 눈빛 등 사소한 표정을 먼저 알아채는 감각이 한 사람의 마음을 지킬 수 있다. 교육은 지식보다 관찰이 앞서야 하는 일이다. 사고의 시작은 큰 사건보다 사소한 균열에서 온다. 그 변화를 먼저 감지할 수 있는 사람은 참견하는 사람일 수밖에 없다.

예민함과 깐깐함이 조직의 실패를 막는다

물론 이런 성향이 언제나 환영받는 것은 아니다. 말할 타이밍을 놓치거나, 불필요한 지적이 반복되면 피로감을 주는 사람으로 인식될 수 있다. 그것은 개인의 성격 문제가 아니라 맞지 않는 자리에 있었던 결과일 뿐이다. 즉, 예민한 감각이 문제가 아니라 그 감각이 필요 없는 환경에 있었기 때문에 비판받은 것이다.

실제로 조직에는 참견의 무게를 감당할 수 있는 사람이 필요하다. 말만 많은 사람이 아니라 꼼꼼하고 무너짐을 빠르게 감지하고, 사람의 감정과 시스템의 흐름, 구조의 균형을 살필 줄 아는 사람이 중요하다. 남들이 지나치는 틈을 발견하고, 멈춰 살피고, 조직의 실수를 줄이는 건 대체로 이런 사람들이다. 이 예민함이 결국 시스템을 지킨다.

참견이란 표현은 부정적으로 들리지만, 본질은 개입하고 개선

하려는 감각과 태도다. 사소하거나 작은 일에 민감하다는 건 통제하고자 하는 욕심이 아니라 무너지는 구조가 눈에 들어온다는 뜻이다. 그 상황을 무심코 넘기지 않고, 짚고 넘어가야 직성이 풀리는 사람이 있다는 사실은 그 조직에 행운이다.

주변으로부터 예민하다, 깐깐하다는 평을 듣더라도 작아지지 말자. 성격적 단점이 아니라 감각이고, 그 감각은 재능이다. 그 자질이 필요한 자리에 있을 때, 당신은 조직의 눈과 귀가 된다.

실제로 예민한 사람은 조직 안에서 갈등 유발자가 아니라 초기 경보 시스템 역할을 하는 경우가 많다. 시스템이 흔들리기 전에 먼저 징후를 감지하고, 일상적으로 작동하던 불균형을 알아차리는 눈치는 단순한 감정 센서가 아니다. 수많은 경험과 관찰에서 축적된 실전형 직감일 수 있다. 그런 감각이야말로 큰 축이 무너지는 것을 막고, 흘러내리는 걸 붙잡으며, 균열이 퍼지기 전에 단단히 고정하는 실력이다.

예민함은 조직이 커질수록, 그리고 위기 상황일수록 더 강한 효력을 발휘한다. 문제를 크게 만든 건 대개 큰 실수가 아니라 사소한 이상을 아무도 말하지 않아서였다. 소통 오류, 기획 누락, 일정 지연, 고객 불만 등 이 모든 일은 누군가 한 사람만 조금 더 섬세하게 챙기면 막을 수 있다. 이럴 때 꼭 필요한 인재는 불편하다고 말할 수 있고, 그 불편함을 감지해 주는 예민한 눈을 가진 사람이다. 예민함은 실패를 막는 조직의 방어력이다.

예민함은 책임감의 다른 이름이다

앞으로의 시대는 점점 디테일 중심으로 진화하고 있다. 고객의 피드백은 더 즉각적이고, 시장의 반응은 더 예민해졌다. 유튜브 영상의 컷 편집, 소식지 문장 배열, 고객 응대의 말투, 앱 인터페이스(interface, 사람과 컴퓨터가 만나는 접점)의 흐름 등 사소한 것들이 모여 브랜드의 성패를 좌우한다.

그만큼 작은 일에 민감한 사람이 우대받는다. 한 장면의 여백, 한 단어의 뉘앙스, 한 리듬의 끊김을 집어내는 사람이 만드는 결과물은 다르다.

자신을 피곤한 사람이라 생각했다면 이제는 다르게 받아들이자. 먼저 일의 흐름을 보고, 누구보다 변화의 조짐과 이상치를 감지하는 예리한 감각의 소유자라는 자부심을 느끼자.

이 능력은 적절한 자리에 배치되면 조직 전체를 지켜내는 눈이 된다. 예민함은 단점이 아니라 방향성이며, 참견은 감정이 아니라 감각이다. 디테일에 민감하다는 건 결과에 책임질 줄 아는 사람이라는 뜻이다.

이 분야의 직업

디자이너, 제품 디자이너, 패션 디자이너, 공간 디자이너, 예술감독, 스타일리스트, 사진작가, 영상 편집자, 편집 디자이너, 색채 전문가, 트렌드 분석가, 비주얼 상품 기획자, 브랜드 매니저, 조명감독, 무대연출가

"왜 그렇게 매사에 걱정해?"
"아직 일어나지도 않은 일을 왜 자꾸 상상해?"
"좀 긍정적으로 생각하면 안 돼?"

불안이 일상인 사람은 이런 말을 수없이 듣는다. 작은 변화에도 금세 긴장하고, 돌다리도 몇 번씩 두드려보며, 시작도 하기 전에 수십 가지 위험 요소를 먼저 계산한다. 주변 사람 눈에는 늘 부정적이고 예민해 보이지만 이런 사람은 위험이 제도화된 구조 속에서는 누구보다 필요하다.

특히 보험, 재무 설계, 법률 자문, 계약 검토, 정책 기획, 전략 설계 분야가 그렇다. 이 업무에는 한 가지 공통점이 있다. 좋은 그림보다 나쁜 시나리오를 먼저 떠올릴 수 있는 사람이 필요하다는 점이다.

위험 요소가 직무의 본질이 되는 자리에서는 낙관보다 회의, 추진력보다 사전 검토, 확신보다 상상이 중요하다. 이때 중심이 되는 사람은 불안 회로가 유독 잘 작동하는 사람이다. 남들보다 먼저 위험을 예상하고, 실제로 일이 일어나기 전에 대비 전략을 세울 줄 아는, 바로 걱정이 많은 사람이다.

리스크 컨설턴트는 기업의 의사결정에서 발생할 수 있는 실패 가능성을 예측하고, 조직이 감당할 수 있는 수준으로 위험 요소를 관리, 설계하는 사람이다. 여기서 중요한 건 아직 일어나지 않은 문제에 시나리오를 부여할 수 있는 감정적 상상력이다. 긍정적으로만 사고하는 사람은 이 일에 어울리지 않는다. 오히려 늘 '이 문제가 생기면 어떻게 될까?'를 먼저 떠올리고, 그 불안을 견디며 구체화할 수 있는 사람이 필요하다. 그 감각이 전략이 되고, 방향이 되어 판단을 내릴 수 있다.

보험 설계사도 마찬가지다. 고객은 늘 현재의 감정으로 상담을 시작하지만, 보험은 미래의 가능성을 현실처럼 설득해야 하는 직업이다. 불안은 설계의 언어가 되고, 걱정은 계약의 뼈대가 된다. 고객의 두려움을 예측하고, 아직 오지 않은 위험 요소를 충분히 가능한 일로 설명할 수 있으려면 말을 잘하는 사람보다 두려움을 공감할 줄 알고, 그 불안을 논리로 잠재우는 사람이 필요하다. 이 능력은 스스로 불안과 오랫동안 싸워본 사람이 키울 수 있다.

법률가나 계약 담당자 역시 낙관을 절제할 줄 알아야 한다. 계약서는 결국 불신을 전제로 쓰는 문서이고, 모든 법률적 기획은 예외 상황에서 조직을 지키는 것을 목표로 한다. '설마'라는 단어에 머무는 사람보다 그럴 수 있다고 예외적인 상황을 떠올릴 수 있는 사람이 그 일을 잘한다. 계약서의 한 줄이 조직의 손실을 막아내는 상황에서 불안은 오히려 최고의 안전장치이다.

정책 기획자도 마찬가지다. 정책은 꿈이 아니라 계산이고, 구호가 아니라 실행이다. 수십 가지 변수와 이해관계 속에서 균형을 잡아야 하는 이 일은 매사에 긴장하는 사람이 더 잘한다. 조심성 많은 사람, 민감한 사람, 쉽게 예단하지 않는 사람이 정책을 설계할 때, 사회는 조금 더 실현할 수 있는 대안을 얻게 된다. 불안은 정책 설계에서 감성적 태도가 아니라 합리적 경계선의 감각으로 작동하기 때문이다.

불안감을 위험성 감지 능력으로 전환해라

물론 걱정이 많은 사람은 일상에서 쉽게 피로해진다. 다른 사람보다 더 오래 고민하고, 쉽게 지치고, 항상 마음이 어수선하다. 하지만 그 감정이 구조로 옮겨지고, 역할로 전환되면, 그것은 피로가 아니라 원동력이 된다. 불안은 감정으로는 힘들지만, 시스템 안에서는 기능이 된다. 단점은 업무가 맞지 않을 때의 말이고, 기능은 자리에 맞게 배치됐을 때의 말이다. 이렇게 걱정이 많은 사람은 위험을 읽는 자리에 가장 적합하다.

불안한 사람은 타인의 낙관을 의심할 수 있는 사람이고, 가능성을 엄격하게 상상할 수 있는 사람이다. 그 상상은 피곤하지만, 조직을 살릴 수 있다. 리스크는 실제가 아니라 가능성의 문제로 가능성을 감지하는 감정적 능력은 그 어떤 능력보다 앞설 수 있다. 그 예민함은 위험 요소 분석에서는 가장 정밀한 도구가 된다.

너무 걱정하지 말라거나 낙관주의자가 되라는 충고를 빈번히

듣고 살아온 사람이라면, 이제 그 불안을 감추려 하지 말고 활용할
수 있는 자리를 찾아야 한다. 걱정은 예민함이 아니라 감지력이고,
불안은 단점이 아니라 경계의 센서다. 그 센서를 지닌 사람은 리스
크를 설계하는 자리에서 가장 신뢰받는 존재가 된다.

이 분야의 직업

리스크 컨설턴트, 보안 전문가, 안전관리자, 데이터보안 담당자, 재난관리 전문가,
보험 리스크 분석가, 방재 기술자, 인사 노무 담당자, 위기관리 전문가, 내부통제 매
니저, 법률 자문가

느리다는 말에 위축될 필요 없다
신중함은 속도보다 오래가는 실력이다

"왜 이렇게 느려?"
"결정 좀 빨리 해 봐."

일 처리가 빠르지 않다는 이유로, 판단이 늦다는 이유로 답답하
다는 말을 듣는 사람들이 있다. 이들은 무언가를 시작하기 전에 한
번 더 생각하고, 모든 경우의 수를 고려하며, 결정할 때 시간이 오
래 걸린다. 주변에서는 속 터진다고 말하고, 본인도 소위 결정장애

는 아닐까 자책한다.

하지만 그 느림과 신중함은 특정한 자리에서 필수적으로 요구하는 능력이다. 속도보다 정밀함이 중요한 일, 실수가 곧 손해로 이어지는 환경에서는 신중함이 곧 경쟁력이다.

사무 행정, 공중 업무, 기록물 관리, 통계 분석, 계약 검토, 법률 문서 작성 업무를 상상해 보자. 이 모든 일의 공통점은 한 번의 실수도 허용되지 않는 환경이라는 점이다. 대충 넘기면 치명적인 결과로 이어진다. 빠르게 넘기기보다 한 번 더 점검하는 사람이 필요하고, 생각이 많아도 꼼꼼한 사람이 환영받는다. 이런 일에서의 기준은 속도가 아니라 정확도이고, 추진력보다 검증 능력이 우선이며, '얼른'보다 '확실히'가 중요한 가치가 된다.

느림과 신중함이 핵심 역량이다

사무 행정직은 겉보기에는 반복적이고 정형화된 일처럼 보인다. 하지만, 실제로는 수많은 규정과 절차를 어긋남 없이 처리해야 하는 감각이 핵심이다. 수천 개의 문서와 숫자, 기안과 결재를 다루는 행정의 현장에서는 빨라도 실수가 잦은 사람보다 느리더라도 정확하게 처리하는 사람이 조직을 안정시킨다. 신중한 사람은 절차와 규정을 무시하지 않고, 확인 없이 넘어가지 않으며, '혹시'를 놓치지 않는다. 예방형 사고방식이야말로 행정의 품질을 좌우하는 역량이다.

공중 업무에서는 실수의 여지가 더 적다. 서류 한 장, 서명 한 개,

도장 한 번의 오류가 법적 분쟁으로 이어질 수 있기 때문이다. 날쌘 손보다 중요한 것은 의심을 허용하지 않는 태도, 눈치보다 원칙을 지키는 자세다. 이런 자리에는 성격이 급한 사람이 오히려 위험하다. 상대가 불편해하더라도 원칙을 지키고, 시간이 걸려도 검토를 생략하지 않는, 느리지만 정확한 사람이 어울린다.

통계 전문가나 데이터 분석가도 마찬가지다. 숫자와 알고리즘이 지배하는 세계로 속도가 우선될 것 같지만 진짜 중요한 것은 오류 없는 구조화다. 데이터의 한 줄, 조건문 하나, 알고리즘의 흐름 하나가 전체 결과의 신뢰도를 좌우한다. 이럴 때는 빠른 판단보다 천천히, 반복적으로, 꼼꼼하게 살피는 태도가 훨씬 값지다. 느림은 여기서 숙련의 방식이 된다.

기록물 관리자는 말할 필요도 없다. 과거의 문서와 정보는 현재와 미래의 연구와 업무에 필수적이며 여러 사건과 분쟁에서 판단 근거가 된다. 사소한 분류 실수 하나가 수십 년 후 큰 혼란을 일으킬 수 있다. 이 일에서 느리다는 건 신뢰를 쌓는 방식이고, 정보를 다루는 사람으로서 갖춰야 할 최소한의 윤리다. 정렬을 맞추고, 중복을 확인하며, 누락을 잡아내는 그 느림이 있어야 안심하고 미래를 맞이할 수 있다.

그런데도 우리는 느리다는 말을 부정적으로 쓴다. 빠르고 똑똑한 사람을 칭찬하고, 결정을 잘 내리는 사람을 리더로 세우며, 속도를 실력처럼 이야기한다.

모든 일이 빠르다고 좋은 건 아니다. 속도가 필요 없는 일도 있고, 속도가 오히려 위협적인 구조도 있다. 특히 규정과 절차, 수치와 문서, 행정과 구조가 중심인 세계에서는 신중함이야말로 지속 가능한 성과를 만드는 유일한 태도다.

정확하고 꼼꼼하다는 자부심을 느껴라

신중한 사람은 고민이 많다. '혹시 틀리면 어쩌지!' '이렇게 결정해도 괜찮을까?' 하는 질문이 마음을 오래 붙잡는다. 그 고민은 단순한 우유부단이 아니라 과정을 신뢰할 수 있게 만드는 예방적 사고다. 충동 없이 결정하고, 검증 없이 움직이지 않는 태도는 책임이 따르는 자리에는 필수 근력이다.

세상이 속도를 말할 때 자신만의 박자를 끝까지 지켜내는 사람이 줄어드는 모양새다. 신중한 사람은 속도에 휘둘리지 않고, 끝까지 남아서 실패하지 않는 시스템을 완성한다. 느린 사람은 결과보다 결과에 도달하는 방식을 안정화하는 사람이다. 그리고 그 방식은 조직의 품질을 결정한다.

느리다거나 답답하다는 평을 들으며 소심해지는 사람이라면 속도가 아니라 정확도가 중요한 자리를 향해 자신을 재배치해야 한다. 느림은 단점이 아니라 조건이고, 신중함은 성격이 아니라 전략이다. 느림을 자신만의 박자로 가진 사람은 결국 오래가는 조직의 중심이 된다.

신중한 사람은 종종 자신의 리듬에 죄책감을 느끼기도 한다. '느려서 민폐인가?' '망설이다 기회를 놓치면 어쩌나'와 같은 불안이 따라붙는다. 그럴수록 기회란 언제나 빠른 사람에게만 주어지지 않는다는 사실을 기억하자. 실수 하나가 조직의 신뢰에 수치적인 타격을 주는 자리라면, 그 자리는 반드시 조심스러운 사람이 맡아야 한다. 그 자리에서는 빠른 판단보다 실수하지 않는 판단이 훨씬 가치 있다.

사회는 점점 속도에 집착하고 있다. AI, 자동화, 실시간 등 모든 분야에서 빨라야 한다는 압박을 강화하고 있다. 이런 환경일수록 속도에 취해 실수하는 구조를 붙잡아주는 속도 이탈자가 불가결하다. 신중한 사람은 구조의 브레이크이고, 조직의 안전장치다. 누군가 무모하게 달려갈 때 한 걸음 물러나 다시 계산할 수 있는 사람이 있기에 시스템은 무너지지 않는다. 신중함은 지속 가능한 조직을 만드는 핵심 기술이다.

더 나아가 느림은 반복될수록 신뢰가 된다. 빠른 사람은 한 번의 성과로 주목받지만, 신중한 사람은 일관된 무결함으로 인정받는다. 그들의 업무에는 반짝이는 순간보다 묵묵한 반복의 리듬이 깔려 있고, 그 리듬은 조직의 품질과 안정성을 결정한다. 현란한 말보다 기록이, 빠른 실행보다 확실한 검토가 더 중요한 자리에서는 언제나 신중한 사람이 빛난다.

감정이 요동친다는 건, 느낄 수 있다는 뜻이다
감정 기복이 창작을 이끄는 순간을 아는가?

"넌 감정 기복이 너무 심해."
"기분에 따라 말이 달라."
"너무 들쭉날쭉해서 불안해."

감정 기복이 큰 사람들이 있다. 이들은 감정을 조절하지 못한다거나 금세 들뜨거나 쉽게 무너진다는 말을 듣는다. 불안정하다는 평가를 받기도 한다. 주변에서는 감정을 관리하지 못하는 것으로 해석하고, 본인들은 자책 속에서 감정 조절이 미숙하다며 스스로 다그친다.

하지만 그 감정의 출렁임은 고장이 아니다. 오히려 감정이 넓게 열려 있다는 증거이고, 예민한 직관이 살아 있다는 신호다. 어떤 자리에서는 이 감정의 파동이 강력한 역량이 된다.

배우, 작가, 음악가, 일러스트레이터, 상담가와 같은 직업군에서의 핵심은 감정이다. 감정은 단순한 표현 수단이 아니라 전달의 도구이며 창작의 원천이 된다. 감정이 풍부한 사람은 더 깊이 느끼고, 더 민감하게 반응하며, 더 입체적으로 기억한다. 감정을 조용히 분석하는 이성형보다 감정에 먼저 흔들리는 감성형이 창작의 세계에서는 훨씬 더 설득력 있는 작업을 해낸다. 감정 기복은 예술에서 진심의 깊이로 작동하기도 한다.

감정을 창작의 원천으로 삼아라

작가와 음악가는 세상의 결을 감지하고, 그것을 언어와 음악으로 번역하는 사람이다. 그 번역이 울림을 주려면 그들이 먼저 느낄 수 있어야 한다. 감정 기복이 큰 사람은 남들보다 쉽게 흔들리고, 쉽게 몰입하며, 쉽게 상처받는다. 그 편차 덕분에 하나의 감정에서 더 많은 이미지를 끌어낼 수 있다. 그 감정이 고통이 될 수는 있어도 표현의 밀도를 만드는 데에는 분명한 자산이 된다.

감정 이입이 필수인 배우 역시 마찬가지다. 한 인물의 감정을 온전히 자기 안에 받아들여야 한다. 감정을 느끼지 않으면 연기할 수 없고, 감정이 좁으면 표현은 단순해진다. 감정 기복이 큰 사람은 그 진폭 덕분에 다양한 감정 상태를 자유롭게 넘나들 수 있는 유연함을 갖는다. 그 이동의 민감도가 장면의 리얼리티(reality, 사실성)를 만든다. 감정이 안정된 사람보다 감정에 자주 무너져본 사람이 더 진짜 감정을 구현할 수 있다.

상담가는 감정의 전문가다. 상담은 논리가 아니라 공명으로 이루어진다. 내담자의 말보다 그 말 너머에 있는 감정에 반응할 수 있어야 비로소 상담이 된다. 감정 기복이 심한 사람은 다양한 감정에 섬세하게 반응한다. 더 잘 느끼고, 더 깊이 공감한다. 공감의 뿌리는 이성이 아니라 감정의 파동에 있다. 감정이 자주 출렁이는 사람일수록 타인의 감정에도 민감하게 반응하고, 그 세밀함은 상담이라는 작업에서 귀중한 자산이 된다.

감정을 흘려보내는 통로를 만들어라

때론 감정의 진폭은 삶을 불안정하게 만들기도 한다. 자신에게도, 주변에도 피로를 준다. 하지만 감정 기복은 조절의 실패가 아니라 느낌의 스펙트럼이 넓다는 뜻일 수 있다.

문제는 감정의 역동성이 아니다. 진짜 문제는 그 감정을 어디에도 쓰지 못할 때 생긴다. 감정은 억제하는 것이 아니라 흘려보내야 하고, 흘러가는 감정에는 통로가 필요하다. 그 통로가 바로 표현이고, 창작이다.

감정 기복이 잦은 사람은 스스로 불안정하다고 느낀다. 일관성 없고, 감정에 휘둘린다는 말에 자책한다. 하지만 세상의 아름다움과 고통을 동시에 감지하고, 그것을 안에서 굴려 표현할 줄 아는 사람은 드물다. 감정이 크다는 건 삶이 더 다채롭게 입력된다는 뜻이다. 인풋이 있어야 아웃풋이 나오고, 그 아웃풋이 바로 창작의 본질이다.

감정 기복은 고쳐야 할 결함이 아니라 방향만 잡으면 힘이 되는 감각의 확장이다. 정서적 파동이 클수록 감정의 어휘가 많아지고, 정서의 깊이가 깊을수록 사람의 마음에 닿는 표현이 가능해진다. 이 감각은 때로 불편하지만, 동시에 가장 인간적인 능력이다. 감정이 요동친다는 건 느낄 수 있다는 뜻이고, 느낄 수 있는 사람만이 말할 수 있다. 그리고 말할 수 있는 사람만이 누군가의 마음을 흔들 수 있다.

감정 기복이 큰가? 그렇다면 당신은 감정을 잘 못 다루는 사람이 아니라 감정을 제대로 느끼고 표현할 수 있는 역량을 가진 사람이다. 다만 그 감정을 긍정적으로, 생산적으로 흘려보낼 틈과 기회가 아직 없었을 뿐이다. 그 틈이 일이 되고, 그 감정이 재능이 되는 순간은 반드시 온다. 그 순간이 오면 알게 된다. 그동안 자신을 가장 괴롭히던 감정이 사실은 자신 안에서 가장 강한 에너지였다는 걸 말이다.

감정 기복이 있는 사람은 단지 감정에 민감한 수준을 넘어 정서적 에너지를 깊이 있게 다룰 수 있는 사람이다. 이들은 경험 하나하나를 쉽게 흘려보내지 않고, 오랫동안 곱씹으며 구조화하고, 정서의 언어로 번역할 줄 안다. 이 능력은 감정노동이 필요한 서비스 현장에서도, 감정 흐름이 중심이 되는 조직에서도 귀하게 작동한다. 공동체나 창작, 사람 중심의 기획이 필요한 분야에서는 이들이 만들어내는 감정의 밀도와 농도가 팀의 정서적 리듬을 결정짓는 요소다.

감정의 진폭이 크다는 말은 정서의 풍경이 넓은 사람이라는 뜻이다. 누구는 회색조로 삶을 기억하지만, 감정 기복이 큰 사람은 삶을 형형색색으로 기억한다. 그래서 더 생생하게 말할 수 있고, 더 입체적으로 설명할 수 있으며, 더 복합적으로 표현할 수 있다. 이 복합성은 콘텐츠의 설득력, 예술의 진정성, 상담의 깊이로 이어진다. 감정의 파고가 높을수록 표현은 공명을 만든다.

그 감정을 어디에 쓸 것인지 탐구하라

무엇보다 중요한 건, 그 감정을 스스로 다룰 수 있는 기술이다. 감정을 억제하거나 숨기기보다 외부의 리듬 속에서 감정을 안전하게 흘려보낼 수 있는 구조를 갖추면 된다. 그것이 바로 창작이고, 예술이며, 말이며, 글이며, 노래이며, 표현이다. 표현은 감정을 밖으로 보내는 통로이자 감정을 다스릴 수 있는 유일한 훈련이다. 감정 기복이 큰 사람일수록 그 표현의 언어는 더 섬세하다.

감정 기복은 두려움의 이유가 아니라 직업적 방향을 알려주는 이정표가 된다. 그 감정을 어디에 쓸 것인가를 고민하는 순간, 감정은 소란이 아니라 힘이 된다. 감정의 진폭은 불안정한 마음이 아니라 세상을 더 넓게 감지하는 감각의 넓이이기도 하다. 감정을 도구로 삼을 줄 아는 사람은 결국 사람의 마음을 설계할 수 있는 사람이다.

감정이 흔들린다고 해서 중심이 흔들린다고 걱정하지 말자. 그 감정은 약점이 아니라 당신이 지닌 표현의 언어가 남들보다 많다는 증거다. 그 언어는 누군가에게는 위로가 되고, 누군가에게는 창작이 되고, 누군가에게는 치유가 된다. 감정이 복받쳐 무너졌던 그 순간이, 결국 당신만이 표현할 수 있는 장면이 된다.

시선을 신경 쓴다는 건, 감각이 있다는 뜻이다
민감함을 무기로 삼아라

"자존감 좀 가져."
"남 눈치 보지 마."
"왜 그렇게 타인의 평가에 휘둘려?"

남의 시선을 의식하는 사람들은 종종 이런 말을 듣는다. 자신의 판단보다 주위의 반응을 중시하고, 잘 알지도 못하는 타인의 말 한마디나 표정 변화에 예민하게 반응한다. 이들은 흔히 소심하거나 자존감이 낮다는 프레임에 갇힌다.

하지만, 이 감각은 감정 과민이 아니다. 정서 감도 높은 센스로 작동할 수 있기 때문이다. 어떤 직업의 세계에서는 이 감각이 어떤 역량보다 실용적인 능력으로 주목받는다.

서비스직, 영업, 고객 응대, 연예계, 미디어 영역에서 가장 중요한 능력은 눈치다. 타인의 반응을 빠르게 읽고, 숨은 욕구를 포착하며, 표현되지 않은 불편을 먼저 알아차리는 감정의 안테나가 필요하다. 계산보다 빠르고, 언어보다 앞서며, 상황을 선제적으로 해석하고 대응할 수 있는 감각이다. 그리고 이 감각은 대체로 타인의 시선을 늘 의식해 온 사람이 발휘할 수 있다.

쇼호스트는 카메라 앞에 있지만, 결국 대화하는 대상은 보이지 않는 소비자다. 반응이 없는 상황에서 어떤 단어에 반응이 좋을지 직감으로 알아야 하고, 강약 조절의 타이밍을 잡아야 한다. 이 능력은 단순한 화술이 아니라 기분의 흐름을 읽는 정서 민감성을 기반으로 한다. 좋은 쇼호스트는 말을 잘하는 사람이 아니라 상대가 듣고 싶어 하는 말을 아는 사람이다.

항공 승무원은 고객 서비스의 최전선에 있다. 승객의 작은 불편, 눈빛, 손의 동선, 주저하는 몸짓 등 비언어적인 표현을 통해 문제를 먼저 감지해야 한다. 기내라는 제한된 공간에선 말보다 눈치가 빠른 사람이 불편과 사고를 미리 방지한다. 이 감각은 단순한 감정노동이 아니라 탐지와 대응이 결합한 직업적 센서다. 이 센서는 남의 시선을 의식하며 자라온 사람에게 더 정교하게 장착될 수 있다.

병원 고객 만족 서비스직이나 스타일리스트도 마찬가지다. 환자의 불안, 보호자의 예민함, 고객의 민망함, 클라이언트의 말로 설명되지 않은 거부감 등을 눈치로 감지해야 하는 직업이다. 규정집에 따른 대답보다 표현하지 않은 감정에 반응하는 능력이 중요하고, 그 감각을 가진 사람이 적재적소에 배치되었을 때 압도적인 성과를 낼 수 있다.

눈치를 보는 건 분위기 파악 능력이다

문제는 사람들이 이 감각을 자주 오해한다는 데 있다. '예민하다' '자존감이 낮다' '남의 말을 너무 신경 쓴다'라는 평으로 이 중요한 감각을 무시한다. 타인의 말에 오래 머무는 것은 감정과 관계에 민감하다는 뜻이다. 자존감이 낮은 게 아니라 사회적 정보 처리 속도가 빠른 것일 수도 있다. 평가에 흔들리는 건 중심이 없어서가 아니라 다양한 가능성을 동시에 고려하기 때문일 수도 있다.

남의 시선을 신경 쓰는 사람은 정서적으로 섬세하다. 공기가 바뀌는 걸 먼저 느끼고, 말하지 않아도 상대의 기분과 필요를 읽어낸다. 관계의 어색함과 변화를 빨리 눈치채고, 그 틈을 메우기 위해 먼저 움직인다. 이 능력은 팀워크, 서비스, 의사소통, 설득, 마케팅, 연출, 조율 등 모든 관계 중심의 업무에서 빛을 발한다.

물론 이 감각 때문에 남들보다 쉽게 지칠 수 있다. 과한 공감은 에너지를 소진하고, 평가에 민감한 성향은 감정 기복으로 이어지기 때문이다. 하지만 이는 조절의 문제일 뿐, 감각 자체의 결함은 아니다. 제대로 된 업무 맥락에서는 이 감각이 빠른 판단력과 상황 감지력으로 전환된다. 감정의 흐름과 반응 타이밍이 중요한 자리에서는 이 예민함이 생명이다.

시선을 민감하게 감지한다는 건 단순한 반응성 이상이다. 그것은 타인의 감정을 정서적으로 예측할 수 있는 고유한 해석 능력이다. 말보다 기류를 먼저 포착하고, 표정보다 분위기의 온도를 읽는 능력은 AI도, 설명서도 대체할 수 없는 사람의 기술이다. 그래서 상담, 고객 경험, 콘텐츠 연출, 패션, 퍼스널 브랜딩 등 사람과 정서가 만나는 모든 접점에서 이 감각은 강력한 힘을 발휘한다.

디지털 시대에 꼭 필요한 자질이다

디지털 시대일수록 사람의 반응을 직접 체감할 기회는 줄어든다. 그렇기에 간접적인 피드백, 댓글, 뉘앙스, 조회수 같은 흐릿한 신호를 정서적으로 해석할 줄 아는 사람은 더 큰 영향력을 갖는다. 남의 시선을 민감하게 느끼는 사람은 결국 보이지 않는 눈을 읽는 사람이고, 그 눈을 읽는 사람은 반응을 설계하고 공감을 유도하며 타인의 마음을 움직일 줄 아는 사람이다.

이 감각은 타인의 언어를 내 안에 오래 머물게 한다. 그래서 상처도 오래 남고, 비판에 쉽게 흔들리며, 칭찬에 과도하게 반응하기도 한다. 다른 한편으로 이 섬세함을 자기 해석으로 전환하고, 감정과 반응을 일의 언어로 바꾸는 연습을 쌓으면, 그것은 곧 커뮤니케이션의 기술이 된다. 그리고 당신을 자주 위축시키던 그 감각이 누군가에겐 당신을 찾는 이유가 된다.

지금까지 소심하다는 말을 들으며 움츠러들던 사람이라면 이제 그 감각을 다르게 바라봐야 한다. 그건 당신이 약해서가 아니라 다르게 반응할 줄 아는 사람이라는 증거다.

말보다 분위기를 먼저 읽고, 필요보다 눈빛을 먼저 감지하며, 설명보다 기류를 먼저 인식하는 감각은 개선할 단점이 아니라 배치해야 할 기술이다. 그 감각이 불안이 아니라 전략이 되는 순간, 시선 민감성은 눈치가 아니라 감각이 된다. 그리고 그 감각은 누군가의 감정을 먼저 배려할 줄 아는 역량이 된다.

이 분야의 직업

메이크업 아티스트, 헤어 디자이너, 이미지 컨설턴트, 비주얼 감독, 모델, 브랜드 컨설턴트, 제품 연출가, 패션 기획자, 컬렉션 기획자, 쇼 연출가, 패션 사진작가, 뷰티 에디터, 트렌드 큐레이터

고지식하다는 말은 신뢰의 또 다른 이름이다

기준을 지키는 사람들의 자리가 있다

"좀 융통성 있게 굴어."

"규칙 좀 안 지켜도 될 때도 있잖아."

"너무 고지식해서 답답해."

규정에 예외란 없어야 한다고 믿고, 원칙에서 벗어나는 걸 불편

해하는 사람들이 있다. 무언가를 바꾸기보다는 지금까지의 방식을 고수하고, 상황보다 절차를 중시하며, 언제나 정해진 대로 움직인다. 요즘 조직에서는 이들을 불편한 존재로 여기기도 한다. 창의, 융합, 유연성이 강조되는 시대에는 고지식하다는 성향 자체가 결격 사유처럼 보이기 때문이다.

하지만 이들이야말로 어떤 구조에서는 흔들림 없는 기준선이자 시스템의 마지막 방어선이 된다. 감정보다 규칙이, 속도보다 완성도가, 결과보다 절차가 더 중요한 일이 있다. 그 자리에서는 사람 좋은 사람이 아니라 원칙에 충실한 사람이 조직을 지킨다.

유연함과 융통성이 시스템을 흔들 수 있다

군무원이나 준군사 조직에서 일하는 사람에게 가장 필요한 자질은 민첩함도, 창의성도 아니다. 명확한 위계, 표준화된 규약, 예외 없는 실행, 이 세 가지가 무너지는 순간, 전체 구조가 흔들린다. 이곳에서는 융통성 있게 넘어가는 사람이 아니라 정해진 대로 끝까지 고집하는 사람이 시스템을 지킨다. 이 고집이야말로 예측할 수 있는 질서의 시작이다.

컴플라이언스, 즉 감사직, 준법 감시 같은 직무도 마찬가지다. 이 분야에서는 딱딱한 사람이 유리하다. 외부 규제와 내부 기준을 끊임없이 대조하고, 점검하고, 보고하며, 반복적으로 감시해야 한다. 창의보다 반복이, 융합보다 구분과 분리가 더 중요하다. '눈치껏'은 가장 위험한 단어고, 이 정도는 괜찮겠다는 안일함이 사고의 씨앗이 된다.

특히 인간적인 이해나 관계 유지는 오히려 위험이 된다. 관계가 기준을 흐리는 순간, 예외는 누군가에겐 특혜가 되고 다른 누군가에겐 불이익이 된다. 감정보다 원칙이, 정리보다 기록이, 통찰보다 근거가 먼저다. 고지식하다는 말은 모두에게 같은 기준을 적용할 수 있는 사람이라는 뜻이다. 무미건조하지만 철저한 사람, 바로 그 사람이 법과 윤리를 지키는 조직의 방화벽이 된다.

통제실이나 관제실처럼 실시간 시스템을 감시하는 자리도 고지식한 사람에게 적합하다. 기계처럼 루틴을 수행하고, 작은 이상도 규정에 따라 처리하며, 사소한 절차도 생략하지 않아야 한다. 긴급 상황에서도 감정보다 규정과 문서에 따라 움직이는 사람이 실수를 줄인다. 이 일에서는 감정이 변수이고, 융통성은 오차다. 고지식함은 시스템을 예외 없이 작동하도록 만드는 실력이다.

원칙주의자가 있어야 공동체가 유지된다

세상은 융통성이 있는 사람을 선호하지만, 모든 일이 유연함만으로 해결되는 것은 아니다. 질서를 무너뜨리지 않고 버티고, 규칙을 고수해 구조를 지탱하는 사람이 있는 곳에선 사고가 적다. 대세가 유연함일지라도 그 흐름이 경계를 넘지 않도록 막아주는 건 고집이다.

이런 사람들은 일상에서 종종 답답한 사람으로 인식된다. 변화에 둔감하고, 상황의 뉘앙스를 이해하지 못하며, 너무 경직되어 있다는 평가를 받기도 한다.

　하지만 조직은 빠르게 나아가는 사람과 무너지지 않도록 중심을 잡아주는 사람이 공존해야 한다. 고지식한 사람은 변화의 속도를 질서 안에 배치하는 사람이다. 사람들이 대충 넘어가는 절차를 끝까지 묻고, 불필요해 보이는 문서를 꼼꼼히 작성하며 그 정도는 괜찮다는 말 앞에서도 단호하게 절차를 들이미는 사람이 있어야 조직은 무너지지 않는다.

　기준은 신뢰의 출발이다. 자신이 고지식하다고 느껴진다면, 그 성향을 부끄러워하지 말자. 감정이 무디기 때문이 아니라 기준을 신뢰한다는 뜻이고, 융통성이 없는 것이 아니라 예외 없는 공정을 믿는다는 증거다. 모든 조직이 유연함만으로 굴러가지 않는다. 누군가는 반드시 흔들림 없이 중심을 잡고 있어야 한다. 그 누군가가 바로 당신일 수 있다.

이 분야의 직업

공무원, 회계감사인, 공인중개사, 세무공무원, 법무행정직, 은행원, 공기업 직원, 노무관리자, 행정감사관, 규제정책 전문가

완벽주의자의 적소를 찾아라

"이 정도면 충분해."

그 말을 끝내 입 밖에 내지 못하는 사람이 있다. 회의 자료 한 장을 만들더라도 세 번은 검토하고, 보낸 메일도 전송 후 다시 열어 읽는다. 어떤 프로젝트라도 빈틈없이 계획하다 보니 시작과 일 처리가 늦다. 하지만 더디고 둔해서가 아니다. 불완전함을 견디지 못할 뿐이다.

이들은 피로하다. 실행보다 검열이 먼저고, 속도보다 정합성을 중시하며, '일단 해보자'라는 도전 정신보다 '아직은 아닌데'라는 신중함이 먼저 튀어나온다. 어떤 이들은 이들을 느리고 답답하다고 평가하지만 정작 이들은 누구보다 자신을 몰아붙이는 부류다. 검토는 강박이 되고, 피드백은 상처가 된다. 그래서 시작은 늘 더디지만, 끝은 완벽을 향해 간다. 단지 꼼꼼해서가 아니라 실수 하나로 무너질까 봐 두려운 것이다.

완벽주의자는 조직에서 종종 불편한 존재가 된다. 창의와 유연, 융합이 강조되는 시대에선 절차를 따지는 사람이 구시대적 인물처럼 여겨지기 쉽다. 눈치 빠르고 임기응변에 능한 사람이 중용되는 문화에서 규정과 절차를 고수하고 점검표를 놓지 않는 사람은 융통성 없는 사람으로 보이기도 한다.

하지만 모든 조직이 창의성만으로 굴러가는 건 아니다. 어떤 구조에서는 비상한 두뇌의 소유자보다 우직한 사람이 시스템을 지킨다.

실수가 재앙이 되는 직업을 찾아라

완벽주의가 빛을 발하는 건 결과보다 구조다. 실수가 반복되는 곳이 아니라 실수가 재앙이 되는 환경에서 이들의 강박은 신뢰가 된다. 의료, 항공, 건설, 우주공학처럼 오류 하나가 생명과 안전을 위협하는 분야에선 유연함보다 반복이, 속도보다 정밀성이 우선이다. 이때 완벽주의자의 느림과 고집은 단점이 아니라 위험을 차단하는 방화벽이 된다.

의사, 항공 엔지니어, 건축 시공 관리자를 보자. 이들의 공통점은 단 하나다. 실수 한 번이 치명적인 결과로 이어질 수 있는 직업이라는 점이다. 외과의의 미세한 손 떨림은 환자에겐 생사의 갈림길이 된다. 마취량, 절개 위치, 봉합 순서까지 모든 것이 정확히 이루어져야 한다.

수의사는 말하지 못하는 생명을 상대하기에 작은 이상도 민감하게 포착할 수 있어야 한다. 이들은 '괜찮겠지'라는 안일한 판단 하나가 누군가의 삶을 좌우한다는 것을 안다.

항공 엔지니어는 더하다. 엔진의 진동, 나사 하나의 풀림, 설계도에서의 1mm 오차는 수백 명의 생명을 위협할 수 있다. 이 세계에선 단 한 순간도 해이함이나 나태함은 통하지 않는다. 작업 때마다 수십 번의 시뮬레이션을 돌리고, 점검표를 손에서 놓지 않는다.

건축 시공 관리자도 마찬가지다. 건물은 미적 감각이나 공정 속도보다 하중 계산, 공정 순서, 재료 조건을 지키는 과정이 중요하다. 콘크리트의 양, 철근의 간격, 온도 조건까지 점검하며 일하는 사람은 감각보다 구조를 신뢰하는 사람이다.

이런 자리에 필요한 사람은 무언가를 많이 할 줄 아는 사람이 아니라 놓치지 않는 사람이다. 기한을 맞추는 사람이 아니라 무너지지 않는 구조를 만드는 사람이다. 이들은 결함 많은 인간이 되고 싶지 않아 누구보다 치열하게 자신을 다듬는다. 완벽주의자는 이런 자리에서 비로소 빛을 발한다.

완벽은 세상이 이들을 찾는 자산이 된다

종종 이들이 무너지는 이유는 잘못된 자리에 배치되기 때문이다. 그들의 강박은 피곤하고, 주변을 지치게 만들기도 한다.

특히 창의와 직관, 속도와 실행이 중요한 조직에 이들이 들어가면 충돌은 불가피하다. 스타트업, 마케팅, 디자인처럼 시행착오가 일상인 산업에서 완벽주의자는 자주 고립된다. 실패를 전제로 한 실험에 적응하지 못하고, 피드백을 '다시 해야 한다'라는 강박이나 비효용이라는 비난으로 받아들인다. 결국 버티지 못하거나 버티다 고립된다.

'대충'을 용납하지 못하고, 사소한 실수에도 자책을 멈추지 않는가? 그렇다면 그 강박이 사고를 막는 최후의 방어선이 되는 분야를 찾자. 늘 피로하고 예민하지만, 절차가 생명을 좌우하고, 오차가 치명적인 환경에서 능력을 발휘하는 인재로 발돋움할 수 있다. 이들은 좋은 사람이 아니라 흔들리지 않는 사람으로 조직을 지탱한다.

완벽을 목표로 삼는 건 어리석을 수 있다. 하지만 완벽을 향해 걷는 사람이 만든 과정은 신뢰라는 이름으로 환원된다. 이 세상에는 그 신뢰 하나만으로 지탱되는 직업이 분명히 있다.

이 분야의 직업

프로젝트 매니저, 품질 검증 전문가, 기획자, 경영 관리자, 연구개발 매니저, 편집 감독, 데이터 품질관리자, 프로덕트 매니저, 설계감리자, 기술감리자, QA 엔지니어

모르는 게 약인 직업도 있다
둔감함이 생존력이다

직업에는 기질이 있고, 기질에는 리듬이 있다. 우리는 흔히 일은 머리로 한다고 생각하지만 어떤 일은 오히려 생각이 장애가 된다. 지나친 통찰은 망설임을 만들고, 과한 성찰은 실행을 멈추게 한다. 어떤 일에서는 무던함이 능력이고, 둔감함이 생존력이다. 즉, 모르는 채 유지하는 감각이 오래 버티는 전략이 되는 세계가 분명히 존재한다.

현장에서 자주 발견되는 사례가 있다. 전화상담실에 입사한 신입이 고객 응대 규정을 따르기보다 감정 공감에 집중하다가 통화 시간이 길어지고 결국 탈진하는 경우, 택배 상하차 현장에서 동선을 분석하며 비효율을 지적하지만 정작 자신의 속도를 높이지 못하는 경우, 군대에서 이유와 효율성을 찾다가 눈 밖에 나는 똑똑한 병사가 그렇다. 이들은 지식은 있지만, 그 지식을 쓸 수 없는 구조 안에서 부적응을 경험한다.

무뎌서 버티는 것도 재능이다

모든 직무가 사유를 요구하지는 않는다. 반응 속도가 우선되는 자리, 이해보다 반복이 중요한 구조, 설득보다 수행이 더 신뢰를 낳는 분야가 그렇다. 이 세계에서는 총명함보다 무던함이, 예민함보다 무심함이, 통찰보다 리듬이 중요하다. 지나치게 분석하는 뇌보다는 자동화된 몸이 일을 지속하게 만든다. 말하자면, 똑똑함을 꺼두는 능력이 실전에서의 생존 전략이 되는 셈이다.

가장 대표적인 예는 군사, 준군사 조직이다. 군대, 교정, 경비, 병원 보조직처럼 위계와 복종이 구조의 본질인 세계에서는 판단보다는 순응이 유효하다. 이곳에서 가장 지치기 쉬운 사람은 '왜'가 많은 사람이다. 절차에 의문을 품고, 효율성을 따지려 들면 조직의 리듬에 동기화되지 못한다. 합리성보다는 명령과 지시, 이해보다는 순응이 중요한 세계에서 생존하려면 생각보다 리듬을 익히는 편이 낫다.

반복 노동을 하는 직군도 비슷하다. 조립 설비, 택배 물류, 요양 보호처럼 정해진 동작을 계속 반복하는 자리에서는 의문이 피로를 낳는다. 이 세계의 고수는 머리로 생각하지 않는다. 손이 기억하고 몸이 반응한다. 시스템에 익숙해지면 조율할 수 있지만, 일의 방식 자체를 바꾸려 들면 리듬이 깨진다. 몰라도 되는 일을 잠시 접어둔 채 반복하는 능력, 이것이 직업적 유능함의 형태이기도 하다.

감정 노동 직무도 마찬가지다. 고객센터, 유통 현장, 서비스 창구, 홍보 전화 영업 같은 자리에서 필요한 것은 과잉된 공감이 아니라 감정의 경계 설정이다. 공감은 중요하지만, 지나치면 에너지가 소진된다. 이 세계에서 오래 일하는 사람은 감정을 잠시 접어둔다. 듣되 흘려버리고, 말하되 감정을 남기지 않는다. 표현이 메마른 것이 아니라 자신을 보호하기 위한 감정의 기술이다. 말하자면, 사회적 둔감력이라는 이름의 정서적 면역 시스템이다.

선택적으로 감정을 끄고 켜며 에너지를 아낀다

진짜 능력은 아예 모르는 게 아니라 선택적으로 감정을 끄고 비우는 법을 아는 것이다. 이렇게 일종의 기능적 기억 상실력, 직무 리듬에 맞춘 감정 설계력을 갖추면 업무를 해석하지 않고, 필요 이상의 의미 부여를 하지 않으며, 감정의 여진을 다음 날까지 끌고 가지 않을 수 있다.

물론 여기엔 조심해야 할 함정이 있다. 지나친 둔감함은 감정 회피로 흐를 수 있고, 반복에 무감각해지는 방식은 변화에 둔감해지는 부작용을 낳기도 한다. 몰라도 되는 걸 모른 채 유지하는 기술이 생존에 유리한 건 맞지만, 그것이 직업적 고립과 성장 정지로 이어지는 순간을 경계해야 한다. 이 부분만 주의한다면, 감정과 이성이 균형을 잃는 것이 아니라 스스로 감정을 조절하는 경지에 오를 수 있다.

모든 직업이 둔감함을 요구하는 건 아니다. 다만 이 글이 말하고 싶은 건 하나다. 어떤 직무에는 똑똑함보다 무던함이 적성이라는 점이다. 현장에서는 모르는 게 약이라는 속담이 정답일 때가 있다. 고객의 불만을 진심으로 다 알아버리면 설득과 해결이 막히고, 팀장의 표정을 지나치게 해석하면 에너지가 샌다.

무심한 사람이 버티는 건 무감각해서가 아니다. 감각의 소비량을 조절할 줄 알기 때문이다. 무언가를 아는 것도 능력이지만, 때론 몰라도 되는 걸 모르는 채 유지하는 것도 능력이다.

일을 잘한다고 오래가지 않는다. 오래가는 사람은 자기를 덜 소모하는 사람이다. 이 세계에서 살아남는 건 자기 감각을 절제하는 법을 아는 사람이다.

이 분야의 직업

응급구조사, 소방관, 경찰관, 형사, 교정직공무원, 전화상담실 상담사, 고객 응대 직원, 요양보호사, 정신건강 상담사, 현장기술자, 생산직 근로자, 물류 현장관리자, 건설 현장 작업자, 서비스직 종사자

3장

공부의 쓰임새

지금 배우는 것들이 나중에 쓰이는 순간

누구나 한 번쯤 학교 공부에 대해 '이걸 도대체 어디에 쓰죠?'라는 의문을 품는다. 수학자가 되지 않을 텐데 왜 미적분을 배워야 하고, 역사학자도 아닌데 삼국통일 과정까지 세세히 알아야 하느냐고 투덜거린다. 정치인이 되지 않을 텐데 정치와 법을 배우고, 경제학과에 진학하지 않을 텐데 수요와 공급 곡선을 외워야 하느냐는 질문도 한다.

자연스러운 일이다. 고등학교 졸업 후 우리가 배운 과목들이 직업에서 직접 활용되는 경우는 드물기 때문이다. 국어 교사가 되지 않는 이상 달달 외운 고전문법이 일상에 어떤 도움이 될까? 경제학자가 아니라면 거시 경제 지표를 직접 다룰 일도 흔치 않다. 그렇다면 우리는 왜 이렇게 많은 과목을 배워야 할까?

이유는 간단하다. 고등학교 공부는 직업 지식을 미리 배우는 시간이 아니라 생각하는 힘을 기르는 훈련 과정이기 때문이다. 지금 배우는 과목의 지식을 머지않아 잊을지 몰라도 그 과정을 통해 단련된 사고의 구조는 쉽게 사라지지 않는다.

작가는 철학자가 아니지만, 인간과 세계를 구조적으로 바라보는 능력이 없다면 설득력 있는 글을 쓸 수 없다. 판사는 수학자는 아니지만, 논리적 비약이 없는 판결문을 쓰기 위해서는 수학적 사고력이 필수다. 디자이너는 역사책을 쓰지 않지만, 역사적 맥락을 아는 사람이 만든 디자인의 의미와 가치는 한 겹 더 깊고 풍부하다.

국어는 단지 말을 잘하기 위한 과목이 아니다. 타인의 글을 구조적으로 읽고 요지를 정리하며, 설득력 있는 문장을 만드는 사고 근육을 단련할 수 있다. 수학은 단순히 문제를 푸는 기술이 아니라 논리를 연결하고 모순을 감지하는 힘을 길러준다. 과학은 공식을 외우는 게 아니라 보이지 않는 원리와 인과를 가정하는 사고방식을 익히는 시간이다. 사회 과목은 제도와 현상을 배우는 동시에 사람과 시스템 사이의 관계를 이해하는 틀을 제공한다. 영어는 단지 외국어 학습이 아니라 다른 언어 체계 속에서 같은 말이 다르게 작동하는 맥락을 감각화하는 전환 훈련이다.

학교 공부는 모든 직업의 기초 체력을 키워준다

이처럼 고등학교 공부는 직업을 위한 기능 교육이 아니라 어떤 영역에 진입하든 그것을 이해하고 배우는 데 필요한 인지적 기초 체력을 길러주는 과정이다. 교과서는 사유의 도구함이고, 문제집은 훈련장이다. 시험은 암기력을 점검하는 장치이기도 하지만, 본질적으로 사고 체계를 매끄럽게 연결하는 집중 연습의 계기이기도 하다.

의사는 생물학자가 아니지만, 생물학적으로 사고할 줄 알아야 환자를 단순한 증상만이 아니라 시스템 안에서 유기적으로 바라볼 수 있다. 건축가는 수학자가 아니지만, 수학적 감각 없이 구조와 하중을 설계할 수 없다. 디자이너는 미학자가 아니지만, 시대와 문화의 맥락을 이해하지 못하면 오래 살아남는 상징을 만들기 어렵다. 예를 들어, 디자이너가 역사학자가 될 필요는 없다. 다만 과거에 대한 감각이 없는 디자인의 의미는 피상적이다. 한 시대를 관통했던 색감, 특정 기호에 담긴 정치적 상징성, 문화적 코드들이 가진 무의식적 울림은 역사를 읽을 줄 아는 사람이 더 정확하게 포착한다. 형태는 아름다울 수 있지만, 맥락을 아는 사람만이 의미를 설계할 수 있다. 그래서 디자이너에게 역사 공부는 선택이 아니라 깊이를 만드는 필요조건이다.

지금 배우는 과목들이 미래 꿈과 무관하다고 느껴질 수도 있다. 하지만 그 과목들은 결국, 지금의 내가 생각하는 방식을 만드는 벽돌이 된다. 문제 해결력과 판단력, 설득력과 분석력은 모든 교과 공부에서 비롯된다. 지식은 사라져도 그 지식을 다루던 두뇌의 감각은 남는다.

국어 문제를 다 맞지 못해도 독해력은 살아 있고, 수학 공식을 잊어도 추론력은 남으며, 역사 연도를 다 잊어도 맥락을 파악하는 감각은 사라지지 않는다. 교과 공부는 써먹기 위해 배우는 게 아니다. 나중에 무엇을 하든 이해하고 받아들이는 힘을 길러주는 초석이 되기 때문에 열심히 익혀야 한다.

어떤 직업을 갖든 우리는 결국 말하고, 설득하고, 구조를 이해하고, 맥락을 해석하며 살아간다. 그것은 하나의 과목으로 완성되는 일이 아니라 교실 속 모든 교과가 함께 만든 복합적인 사고 능력이다. 지금 하는 공부는 단 하나의 지식을 쌓는 일이 아니라 생각하는 언어들을 배우는 과정이다. 그 언어들은 아주 오래 나를 따라온다는 것을 잊지 말자.

수학은 정답이 아니라 방향을 만드는 힘이다
생각을 끝까지 밀어붙이는 근력을 키운다

흔히 수학이 어렵다고들 한다. 숫자만 보면 머릿속이 하얘지고, 기호가 많아질수록 손이 멈춘다는 고백도 낯설지 않다. 수학 머리가 없다는 푸념도 자주 한다. 하지만 그 말엔 한 가지 오해가 깔려 있다. 수학이 연산 속도와 계산 능력이 핵심이라는 믿음, 숫자에 익숙해야 성적이 나오는 과목이라는 인식이다.

수학은 계산을 가르치는 과목이 아니다. 수학이 훈련하는 건 사고의 순서이며, 추론을 끝까지 밀어붙이는 근력이다. 수학은 생각을 질서 있게 정리하고, 그 정리를 논리적으로 검증하고 정당화하는 과정을 반복하게 만든다. 빠르게 정답을 맞히는 기술이 아니라 답에 이르는 경로를 설계하는 인지 체계를 다듬는 훈련이다.

정리되지 않은 생각은 감정과 뒤섞이고, 비약은 주장을 약하게 만든다. 수학은 그 비약을 막는 도구다. A라고 생각했으면 왜 그런지를 묻고, 그다음에는 그것이 왜 B를 낳는지를 점검하게 하며, 사고의 연결이 튼튼한지를 확인한다. 수학은 일종의 지적 도르래처럼 흐트러진 사고를 끌어올리고 균형을 잡게 한다.

그래서 수학을 포기한다는 건 단지 계산을 포기하는 게 아니라 복잡한 문제를 단계적으로 풀어내는 사고의 내구력을 함께 포기하는 일이다. 직업 세계에서는 빠른 답을 아는 사람이 아니라 질문을 분석하고 답까지의 경로를 그릴 수 있는 사람이 능력자다. 수학은 그 경로를 설계하는 법을 가르치는 학문이다.

예를 들어 작가는 언어를 다루지만, 한 편의 플롯을 짜는 일에는 구조적 사고가 필요하다. 인물의 행동과 감정의 흐름을 무너지지 않게 쌓고, 복선과 전개, 결말을 질서 있게 배열하는 일은 모두 추론과 구조의 훈련이다. 감성으로 아름다운 문장을 쓸 수 있어도 이야기 구조는 논리로 만들어야 한다.

판사는 법리를 적용할 때 감정이 아니라 이성으로 움직인다. 전제와 사실, 법조문과 판단 사이에 비약이 없는지 따지고, 정당한 결론을 위해 절차적 논리를 끝까지 밀고 나간다. 이 과정은 곧 수학의 증명 방식과 닮아있다.

마케터는 숫자를 말하지 않지만, 숫자를 해석한다. 고객의 클릭률, 이탈률, 전환율 같은 데이터 속에서 의미를 추론하고, 전략의 방향을 설정한다. 수치 속 흐름을 읽는 힘은 단순한 통계 기술이 아니라 수학적 사고 감각에서 비롯된다.

수학은 정답을 찾는 것이 아니라 정답에 이르기까지의 사고 여정을 훈련한다. 틀려도 다시 돌아가고, 애매해도 끝까지 붙잡고, 한 줄 한 줄 논리를 따라가는 경험이 누적될수록 생각은 깊어지고 판단은 정교해진다. 수학은 사실을 축적하는 과목이 아니라 생각을 이끌어가는 과목이다.

그렇기에 수학은 그 어떤 직업과도 무관하지 않다. 기획자는 흐름을 짜고, 설계자는 변수와 조건을 고려하고, 디자이너는 설득력 있는 배치를 위해 구조적 논리를 고민한다. 수학을 문제 풀이로만 좁게 보면, 그 효용과 기능의 90%를 놓치게 된다.

어떤 직업을 선택하더라도 수학을 잘해야 한다

중요한 건, 수학이 감점 없는 언어라는 점이다. 애매한 표현은 통하지 않고, 단계가 빠지면 인정되지 않으며, 빈칸을 채워야만 비로소 완성된다. 그 엄격함은 한 인간을 훈련하는 데 적합하다. 생각을 성실히 정리하지 않으면 끝까지 도달할 수 없기 때문이다.

학생들은 수학을 시험과 등급의 대상으로 받아들이지만 실은 사고의 뿌리다. 문제를 잘 푸는 능력이 아닌, 문제를 다루는 태도를 길러준다. 수학을 통해 기르는 건 사고의 절도, 표현의 명료함, 결론을 지지하는 근거다. 이는 직업이 달라져도, 환경이 달라져도 사라지지 않는다.

그래서 수학을 포기한다는 건 단순히 계산을 내려놓는 게 아니다. 논리를 구조화하는 능력, 복잡한 문제를 단계적으로 풀어내는 두뇌의 메커니즘 자체를 함께 포기하는 일이다. 수학적 사고는 개발자, 판사, 마케터, 기획자, 투자 분석가, 건축가, 심지어 작가와 디자이너에게도 직간접적으로 요구된다.

이 흐름을 읽을 줄 모르고, 단계를 쌓는 감각이 없다면 어떤 직업을 가지더라도 사고의 밀도는 얕아질 수밖에 없다. 수학을 못 해서 힘든 직업은 따로 없다. 생각이 깊어야 하는 거의 모든 직업에서 수학적 사고는 조용히 그 사람의 능력과 품격을 결정한다.

직업은 융합인데, 공부는 쪼개도 될까?
'필요한 과목만 하면 된다'라는 발상에는 맹점이 있다

"이 과목은 저랑 무관해요."
"저는 문과라 수학은 안 해도 되죠?"
"디자인을 공부할 건데 과학은 포기해도 괜찮잖아요?"

학생들이 자주 하는 말이다. 자신이 갈 길은 정해졌으니 그 길에 불필요한 과목은 과감히 걸러내도 된다는 표현이다. 시간은 한정돼 있고 집중이 필요한 현실을 떠올리면, 얼핏 합리적으로 보인다. 하지만, 이 발상은 중요한 전제를 놓치고 있다. 지금의 직업은 단일 과목으로 설명되지 않는다는 사실이다.

세상은 점점 더 융합하고 있다. 학문 간 경계는 흐려지고, 현실의 문제는 다양한 영역의 언어와 사고를 동시에 요구한다. 하나의 직업도 다양한 능력을 겹겹이 쌓아야 겨우 가능해지고, 서로 무관해 보이던 과목들이 실제로는 긴밀하게 얽혀 새로운 학문과 세계를 창조한다.

의사라는 직업을 떠올려보자. 의학 지식은 생물학을 바탕으로 하지만, 그것만으로는 충분하지 않다. 환자의 감정을 읽는 심리학적 감각, 생명과 죽음을 다루는 윤리적 사고, 의료진 간의 협업과 환자와의 소통을 위한 언어 능력과 공감력까지 모두 요구한다. 좋은 의사는 생물학과 심리학, 철학, 소통 능력을 통합한 존재다.

크리에이터는 어떤가. 유튜브를 떠올리면 영상만 잘 찍으면 된다고 생각하기 쉽지만, 실제로는 훨씬 복잡하다. 기획이 약하면 콘텐츠가 힘을 잃는다. 글쓰기가 부족하면 메시지가 흐트러지며, 편집 기술이 없으면 영상이 살아나지 않는다. 여기에 통계와 데이터 분석 능력, 시장 흐름에 대한 감각까지 필요하다. 즉 크리에이터는 글쓰기와 영상 편집, 통계, 마케팅 감각을 결합해야 잘 해낼 수 있는 직업이다.

건축가 역시 마찬가지다. 미적인 감각만으로는 부족하다. 구조를 계산하는 수학과 물리, 사용자 동선을 고려한 심리학, 시대와 장소의 정서를 담기 위한 역사와 문화에 대한 통찰이 모두 필요하다. 건축가는 수학, 물리, 심리, 역사, 그리고 디자인을 통합적으로 다루는 복합형 전문가다.

이처럼 대부분의 현대 직업은 교과서 한 권으로 설명되지 않는다. 과거엔 전공 하나만 잘 파도 직업이 됐지만, 지금은 다른 과목을 이해할 수 있어야 하나의 전공도 제대로 가져갈 수 있다. 수학을 포기한 마케터는 숫자를 읽지 못하고, 국어를 놓친 개발자는 설득력 있는 기술 문서를 쓰지 못한다. 과학을 회피한 기획자는 기술 흐름을 놓치고, 역사를 무시한 디자이너는 맥락 없는 이미지만 난발한다.

교과는 나뉘어 있지만, 현실은 합쳐져 있다. 공부를 쪼개는 발상은 단기 집중에는 도움이 될 수 있지만, 직업을 입체적으로 만드는 데는 치명적인 한계를 지닌다.

융합과 통합의 세상에서 '전공 바보'는 되지 말자

그렇다고 전 과목을 다 잘해야 한다는 뜻은 아니다. 각 과목이 어떤 사고를 다루고 있는지, 어떤 방식으로 세상을 해석하는지를 익히는 노력을 기울이자는 말이다. 수학은 구조의 언어, 사회는 제도의 언어, 과학은 인과의 언어, 국어는 맥락의 언어, 영어는 전환의 언어다. 이 언어들을 이해할 줄 아는 사람만이 현실을 유연하게 해석할 수 있는 사고 체계를 갖게 된다.

세상은 점점 더 복잡해지고, 직업적 성공을 위해서는 더 많은 것을 요구한다. 단일 기능으로 버틸 수 있는 시대는 지났다. 지금은 필요 없어 보여도 그 과목이 미래의 경쟁력이 될 수 있다. '필요한 과목만 하면 된다'라는 생각은 한 치 앞만 보는 시야로 미래를 재단하는 위험한 발상일 수 있다.

직업은 융합인데, 공부는 왜 쪼개도 된다고 믿는가? 전공 하나로 설명되지 않는 시대에 다양한 공부는 선택이 아니라 준비된 사람만이 갖출 수 있는 생존 자산이다.

고등학교 교실에선 하루에도 몇 번씩 "이걸 나중에 어디다 써먹어요?"라는 말이 들린다. 수학 시간엔 숫자가 무슨 죄냐며 투덜거리고, 역사 시간엔 왜 이렇게 외울 게 많냐며 짜증 낸다. 과학 시간엔 지구를 누가 만들었냐며 불만을 토한다. 그러다 학생들은 어차피 쓰이지 않는다고 쉽게 결론을 내린다. 일리 있어 보이지만, 실제로는 꽤 많은 오해가 담긴 착각이다.

어떤 작가는 "고등학교 때 배운 것 중 지금 써먹는 건 10%도 되지 않는다. 그런데 문제는 그 10%가 뭔지 그땐 몰랐다는 거다."라고 말했다. 현재에 별 의미 없어 보여도 나중에 인생을 조용히 바꿔놓는 공부들이 실제로 존재한다는 것이다. 그리고 지금은 이 사실을 잘 느낄 수 없다는 점이 문제다.

국어 시간에 시를 외우며 지루함에 몸부림치던 한 학생을 떠올려보자. 십 년 뒤 광고 카피라이터가 된 그는 한 줄짜리 광고 문장이 수십만 사람의 마음을 움직일 때, 비로소 '그 시절 외웠던 시들이 이 일을 가능하게 했구나'라고 깨닫는다. 국어라는 학문이 말을 잘하는 법이 아니라 어떤 말을 어디에 배치해야 울림이 생기는지를 체화하는 시간이었다는 걸 오랜 후에야 알게 되는 것이다.

스타트업 공동 창업자가 된 수포자(수학을 포기한 자)는 어떨까. 투자 유치와 재무제표 앞에서 그는 아마도 수학을 다시 꺼내 들어야만 했을 것이다. 계산이 아니라 감각으로, 답이 아니라 흐름으로 숫자를 읽는 순간, 수학이 정답을 위한 과목이 아니라 생각의 단계를 설계하는 기술이었다는 걸 자각한다. 수학은 연산이 아니라 논리이기 때문이다.

역사를 암기 과목이라 치부했던 학생은 브랜드 기획자가 되었고, 캠페인을 설계하며 과거의 구조와 반복을 되짚을 것이다. 그러면서 이야기의 설득력은 결국 시간과 맥락의 깊이에서 나온다는 점을 느끼고, 역사 속 인물과 상징을 브랜드의 이야기로 재해석하게 된다.

지구과학은 손사래 치며 포기했던 과목이지만, 후에 콘텐츠 프로듀서가 된 학생은 기후 다큐멘터리를 만들며 "왜 날씨가 이렇게 이상하죠?"라는 질문에 과학 교과서 속 개념들을 다시 꺼낼 것이다. 벡터나 판 구조론이 시험을 위한 암기가 아니라 어떤 원리를 상상할 수 있는 감각으로 남아 있는 것이다.

공부의 효과는 단기간에 나타나지 않는다

이처럼 공부는 지금 당장 쓰기 위해 하는 것이 아니다. 나중을 위해 조용히 쌓아두는 것이다. 시험이 끝나면 지워지는 줄 알았던 개념이 십 년 뒤 어떤 기획의 뼈대가 되고, 그때 외운 한 문장이 누군가의 마음을 흔드는 순간이 온다. 그래서 공부는 기억이 아니라 감각이고, 지식이 아니라 언어이며, 쓰기 위해 외우는 게 아니라 이해하기 위해 저장하는 것이다.

공부가 쓸모없어 보인다면, 그건 아직 그 퍼즐이 맞춰질 자리를 찾지 못했기 때문이다. 누군가는 이미 다 지웠지만, 누군가는 그 조각을 그대로 쥐고 있다가 인생의 결정적 장면에서 꺼내 쓴다. 그 차이가 결국 한 사람의 진로를 바꾸고, 생활을 바꾸고, 기회를 준다.

"지금 이걸 왜 외워야 해요?"라는 질문에 완벽한 답을 찾는 건 중요하지 않다. 나중에 무언가로 연결될 수 있다는 가능성 하나만으로도 지금 공부에 쏟는 노력이 충분히 가치 있다는 걸 아는 것이 핵심이다.

공부는 정답을 위해서가 아니라 방향을 위해 하는 것이다. 기억을 위한 게 아니라 구조를 위한 수단이며, 지금 당장 쓸모없어 보여도 나중에 나를 살리는 퍼즐 조각이 된다. 언제, 어느 곳에서 드러날지 몰라도 그 조각을 지니고 있어야 인생의 그림을 완성할 수 있다. 그러니 이걸 어디다 쓰냐는 반문 대신, 내 안에서 체화해 언젠가 쓰인다는 확신을 외치자.

수학 없이 자란 사고는 감정에 기댄다
논리적 비약을 막는 힘은 수학이 기른다

수학을 잘한다는 건 단지 계산이 빠르거나 공식을 많이 외운다는 뜻이 아니다. 생각을 정렬하고 문제를 단계화하며, 논리를 구조화하는 가장 기본적인 두뇌 훈련이다. 우리는 이 사실을 너무 자주 잊는다. 수학적 훈련 없이 자란 사람에게는 몇 가지 공통점이 있다.

첫째, 논리적 비약을 인지하지 못한다. 수학은 모든 과정이 왜 그렇게 되는가를 설명할 수 있어야 다음 단계로 넘어갈 수 있는 과목이다. 중간을 건너뛸 수 없으며, 직관이나 인상에 의존하지 않는다. 수학이 약한 사람은 사고의 중간을 건너뛰는 데 익숙하고, '그런 느낌이 들어서'나 '남들이 그렇게 해서'라는 표현으로 자신의 판단에 논리적 근거를 갖추지 않는 습관을 갖게 된다. 이러한 비약은 생각을 얕고 불완전하게 만든다.

둘째, 순서와 전제가 약해진다. 수학은 어디서부터 시작했는가가 결과를 결정하는 학문이고, 문제를 풀 때 전제를 잘못 잡으면 결론은 어긋난다. 수학 훈련이 부족하면 말과 글에서도 전제를 세우지 않고 결론부터 말하는 습관이 생긴다. '왜 저 사람이 나한테 화났지?'라고 생각하면서 정작 자신이 무슨 말을 했는지, 어떤 맥락이 있었는지를 따지지 않게 되고, 정황 추론을 생략해 감정적 해석만 한다. 논리의 결핍이 이어지는 것이다.

셋째, 문제를 쪼개지 못하고 감정으로 덮는다. 수학을 잘하는 사람은 복잡한 문제를 보면 자연스럽게 구분해서 보고, 단계화해서 접근한다. 하지만 수학이 약한 사람은 복잡한 상황 앞에서 어렵다거나 모르겠다는 말로 두뇌를 멈추고, 한 번에 풀리지 않으면 포기한다. 단서가 있어도 알아채지 못하고, 문제가 있어도 덮고 지나가다 더 큰 문제에 직면한다.

넷째, 비교와 비율 감각이 무뎌진다. 수학은 '더 크다, 더 작다,

비싸다, 빠르다’ 같은 비교 판단을 수치상으로 훈련하는 유일한 과목이다. 이 감각이 없으면 숫자를 봐도 규모를 가늠하지 못하며, 데이터를 봐도 의미를 해석하지 못한다. 예를 들어 ‘백신 접종 후 2명이 사망했다’라는 기사를 읽었을 때, 전체 접종자 수가 수백만 명이라는 사실을 고려하지 못하면 공포만 커진다. 이렇게 비율을 생각하지 않는 사람은 숫자에 쉽게 속는다.

다섯째, 추론보다 확신에만 빠지기 쉽다. 수학의 모든 답은 조건에 따른 가설 위에 세워진다. 조건을 바꾸면 답도 풀이도 달라진다. 하지만 수학이 약한 사람은 이 유보된 상태를 불안해하고, 생각 중이라는 상태를 견디지 못한 채 ‘이건 이렇다’ ‘저 사람은 저래’ 같은 단정으로 사고를 닫아버린다. 그 확신은 사람을 편하게 만들지만, 점점 사고의 반경을 좁힌다.

여섯째, 구조적 설계 능력이 떨어진다. 수학은 정보를 배열하는 능력을 가장 집요하게 훈련하는 과목이다. 문제의 조건을 정리하고 주어진 정보를 묶고 순서를 재배열하며 문제를 다루는 구조 감각을 몸에 익히게 만든다. 이 감각이 부족하면 글을 써도 중심이 없고, 기획을 짜도 엉성하며, 설명해도 말이 흩어진다. 정보를 알고도 그것을 배열하지 못하면 설득도 전달도 어렵고, 수학 없이 자란 사고는 흩어지기 쉽고 쌓이지 않는다.

우리는 종종 ‘수포자’ 혹은 수학 머리가 없다며 수학이 약하다는 말을 가볍게 내뱉는다. 이런 표현은 단지 수학 점수가 낮다는 문제가 아니라 판단력 전체의 기반이 약하다는 약점을 떠벌리는 것과 같다. 정보와 생각을 정리하지 못하고 문제를 쪼개지 못하며, 감정을 논리로 환원하지 못한다는 뜻으로 주의해야 한다.

수학 과목을 중시하는 데는 이유가 있다

이는 이과생에게만 해당하는 이야기가 아니다. 소설가는 이야기 구조를 짜고 인물의 감정을 설계할 때 전개와 복선, 수렴이라는 인과의 질서를 구성해야 한다. 영화 시나리오 작가에게도 수학적 머리는 필요하다. 감정을 효과적으로 전달하기 위해선 그 감정을 얹을 수 있는 구조가 필요하기 때문이다. 감동은 감정으로만 만들어지지 않으며, 구조 위에 얹힐 때 비로소 맥을 갖는다.

판결문을 쓰는 판사도 마찬가지다. 사건을 시간순으로 정리하고 법리를 조목조목 연결하며, 결론이 전제에서 자연스럽게 흘러나오도록 논리의 뼈대를 완성해야 한다. 그 모든 작업은 언어로 구성되지만, 수학으로 훈련된 두뇌에서 출발한다. 법은 숫자를 다루지 않지만, 법리를 조립하는 논리는 수학의 질서를 요구한다.

수학 없이 사고한다는 건 감정에 기울고 구조를 잃는다는 뜻이다. 지금 수학을 한다는 건 정답을 맞히기 위해서가 아니라 중간을 생략하지 않고 설명할 수 있는 근거를 만들기 위해서다. 생각을 끝까지 끌고 가고, 논리의 사슬을 놓치지 않고, 구조화된 판단을 쌓아갈 수 있는 역량, 수학은 그 출발점이다.

의사도 수학을 못 하면 힘들다
숫자를 읽지 못하는 진료는 감에 기대기 쉽다

의학은 과학이다. 의사는 과학자처럼 사고해야 한다. 그런데 우리는 종종 의사를 암기 천재로 오해한다. 물론 의학이 방대한 정보를 외워야 하고, 반복 학습이 필수인 학문은 맞다.

하지만 진료 현장에서 의사가 수행하는 본질은 단순 암기가 아니다. 의학은 통계적 사고, 수치 해석, 논리 추론이 집약된 복합 사고의 영역이며, 그 사고의 토대는 수학이다. 수학에 약한 의사는 결국 판단의 뿌리가 흔들린다. 의학은 수학을 몰라도 되는 분야가 아니라 수학을 모르면 위험해지는 직업이다.

첫째, 수학을 모르면 통계에 약해진다. 현대 의학은 확률과 통계를 바탕으로 움직인다. 임상시험 결과, 치료 효과, 부작용 발생률 등을 수학적 모델 위에서 평가한다. 수학 감각이 부족한 의사는 이런 숫자를 숫자로만 받아들이고, 개념의 차이를 분간하지 못한다.

예를 들어 '이 약을 먹으면 암 발생이 절반으로 줄어듭니다'라는 문장을 읽고, 그것이 절대 위험감소인지 상대 위험감소인지 구분하지 못하면 실제 효과를 과대평가하거나 오해할 수 있다. 절대 위험감소는 실제 줄어든 환자 수를 의미하고, 상대 위험감소는 단지 비율을 부각한 표현으로, 대개 후자가 더 극적으로 들린다.

이 차이를 모르면 환자에게 불필요한 기대를 심거나 과장된 공포를 유발할 수 있다. 수학을 모르면 숫자에 속고, 환자에게도 정확한 정보를 전달할 수 없다.

둘째, 약물 용량 계산에서 치명적인 실수가 발생할 수 있다. 의학에서 약물은 체중당 용량으로 정해지며, 주사 농도, 희석 비율, 주입 속도 등을 고려한 정밀한 계산이 필요하다. 10g/kg과 10mg/kg은 단위 하나 차이지만, 생명을 좌우할 수 있다.

수학 감각이 부족한 의사는 단위 환산이나 소수점 계산에서 실수하기 쉽고, 그 실수는 실제 환자에게 위협이 된다. 의료 현장에서 계산의 실수는 단순 오류가 아니라 생명과 직결된 문제다.

셋째, 검사 수치를 제대로 읽지 못한다. 혈액검사, 전해질 수치, 간 기능 수치 등은 단지 정상이냐 아니냐를 판단하는 것이 아니라 수치의 변화 패턴과 이전 수치 대비 변화량, 수치 간 상호작용까지 분석해야 한다.

수학이 약한 의사는 이러한 수치를 표면적으로만 보고, 변화의 방향성과 속도, 비례 관계를 해석하지 못한다. 단순 판독은 가능할지 몰라도 병의 흐름과 경과를 꿰뚫는 통찰력이 부족하다.

넷째, 논문을 읽지 못해 최신 의학 지식에서 멀어진다. 현대 의학은 근거 중심 의학(Evidence-Based Medicine)이다. 의사의 판단은 개인적 경험이 아니라 과학적 근거에 바탕을 두어야 하며, 이 근거는 논문에 담겨 있다. 대부분의 의학 논문은 연구 설계, 신뢰구간, 오즈비(Odds Ratio, 확률을 비교하는 통계 지표), 교차(통계에서 활용하는 분석 기법) 등 통계, 즉 수학적 언어를 활용한다.

수학 감각이 부족하면 데이터를 해석하지 못하고, 결국 새로운 지식을 받아들일 수 없다. 의사는 평생 공부해야 하는 직업인데 수학을 모르기 때문에 그 공부에서 배제된다면 진료는 낡은 경험에만 기대게 된다.

다섯째, 진료 의사결정이 감정이나 인상에만 의존하게 된다. 진료는 선택과 판단의 연속이다. 어떤 검사를 먼저 할지, 어떤 약을 선택할지, 입원 치료가 나을지 통원 치료가 나을지 등 여러 과정에서 논리적 판단이 필요하다.

수학적 사고란, 조건과 변수, 확률과 비용, 예후와 부작용을 통합해 최적의 선택을 설계하는 능력이다. 수학이 약하면 이 논리의 구조가 무너지며, 예전에도 비슷한 환자가 있었기 때문에, 지금은 입원시키는 게 나을 것 같아서와 같은 근거 없는 감에 기댄 판단이 늘어난다. 물론 경험이 중요하지만, 근거 없이 반복되면 단순한 패턴일 뿐이며 환자에게 설명할 수 없는 결정이 된다.

여섯째, 복잡한 정보를 구조화하지 못하면 진료의 품질이 떨어진다. 진료란 단순히 증상을 듣는 게 아니라 병력, 가족력, 생활 습관, 검사 수치 등 복합적인 정보를 종합해 하나의 가설을 만드는 과정이다. 곧 데이터 해석이며, 수학은 이런 구조화 사고를 훈련하는 거의 유일한 교과다.

수학 감각이 없는 의사는 정보를 듣긴 하지만 정리하지 못하고, 정리하지 못한 정보는 해석할 수 없으며, 해석하지 못한 정보는 진단으로 연결되지 않는다. 진료는 맥락을 읽는 예술이고, 수학은 그 맥락을 정렬하는 힘이다.

좋은 의사가 되기 위해서 수학 감각이 필수다

결론은 명확하다. 수학은 의학의 주변 지식이 아니라 중요한 기반지식이다. 암기한 정보는 아무리 많아도 수치를 해석하지 못하면 진단은 부정확하고, 통계를 이해하지 못하면 최신 지식은 의미를 잃는다. 숫자를 꿰뚫는 힘이 부족한 상태에서 환자와의 상담은 감정에 기대게 된다.

의사는 말과 청진기로 환자를 대하지만 진료의 깊이를 결정짓는 건 숫자이고, 판단의 구조를 설계하는 건 수학이다. 수학은 특정 전공을 위한 과목이 아니라 판단의 두뇌를 세팅하는 기초 언어다. 특히 생명에 관한 결정을 내리는 직업이라면 수학은 필수가 아니라 생존의 조건이다.

문해력이 없으면 세상이 흐릿해진다
읽지 못한다는 건 오해하고 놓친다는 뜻이다

문해력은 단순히 글자를 읽는 능력이 아니다. 텍스트를 이해하고, 요점을 추리고, 구조화하고, 맥락 속 의미로 전환하는 사고의 힘이다. 이 기본적인 감각이 약해지면 우리의 일상은 어긋난다. 글을 읽지만 뜻을 모른 채 넘어가고, 설명을 들었어도 핵심을 놓친다. 대화를 나눠도 맥락을 공유하지 못한다. 문해력이 약하다는 건, 소통의 언어를 알아도 진심을 함께 나누지 못한다는 뜻이다.

문해력이 약한 사람은 가장 먼저 지시 사항과 설명서를 잘못 해석한다. 글자를 읽지만, 뜻이 모호하고, 뜻을 알아도 전체적인 흐름을 잡지 못한다. 그래서 학교에서든 직장에서든 늘 눈치 없는 사람이 된다.

문해력을 키워야 세상을 제대로 파악한다

일상에서도 문제가 발생한다. 시험 조건을 오해해 엉뚱한 답을 쓰고 제품 설명서를 건너뛰고 고장 내며, 계약서를 대충 보고 손해를 보는 일이 반복된다. 문해력은 실수와 오해를 줄여주는 일상의 방패이자 일터에서 신뢰를 만드는 최소한의 언어 감각이다.

이해력이 부족하면, 질문도 생기지 않는다. 질문은 사고의 출발점으로 이해가 되지 않는데 당연히 질문이 나올 수 없다. 수업 시간에 질문 있냐는 교사의 말에 고개를 숙이고, 회의 중에도 할 말이 없는 이유다.

질문하지 못한다는 건 무엇을 모르는지도 모른다는 뜻이다. 대화에서 중심을 놓치며, 요점을 흐리고, 결론 없이 맴도는 사람이 된다. 문해력은 이해력이고, 핵심을 뽑아낼 줄 아는 사고의 기초 체력이다.

문해력이 약하면 글이나 뉴스, 보고서를 읽어도 중심을 잡지 못한다. 표면만 훑고 지나가며 정작 핵심은 놓친다. 읽고 나서도 횡설수설하거나 중요한 문장과 부연 설명을 구분하지 못하고, 전체 구조 속에서 어떤 정보가 중심인지 짚지 못한다. 논리적 뼈대 없이 감정적으로 텍스트를 받아들이고, 정답보다 느낌을 말하며, 해석보다는 반응에 머문다. 정보는 넘쳐나는데 해독할 수 없는 사람은 세상에서 길을 잃을 수밖에 없다.

감정과 뉘앙스의 차이를 읽지 못하면 사람 사이도 자주 어긋난다. 겉말만 읽고 속뜻을 놓쳐 핀잔을 칭찬으로 받아들이고, 제안을 비난으로 생각할 때도 있다. 빈말, 피드백, 권유, 지시의 뉘앙스를 분리하지 못해 오해가 생기고, 감정적으로 반응하는 일이 잦다. 문해력이란 단어의 뜻을 아는 것이 아니라 문맥의 결을 읽고 의미를 감지할 줄 아는 감각이기 때문이다.

또한 문해력은 읽기의 기술이자 쓰기와 말하기의 근력으로 문해력이 떨어지면 직장에서는 보고서나 기획안, 이메일이 엉망이 된다. 문장이 늘어지거나, 문단 간 연결이 느슨하고, 논리의 흐름은 끊긴다. 주어와 서술어가 엇갈리고, 말의 중심이 흩어져 상사는 무슨 말인지 모르겠다는 피드백을 반복한다.

실력이 문제가 아니다. 말이 구조를 갖추지 못해 설득력을 잃는 것이다. 표현을 구조화하지 못해 실력이 없다는 오해도 받게 된다.

문해력이 약한 사람은 배움에서 뒤처진다. 수학 문제를 읽고도 질문의 의도를 잡지 못하고, 과학과 사회 개념을 읽는 데 두 배의 시간이 걸린다. 수업 내용을 필기했지만 정리하지 못하고, 상사의 지시를 들어도 정작 무엇을 해야 하는지 아리송할 뿐이다. 듣고도 요지를 정리하지 못하는 사람은, 결국 구조화한 출력이 불가능하다. 배움이 끊기고, 사고는 얕아지고, 판단은 감정에 기울어지며,

모든 일이 복잡해진다.

이 문제들은 단순히 국어나 독서 문제를 틀리는 차원의 문제가 아니다. 정보와 맥락을 흐릿하게 받아들이는 사람이 된다는 뜻이다. 대화가 자주 빗나가고, 설명이 길어지며, 보고서는 장황해진다. 말은 많은데 이해는 없고, 문장은 긴데 요점은 없다. 핵심 없이 떠도는 모든 의사소통의 뿌리엔 결국 읽지 못함이 있다.

징리하자면, 문해력이란 단순한 독해력이 아니다. 질문을 만들고, 핵심을 파악하고, 감정과 메시지를 분리하며, 의미를 구조화하는 총체적인 사고 능력이다. 이 능력이 부족하면 글을 읽어도 정보는 남지 않고, 대화를 나눠도 감정만 남는다.

문해력은 시험을 위한 기술이 아니라 인간관계와 판단, 업무 전반을 떠받치는 가장 기초적인 생존력이다. 문해력이 없으면 세상이 흐릿해진다. 보고는 있지만 이해하지 못하고, 듣고는 있되 요점을 모르는 모호한 흐릿함 속에서 결국 고립된다.

읽는다는 건 살아가는 방식이다. 문해력은 읽기에서 시작하지만, 모든 판단과 소통의 마지막까지 함께 가는 능력이다. 그리고 지금, 이 순간에도 그 능력은 읽고, 쓰고, 말하고, 듣는 모든 장면에서 조용히 드러난다.

4장

나만의 판을 만드는 용기

경영과 자영업의 세계

사장이 되고 싶다면, 무너질 각오부터 하라
창업가와 스타트업 대표의 현실은 무섭다

창업을 꿈꾸는 사람이 많다. "내 브랜드를 만들고 싶어요." "회사에 얽매이지 않고 자유롭게 일하고 싶어요." "내가 진짜 하고 싶은 일을 하고 싶어요."라는 말은 더 이상 낯설지 않다. 자율성과 자기주도성, 의미 있는 일에 대한 열망은 세대를 가리지 않고 확산하고 있다. 하지만 그 일을 실제 직업으로 택한 사람들은 곧 깨닫는다. 창업은 자아실현이 아니라 감당의 기술이고, 반복을 버티는 체력이라는 것을 말이다.

창업가는 흔히 사장님이라 불리지만, 현실은 전혀 다르다. 법적 지위는 대표이사일지 몰라도, 하루는 청소로 시작된다. 직접 물건을 포장하고, 고객 전화를 받고, SNS 이미지를 만들고, 점심 메뉴를 고민한다. 제품 기획부터 견적 확인, 고객 대응, 세무 일정까지 크고 작은 일이 대표의 몫이다. 대표로서 법인 도장을 들고 있지만, 테이프와 커터 칼도 함께 든다. 사장이 된다는 건 곧 모든 책임을 내가 지겠다는 말과 같다.

아이디어보다 실행력이 있어야 생존한다

사업은 아이디어로 시작되지만, 실행으로만 생존한다. 누구나 아이디어는 떠올릴 수 있다. 카페에서, 술자리에서, 샤워 중에도 새로운 사업 아이템은 반짝인다. 하지만 그것을 실행으로 옮기는 사람은 적다.

더 냉정한 건 실행해도 반응이 없을 수 있다는 현실이다. 시장은 감탄보다 무관심에 가깝고, 반응은 생각보다 느리다. 아무리 좋은 제품이라도 트렌드보다 먼저 나오면 낯설고, 늦게 나오면 따라 한 것으로 평가받는다. 타이밍은 생각의 속도가 아니라 실행의 속도에서 갈린다. 기민하게 움직이지 않으면, 흐름은 금세 지나간다.

초기 스타트업 대표는 사장이 아니라 막내다. 직원이 생기기 전까지 마케팅도, CS(Customer Service, 고객의 이익이나 편의를 위해 제공하는 서비스)도, 생산도, 세무도 모두 혼자서 감당해야 한다. 직원이 생기면, 월급은 무조건 지급해야 한다. 대표 자신의 월급은 늘 마지막이다. '내 월급은 다음 달에'라는 말은 수많은 창업자가 반복해서 내뱉는, 자조 섞인 일상의 다짐이다. 그 말에 익숙해져야 진짜 창업가다.

자아실현을 위한 창업은 착각이다

창업의 가장 큰 위기는 정적이다. 아무도 관심 가져주지 않고, 검색량은 0에 가깝고, 유입은 멈추고, 광고 홍보 사이트의 '좋아요' 표시는 늘지 않는다. 그때 사람은 자기를 의심하기 시작한다. '내가 틀린 걸까?' '이걸 계속해야 할까?'라는 질문이 하루에도 수십 번씩 떠오른다. 반응 없는 어둠 속에서도 다시 손을 움직이는 사람만이 끝까지 간다. 사업은 전략보다 반복이 먼저 작동한다. 그 반복을 견디는 사람만이 다음 국면으로 진입할 수 있다.

창업은 외롭다. 가족은 말리고, 친구는 걱정하고, 투자자는 반응하지 않으며, 동업자는 떠나고, 직원은 불안해한다. 그 순간 대표는 스스로 설득해야 한다. 믿어주는 사람이 아무도 없을 때조차 자기 자신만큼은 믿을 수 있는 사람, 그런 사람만이 창업가로 살아남는다. 그리고 그 믿음은 거대한 확신이 아니라 작은 습관으로 만들어진다. 다시 키보드를 두드리고, 다음 시트를 정리하고, 마지막 재고를 다시 확인하는 그 일상화된 끈기가 대표를 지탱한다.

또 하나, 체력은 선택이 아니라 생존 조건이다. 고객의 감정을 받아내고, 밤샘 대응을 견디고, 출장을 다니고, 납기와 회계 마감과 플랫폼 업데이트까지 한 사람에게 몰린다. 운동선수처럼 몸을 쓰진 않지만, 반복되는 정신노동을 버텨낼 몸과 마음의 건강이 없다면 오래 가지 못한다. 감정 소모, 일정 충돌, 의사결정의 피로, 이 모든 것을 견디는 체력이 필수다. 창업가는 종합격투기 선수이자 마라토너다.

창업은 도전이 아니다. 감당이다. 아이템을 만드는 일이 아니라, 책임을 끝까지 견디는 일이다. 대표님이라는 말은 멋진 타이틀이 아니라 가장 늦게 퇴근하고, 가장 먼저 무너질 준비가 된 사람에게 주어지는 이름이다. 열정보다 꾸준함, 창의성보다 버티는 능력이 우선이다. 이 직업은 그런 사람에게만 생존권을 허락한다.

그래서 다시 묻는다. 나는 정말 하고 싶은 일이 있는가? 그 일이 잘 안 풀릴 때도 계속할 수 있는가? 시장 반응이 없을 때도, 다음 날 다시 시작할 수 있는가? 내 월급이 없어도, 직원 월급을 먼저 줄 수 있는가? 내가 시작한 일이기에, 내가 끝까지 책임질 수 있는가?

창업은 나만의 일을 한다는 선언이 아니라 나만이 감당할 수 있는 일을 만든다는 각오다. 사장이 되고 싶다면, 가장 먼저 무너질 각오부터 해라.

자유롭지만 모든 책임을 지는 사람이다
프리랜서, 노마드(유목민), 1인 회사 창업자는 혼자다

출근하지 않아도 된다. 상사를 보지 않아도 된다. 팀에 맞추지 않아도 된다. 일정은 내가 정하고, 일의 방향도 내가 설계하며, 수입도 온전히 내 몫이다. 프리랜서, 디지털 노마드, 1인 회사는 그렇게 들린다. 하지만 실제로 이 삶을 지속하는 사람들은 자유롭지만, 절대 가볍지 않고, 편해 보이지만 본질은 혼자 감당하는 구조라는 점을 잘 알고 있다.

일의 범위를 내가 정하지만, 그만큼 책임도 전부 나에게 쏠린다. 하고 싶은 일만 한다는 건 환상이다. 오히려 하기 싫은 일도 해야 한다. 견적서 작성, 계약 협의, 일정 조율, 세금 신고, 클라이언트 응대 등 모든 부서 업무를 내가 감당해야 한다. 프리랜서는 디자이너이자 회계사이고, 작가이자 마케터이며, 동시에 총무다. 혼자 일하는 조직이고, 그 조직의 전체 부서장이자 막내다.

1인 회사는 법적 형태가 아니라 삶의 구조다. 기획부터 실행까지, 소통부터 정산까지 오만가지 업무를 혼자 결정하고 처리한다. 일이 많아져도 분업은 불가능하다. 성장하면 피로도 함께 커진다. 성과가 높아질수록 체력은 먼저 바닥난다. 휴식은 점점 멀어지고, 회복은 사치가 된다. 클라이언트가 몰리면 그만큼 시간도 쏟아붓는다.

자기 조절력과 시간 관리가 성공의 키다

이 직업의 핵심은 자율이 아니라 자기 관리다. 아무도 나를 출근시키지 않지만, 아무도 나를 퇴근시키지도 않는다. 일정을 설계하는 것도, 루틴을 지키는 것도 전부 스스로 해야 한다. 일정을 잃으면 일도 잃고, 리듬을 놓치면 존재감까지 흔들린다.

업무 자체도 단순하지 않다. 창작자라면 콘텐츠를 만드는 일 외에도 섬네일 제작, 게시물 업로드, 시간 설정, 알고리즘 분석 등 모든 것을 스스로 감지해야 한다. 강사라면 강의 외에도 교재 제작, 수강생 응대, 결제 관리, 후기까지 챙겨야 한다. 심지어 병이 나도 일을 멈출 수 없다는 불안, 정기 수입이 없다는 공포, 늦잠 잤다는 자책 등이 일과 함께 따라온다. 혼자 일하면서 겪는 가장 큰 위험 요소는 무너질 때 아무도 막아주지 않는다는 점이다.

고립과 무기력은 배경처럼 늘 깔려 있다. 일이 없을 때 '나는 지금도 쓸모 있는 사람인가?'라는 의문이 따라온다. 통장이 비고, 메일함이 고요하고, 메시지 없이 하루가 지나가면 존재 자체가 흔들린다.

이 직업은 일의 유무가 존재의 유무와 직결된다. 일이 자존감이 되고, 일이 없으면 존재가 무너질 것 같은 착각이 생긴다. 반대로 일이 몰리면 몸이 먼저 무너진다. 아무리 수익이 높아져도 시간 노동 구조에서 벗어나기 어렵다. 피로는 쌓이고, 회복의 주기는 길어진다. 오래 하고 싶다면, 의욕이 아닌 구조로 버텨야 한다. 결국은 시스템이 아니라 사람이 모든 걸 감당해야 한다.

경제적 불안정도 그림자처럼 따라다닌다. 월급은 고정되지 않고, 클라이언트가 계약을 중단하면 바로 수입이 끊긴다. 사회보장 시스템은 자영업자에게 불친절하고, 퇴직금도 없다. 불안정을 감수하면서 자유를 얻는 구조다.

여기에 기회 격차도 있다. 초기 인맥, 포트폴리오, 첫 단추가 좋았던 사람은 빠르게 성장한다. 그렇지 않은 사람은 저가 노동과 과도한 업무를 반복하게 된다. 이 구조에서 벗어나려면 실력 외에도 전략, 자기 브랜딩, 협업 네트워크를 장기적으로 구축해야 한다.

세상을 해석하는 감각이 필수 요건이다

그럼에도 이 직업을 선택하는 사람들이 늘고 있다. 나만의 시간표를 가진다는 만족감, 조직에 소속되지 않아도 결과로 살아갈 수 있다는 자존감, 일과 삶의 거리를 스스로 조율할 수 있다는 해방감은 단순한 수익 이상의 가치다.

동시에 이 길은 성격과 리듬, 체력과 동기, 감정 조절 능력까지 모두 시험하는 구조다. 누구나 잠깐은 프리랜서처럼 살 수 있지만,

지속할 수 있는 사람은 드물다. 자율을 감당할 수 있는 사람만이 선택할 수 있는 직업이다.

그래서 더더욱 세상을 해석하는 감각이 필요하다. 내 콘텐츠가 닿을 곳이 어디인지, 어떤 흐름이 오고 가는지, 사람들이 지금 어떤 지점에 공감하고, 무엇을 곧 거부할지를 알아야 한다. 시장의 언어와 시대의 공기를 동시에 읽어야만, 내 자유가 고립되지 않는다.

결국 프리랜서는 자기만의 루틴과 전략뿐 아니라 사회에 대한 넓은 상식과 변화의 결을 감지하는 능력까지 갖춰야 살아남는다. 자유를 선택했다면, 그 자유를 연결해 줄 세상에 대한 감각도 함께 품어야 한다.

그래서 묻는다. 나는 지시 없는 삶을 견딜 수 있는가? 일이 없을 때 흔들리지 않고, 일이 몰릴 때 나를 지킬 수 있는가? 혼자 일하고 혼자 결정하고, 혼자 실패한 날에도 다시 일어설 수 있는가?

프리랜서는 자율이 아니라 자기 통제의 예술이다. 자유를 오래 누리고 싶다면, 그 자유의 무게부터 감당할 수 있어야 한다.

그리고 한 가지를 더 생각해 보자. 자신을 지탱할 최소한의 자금이 준비되지 않았다면, 애초에 시작하지 말아야 한다. 당장 벌어 당장 쓰는 구조로 진입하면, 자유는커녕 생존의 불안에 매달리는 삶이 된다.

프리랜서에게 가장 위험한 건, 일이 없을 때보다 돈이 없을 때다. 수입이 불규칙한 구조에서 벌어서 쓴다는 생각은 결국 돈의 노예가 되겠다는 선언이다. 월세를 감당하려고 일하고, 카드값을 막으려고 의욕 없이 일하고, 휴식 없이 달리는 구조에 갇히게 된다. 이 일은 나를 위해 선택한 길이어야 한다. 돈에 끌려가는 길이 되어선 안 된다. 진짜 자유는 수입이 아닌 여유에서 시작된다.

카페 사장이 되고 싶다면 생존부터 배워라
자영업자, 식당 사장, 카페 창업의 세계는 전쟁터다

누구나 한 번쯤은 '내 가게 하나 차리면 좋겠다' '사장이 되어 내 공간을 꾸며보고 싶다' '커피 향 나는 카페에서 내 시간을 디자인하고 싶다'라는 상상을 한다. 하지만 현실은 생각보다 무겁다. 자영업은 자유로운 일처럼 보이지만, 사실상 가장 높은 고정비와 가장 불규칙한 수익 사이에서 매일 줄타기하는 직업이다.

요즘엔 SNS에서 예쁜 인테리어와 감성 있는 문구, 조명까지 완벽한 카페가 넘쳐난다. 하지만 그 감성이 하루 세 번 재료 수급을 처리해 주진 않는다.

자영업은 감성이 아니라 숫자와 구조로 버텨야 하는 생존의 무대다. 아무리 맛있어도, 친절해도, 예뻐도 망할 수 있다. 임대료, 재료비, 인건비, 공과금은 하늘이 두 쪽 나도 매달 먼저 지급해야 한다. 하루 매출이 아무리 좋아도 회전율이 낮으면 망한다. 주방이 아무리 정성스러워도 원가율 계산이 틀어지면 남는 게 없다. 자영업자에겐 음식보다 계산기와 포스기가 더 중요하다.

손님은 주말과 연휴에 오지만, 사장은 쉴 수 없다. 평일에는 준비하고, 주말에는 몸으로 뛴다. 쉬는 날은 매출이 빠지는 날이고, 쉬는 순간에도 걱정이 쌓인다. 병원 갈 시간도, 제대로 눕는 시간도 없다. 몸이 아파도 가게는 열어야 하고, 일이 잘못돼도 자리를 지켜야 한다. 내가 빠지면 멈추는 구조 속에서 책임감과 압박감이 늘 붙어 다닌다.

오픈 준비부터 마감 정산까지 하루가 14시간이다. 사람은 계속 들어오고, 음식은 끊임없이 나가고, 포스기엔 매출이 찍힌다. 하지만 숫자가 찍힌다고 바로 안심할 순 없다. 잘돼도 불안하고, 안 되면 더 불안하다.

겉멋으로 시작해서 생존으로 끝난다

자영업자는 오늘도 매출 그래프를 보며 웃고 울고, 방금 나간 손님의 표정 하나에도 흔들린다. 잘된 날에는 내일이 걱정이고, 안 된 날에는 오늘이 괴롭다. 이 불안은 익숙해지는 것이 아니라 견디는 기술이 된다.

돈 걱정보다 더 힘든 건, 혼자 싸운다는 감정이다. 잘되면 주변에서 축하해 주지만, 안 되면 말없이 멀어진다. 가게 운영이 어려워지면 가족과의 갈등도 생긴다. 집에 가면 피곤하고, 대화는 줄고, 감정은 무뎌진다. 아이를 돌볼 여유도, 친구를 만날 틈도 줄어든다. 결국 자영업자는 장사만 하는 게 아니라 관계의 희생과 감정의 절제를 동시에 감당해야 하는 직업이다.

이 구조는 쉽게 나아지지 않는다. 경쟁은 치열하고, 유행은 빨리 변하며, 손님은 금세 싫증을 낸다. SNS 마케팅은 새로운 기술이고, 매달 메뉴 개발을 고민해야 하며, 원재료 단가는 예고 없이 오른다.

문제는 바뀌는 게 세상뿐 아니라 내 몸도 변한다는 점이다. 체력은 줄고, 근무 시간은 늘고, 그 안에서 감정은 소모된다. 이 일은 열정으로 시작할 수 있지만, 체력과 구조가 뒷받침돼야 지속할 수 있다.

감정과 일을 분리할 수 있는가?

그래서 묻는다. 나는 감정적으로 흔들려도 다음날 가게 문을 열 수 있는가? 가족과 갈등이 생겨도 장사는 계속할 수 있는가? 내가 아파도, 불안해도, 실수해도 손님 앞에서는 웃을 수 있는가?

자영업은 시스템이 아닌 나라는 인간에게 전부 걸려 있는 직업이다. 그 시스템이 무너지면, 사람도 같이 무너진다.

자영업은 멋진 창업 스토리보다 매일 반복되는 평범한 일상의 누적이 중요한 직업이다. 이상보다 체계가 중요하고, 감정보다 분석이 중요하며, 인테리어보다 회전율이 중요하다. 이 모든 걸 알고도 '그래도 나는 내 공간을 만들고 싶다'라고 말할 수 있는 사람만이, 이 직업을 선택할 자격이 있다. 자영업은 예쁘게 시작하는 사람이 아니라 조용히 오래 버티는 사람이 살아남는 직업이다.

그리고 무엇보다, 자금을 준비하지 않고 시작하는 것은 무모하다. 장사가 잘돼도 초기에는 회전 자금으로 모두 빠져나가고, 장사가 시원치 않으면 순식간에 바닥이 드러난다. 지속가능성을 담보하기 위해서 자금 확보는 기본이다.

자영업은 하루 장사로 버티는 일이 아니다. 수개월의 버티는 체력과 자본이 있어야 가능한 생존 구조다. 돈이 나를 받쳐줘야 자유가 생긴다. 돈에 밀려다니는 순간, 가게는 나를 갉아먹기 시작한다.

나는 정말 프리랜서가 맞을까?
자유 이전에 감당을 점검하라

프리랜서를 꿈꾸는 사람들이 늘고 있다. 출퇴근 없는 삶, 회의 없는 하루, 일정과 시간표를 내가 설계하는 삶을 향한 욕구는 어느새 시대적 본능처럼 퍼졌다. 자영업도 마찬가지다. 누군가의 직원이 아니라 내 브랜드로 일하고 싶다는 욕망은 더 이상 예외가 아니다.

그러나 자유는 모든 사람에게 적합한 형태가 아니다. 자유에는 비용이 따른다. 그리고 그 비용은 돈이 아니라 감정과 성향, 태도와 기질이라는 이름으로 먼저 청구된다. 누군가에겐 그 자유가 해방이지만, 다른 누군가에겐 고립이고 불안이다.

프리랜서의 적성을 살펴라

다음의 다섯 가지는 실제로 프리랜서나 자영업에 진입한 사람들의 탈락 사유이자, 생존 가능성을 점검하는 셀프 테스트 목록이다. 나는 얼마나 여기에 해당하는가?

첫째, 완벽주의자는 시작조차 늦다. 무언가를 시작하기 전에 모든 준비가 끝나야 직성이 풀리는 사람은, 현장에선 늘 한발 늦는다. 로고, 명함, 포트폴리오, SNS 등 새로운 시작을 위한 모든 준비가 완성되어야 움직이는 사람은 기회를 놓친다. 프리랜서의 본질은 빠른 시도와 느린 개선이다. 완성보다 실행이 중요하고, 정교함보다 적시성이 더 결정적이다. 실행한 사람만이 데이터를 얻고, 반응을 체감하며, 다음 단계로 넘어간다.

둘째, 실패에 과민한 사람은 빨리 탈진한다. 거절, 무응답, 외면 등 불편한 상황은 프리랜서의 일상이다. 제안서에 답이 없고, 콘텐츠가 묻히고, 제품이 팔리지 않는 날이 반복된다. 이 실패를 특별한 사건이 아니라 기본값으로 받아들일 수 있어야 한다. 거절 앞에서 자존감을 무너뜨리는 사람보다, 실패를 정보로 해석하는 사람이 멀리 간다. 성공보다 회복이 빠른 사람이 결국 더 오래간다.

셋째, 스스로 판단하지 못하는 사람은 혼란에 빠진다. 프리랜서는 무엇을 할지부터 정해야 하는 직업이다. 오늘 뭘 만들지, 어디서 일할지, 어떻게 팔지 등 매 순간이 선택의 연속이다. 그런데 지시받는 구조에 익숙한 사람은 방향이 주어지지 않으면 움직이지 못한다. 선택이 실패로 이어질 수도 있다는 부담은 자율을 고문으로 만든다. 판단을 내릴 때 스트레스를 크게 느끼는 성향이라면, 오히려 조직의 보호막이 더 적합하다.

넷째, 루틴을 기반으로 사는 사람은 불안정성에 취약하다. 프리랜서는 정해진 출근도, 명확한 퇴근도 없다. 어떤 날은 새벽부터 밤까지 분주하고, 어떤 날은 멍하니 하루를 보내기도 한다. 수입은 달마다 다르고, 작업량은 매일 다르며, 삶의 리듬은 온전히 자기 설계에 달렸다. 문제는 루틴을 만들 수 있느냐가 아니라 무너졌을 때 다시 세울 수 있느냐다. 이는 정신력과 체력 모두를 소모하는 일이다.

다섯째, 외로움을 견디지 못하는 사람은 고립감에 흔들린다. 이 일은 대부분 혼자 한다. 혼자 계획하고, 혼자 만들고, 혼자 평가하고, 혼자 반성한다. 회의가 없고, 상사가 없고, 칭찬도 없다. 침묵이 평온하게 느껴진다면 괜찮지만, 그 침묵이 소통하는 존재의 부재처럼 느껴진다면 이 구조는 잔혹하다. 외로움은 감정이 아니라 생존 변수다. 정서적 균형을 혼자 유지할 수 없다면, 하루하루가 정적 속에서의 버티기로 변한다.

그래서 묻는다. 나는 혼자서 리듬을 만들고 유지할 수 있는 사람인가? 실패 앞에서 방향을 잃지 않는가? 누가 시키지 않아도 일하고, 누가 보지 않아도 멈출 수 있는가? 하루 종일 말이 없어도 존재감을 잃지 않는가?

다시 말하지만, 프리랜서는 누구나 시작할 수 있는 일이지만, 아무나 오래 할 수 있는 일은 아니다. 진입 장벽은 낮지만, 생존 장벽은 높다. 화려한 출발보다 지속하는 리듬이 중요하고, 멋진 계획보다 무너진 다음 날 다시 일어나는 의지가 더 중요하다. 자유롭게 일하고 싶다면, 먼저 자율을 감당할 준비가 되어 있어야 한다.

5장

함께 해야 더 잘하는 사람

자유보다 안정을 추구하는 월급쟁이

불확실성을 견딜 수 없는가?
그렇다면 창업보다 월급이 약이다

창업을 꿈꾸는 사람은 많다. 회사 생활이 지겹고, 내 시간과 감정을 타인의 기준에 맞춰 써야 하는 일상이 갑갑할수록, 스스로 삶의 방향을 설계하고 싶다는 갈망은 커진다. 그래서 누군가는 "이젠 내 일을 하고 싶어. 나만의 브랜드를 만들고, 나만의 시간표대로 살고 싶어."라고 말한다.

그 시작은 멋지다. 하지만 그 환상 뒤에는 반드시 따라붙는 불확실성이라는 진공 상태가 있다. 고정 수입이 사라진 그 공간에서 나는 버틸 수 있는 사람인가? 창업은 바로 이 질문에서 출발해야 한다.

창업은 본질적으로 매일이 실험이고, 결과는 매출 그래프로 돌아온다. 어제는 잘됐지만 오늘은 반응이 없고, 콘텐츠 하나에 따라 수익이 급등하거나 제로가 되며, 고객 반응은 언제든지 뒤집힌다. 시장 흐름, 알고리즘 변화, 계절성, 사회 분위기 모두가 수익과 직결된다.

문제는 이 모든 변화가 대부분 개인의 노력과 통제를 벗어난다는 점이다. 팔리면 생존이고, 안 팔리면 손해다. 수입이 없는 날은 월급이 밀린 날이 아니라 아무도 나에게 관심을 주지 않은 날이다. 그 외면의 시간 속에서 멘털은 서서히 무너지기 시작한다.

고정 수입과 루틴의 안정감은 조직이 준다

고정 수입이 없다는 사실만으로 밤에 잠이 오지 않는 사람, 매출 그래프를 하루에도 수십 번 확인하며 불안이 올라오는 사람, 리뷰 하나에 감정이 급하락하고, "이거 괜찮나요?"라는 질문 하나에도 심리적 압박을 느끼는 사람이라면, 그가 만든 아이디어가 아무리 훌륭해도 창업은 독립이 아니라 고통이다.

창업에 필요한 건 아이디어가 아니라 정신력이다. 감정이 수익에 붙들리는 구조 속에서 무너지지 않으려면, 자신이 불확실성에 얼마나 강한 사람인지를 먼저 점검해야 한다.

무엇보다 창업은 모든 책임이 창업자에게 몰리는 구조다. 실패했을 때 누구 탓을 할 수 없다. 매출이 떨어지면 마케팅이 약했는지, 제품력이 부족했는지, 고객 응대가 문제였는지를 스스로 진단해야 한다. 가이드라인도 없고, 루틴도 없으며, 매 순간 결정해야 할 것들이 쏟아진다. 이 자유는 어떤 사람에겐 해방이지만, 또 다른 누군가에겐 심리적 추락의 출발점이 된다.

루틴이 주는 안정감 속에서 능력을 발휘하는 사람이 있다. 월급이 정해져 있고, 출퇴근 시간이 명확하며, 예측할 수 있는 리듬이 있을 때 비로소 집중력과 실행력이 올라오는 부류다. 그들은 회사 안에서 훌륭한 팀원이 되고, 프로젝트를 조직하며, 흐름을 유지하는 기획자가 된다. 월급은 감정의 지지대다. 흔들리지 않는 바닥이 있어야, 그 위에서 역량을 키우는 것이다.

이건 우열의 문제가 아니라 성향의 문제다. 창업이 더 낫거나,

회사원이 더 편하다는 말이 아니다. 어떤 환경에서 무너지지 않고 오래 갈 수 있는 사람인가를 알아야 한다.

자율이 주는 해방감 속에서 방황하는 사람도 있고, 루틴의 단조로움 속에서 안정을 찾는 사람도 있다. 창업은 실행의 문제가 아니라 견딤의 문제다. 끊임없이 변하는 외부 자극 속에서 중심을 유지할 수 있을지, 예측 불가능한 흐름 속에서도 자신을 지킬 수 있는지를 고민하자.

만약 당신이 그 흐름에 민감한 사람이라면, 하루 수입에 따라 감정이 요동치고, 불확실한 상황을 자꾸 되새기며 걱정을 키우는 사람이라면, 지금 당장 필요한 건 아이템이 아니라 월급이다. 그건 실패가 아니라 자기 성향에 대한 정직한 이해이자, 가장 지속 가능한 선택이다. 창업은 멋지고, 자유롭고, 성취감이 크지만 동시에 외롭고, 불안하고, 끝없이 무거운 일이다. 누구에게나 어울리는 길이 아니다.

숫자와 돈에 민감하지 않다면 월급쟁이가 천직이다

무엇보다 중요한 건 돈에 대한 이해다. 창업에서 돈을 모른다는 건, 실패를 예약하는 일이다. 수입이 들쭉날쭉한 구조에서 자금 흐름을 예측하지 못하면, 아무리 좋은 아이템도 바닥나기 마련이다. 숫자에 민감하지 않고, 손익 계산이 느리거나 회계 감각이 없다면 반드시 잘할 직원을 고용해 채워야 한다.

그렇지 않으면 매출이 늘어도 수중엔 남는 게 없고, 순익보다 허세 소비가 먼저 앞서는 구조에 갇힌다. 인내심 없이 매출이 생기자마자 충동구매를 반복하거나 자금 흐름이 정돈되지 않은 채 감정적으로 지출을 결정한다면, 창업은 곧 재정 파탄으로 이어진다.

장사는 심리도 중요하지만, 결국은 돈의 구조 위에 세워진다. 돈을 모르면 결코 성공할 수 없다. 통장 잔액이 아니라 현금 흐름을 파악할 줄 알고, 기획보다 위험 요소부터 보는 눈이 있어야 창업이라는 구조를 오래 견딜 수 있다.

예측할 수 있는 수입이 끊겼을 때, 나는 어떤 사람이 되는가? 통장의 숫자가 줄어들 때, 불안이 아니라 기획을 떠올릴 수 있는가? 고객의 외면 앞에서, 감정이 아니라 데이터를 분석할 수 있는가?

당신이 창업에 끌린다면, 이 질문들부터 자문해 봐야 한다.

감정의 널뛰기 속에서 버티기 어려운가? 월급은 가장 현실적인 해답이다

기분이 좋을 땐 세상을 다 이룰 수 있을 것 같고, 안 좋을 땐 침대 밖으로도 나가기 어려운 사람이 있다. 실패를 오래 곱씹고, 거절한 마디에 무너지고, 매출이 없던 하루에 자기 존재까지 부정해 버린다. 그런 감정 곡선을 지닌 이들은 대체로 예민하고 섬세하며, 내면의 깊이를 가진 사람들이다. 하지만 그 감정은 일이라는 무대 위에 올라가는 순간, 지속가능성이라는 이름의 균형을 서서히 위협하기 시작한다.

감정 기복이 크다는 건 단순히 기분이 오락가락한다는 뜻이 아니다. 어떤 날은 무서울 정도로 몰입하다가, 어떤 날은 아무것도 손에 잡히지 않는다. 잘될 땐 극단적인 자신감에 빠지지만, 일이 어긋나는 순간 회의감과 자책이 한꺼번에 덮쳐온다.

문제는 이 감정의 요동이 수입 구조와 연결되는 순간, 생존과 직결된다는 점이다. 특히 매출과 반응이 즉각적으로 드러나는 창업이나 프리랜서 환경에선, 감정의 기복이 곧바로 수익의 기복으로 나타난다.

창업자는 매일이 생존의 시험대다. 어제 팔렸던 상품이 오늘은 외면당하고, 준비한 콘텐츠가 아무 반응 없이 지나가며, 고객의 한 줄 평가에 하루 자존감이 무너진다.

감정 기복이 큰 사람은 이때마다 외부 자극에 과하게 반응하고, 그 감정을 받아줄 시스템이 없으면 불안 속에서 자신을 무너뜨린다. 작은 매출 하락에 존재를 부정하고, 작은 거절에, 앞으로의 방향이 흔들린다. 불확실한 시장은 감정의 요동을 자극하는 가장 이상적인 조건이다.

자유가 버겁다면 조직이 해결책이다

그래서 말한다. 감정 기복이 큰 사람에겐 월급이 정서적 안전장치가 될 수 있다. 매달 고정적으로 들어오는 일정한 수입은 단지 생활비가 아니라 불안정한 감정 상태를 지탱해 주는 심리적 기반이

된다. 기분의 널뛰기가 심할수록, 이 구조는 더욱 절실해진다. 창업은 감정의 격차를 받아낼 완충재가 없기에 더 고통스럽다. 조직 생활은 그 쿠션을 어느 정도 제공해 준다. 월급은 감정 곡선을 평탄하게 만들어주는 외부의 리듬 장치다.

조직 생활에도 스트레스는 있다. 관계의 피로, 업무의 과중, 규율의 구속이 만만치 않다. 하지만 그 안에서도 정해진 루틴과 예측할 수 있는 수입은 감정이 무너지지 않도록 균형을 잡아주는 장치가 된다. 감정 기복이 큰 사람에게 조직은 통제의 공간이 아니라 심리적 피난처가 될 수도 있다. 고정된 수입과 반복할 수 있는 구조는 감정을 과잉 소모하지 않게 만들고, 감정 회복의 주기를 짧게 유지하게 한다.

감정이 풍부한 사람일수록, 자기 일을 하고 싶어 하는 경우가 많다. 하지만 자기 일의 모든 결과가 자신의 감정과 연결될 때, 그 감정은 자신을 무너뜨리는 방향으로 작용한다. 스스로 이뤄낸 결과가 외면당했을 때, 그 실망을 작업의 실패가 아닌 존재의 실패로 받아들이는 순간, 감정은 파동처럼 요동친다. 이 파동은 감정을 갈아 넣는 창업자에게 치명적인 위험이 된다.

그렇다면 선택은 단순해진다. 감정이 자주 무너지는 사람은 무너지지 않는 구조 안에서 살아야 한다. 매일의 실패를 견디는 사람은 그 실패를 감싸줄 수 있는 버퍼를 반드시 마련해 두자. 그 완충재가 어떤 사람에겐 가족이고, 어떤 사람에겐 커뮤니티이며, 또 다른 누군가에겐 바로 월급이다. 예측할 수 있는 수입, 반복할 수 있

는 일상, 감정을 과하게 쓰지 않아도 되는 구조, 그 모든 것이 감정 기복이 심한 사람에겐 치료제이자 전략이 된다.

이런 말이 누군가에겐 비겁하게 들릴지 모른다. 하지만 감정을 지키는 건 결코 초라한 일이 아니다. 오히려 감정이 흔들리는 순간에도 나를 보호하는 구조를 먼저 마련한 사람만이 일을 지속할 수 있다. 감정 기복이 심한 사람이 더 나쁜 것도, 부족한 것도 아니다. 다만 그 사람은 자신의 리듬을 지킬 수 있는 구조적 신덱이 무엇인지 명확히 알아야 한다. 그리고 그 구조는 많은 경우, 고정된 수입이라는 아주 단순한 시스템에서 출발한다.

감정에 자주 휘둘린다면 회사에 남아라

여기에 하나 더 생각해 볼 사항이 있다. 감정 기복이 크고 동시에 숫자에 약하다면, 창업은 이중의 부담이 된다는 점이다. 돈의 흐름에 무지하거나 수치에 둔감한 사람이 재정 구조를 설계하지 못하면, 아무리 감각 있는 제품을 만들어도 결국 수익은 새어 나간다.

돈을 모르면 결코 성공할 수 없다. 소비가 감정에 따라 이뤄지고, 기분 좋을 땐 무리한 투자를 하고, 불안할 땐 지출을 닫는다면, 사업은 감정의 파도에 휘청이며 끝나게 된다. 숫자를 다루는 데 서툴다면, 반드시 그 역할을 보완해 줄 사람을 곁에 두어야 한다.

감정이 흔들리고, 돈에 둔감한 상태에서 창업을 선택하는 건 감정과 자금이라는 두 축을 동시에 잃는 구조다. 기분 좋을 때 돈을 쉽게 쓰고, 불안할 땐 매출 그래프를 들여다보며 자책하는 불균형

속에서는 오래 버틸 수 없다. 창업은 감정의 힘으로 버티는 일이 아니라 감정이 무너졌을 때도 수익을 조율할 수 있는 계산 능력에서 시작된다.

자신이 감정적으로 얼마나 흔들리는 사람인지, 무엇이 감정의 급변을 일으키는지를 정직하게 자각했다면, 필요한 건 도전이 아니라 지지일 수 있다. 지금 해야 할 일은 사업계획서를 쓰는 것이 아니라 나 자신을 덜 소진하는 리듬을 설계하는 일이다. 그리고 그 설계의 첫 단추가 월급이라면, 그 선택은 절대 틀리지 않았다.

자율이 답이 아닐 수도 있다
지시와 구조 속에서 성장하는 사람들이 있다

스스로 해야 할 일을 정하지 못하고, 마감이 있어야 비로소 집중하며, 오늘 무엇을 해야 할지 헷갈려 누군가의 지시를 기다리는 사람이 있다. 자율이라는 말 앞에서 의욕보다 혼란이 먼저 떠오르고, 자유라는 단어가 책임과 부담으로 다가오는 사람도 있다.

이들은 흔히 의지가 약하다는 오해를 받는다. 하지만 본질은 다르다. 그들은 자율보다 구조에 더 잘 반응하는 사람이며, 그 구조 안에서 역량을 서서히 키우는 유형이다.

자발성이 약한 사람에게 자율은 선택의 자유가 아니라 결정의 압박이 된다. 무엇이든 할 수 있다는 상황은 곧바로 무엇을 해야 할

지 모르겠다는 심리로 전환되고, 자율이 주는 설계 권한은 오히려 내면을 마비시킨다. 이런 사람들은 프리랜서나 창업처럼 스스로 기획하고 판단하며, 실행까지 책임지는 환경에서 쉽게 지친다. 자유를 얻었지만, 그 자유의 구조를 감당할 준비는 되어 있지 않은 것이다.

지시를 통해 심리적 안정감을 찾는다

반대로, 이들은 업무가 정리되어 있고 마감이 정해져 있으며, 일정한 흐름이 반복되는 조직 구조 안에서는 놀라울 만큼 집중력을 발휘한다. 지시가 있으면 방향이 생기고, 마감이 있으면 속도가 붙고, 역할이 분명하면 심리적 안정감도 찾는다. 외부의 구조가 내면의 질서를 대신 형성해 주는 것이다. 이들에게 자율은 성장의 조건이 아니라 혼란의 촉매이고, 지시는 억압이 아니라 명확한 출발선이다.

이런 성향은 결코 나쁜 것이 아니다. 오히려 조직은 이들을 위해 설계된 공간이다. 일정한 역할 분담과 팀워크, 반복할 수 있는 시스템과 상호 피드백이 존재하는 조직은 내면의 자발성이 약한 사람에게 강력한 실행력을 부여하는 무대다. 혼자라면 망설일 일을 누군가와 함께라면 곧바로 해내고, 스스로는 방향을 잡지 못해도 조직 안에서는 기민하게 움직인다. 지시가 이끄는 흐름 속에서 자기만의 리듬을 찾아가는 것, 그것이 이들의 성장 방식이다.

이들은 절대 무능하지 않다. 단지, 동기가 스스로 불붙지 않을

뿐, 외부의 불꽃이 붙으면 누구보다 잘 타오른다. 자발성은 역량의 결핍이 아니라 성향의 차이일 뿐이다. 오히려 불필요한 에너지 소모 없이, 정해진 틀 안에서 자신의 강점을 효율적으로 발휘할 수 있다는 건 하나의 전략이자 자산이다. 조직은 그런 사람에게 지시라는 이름의 선명한 길을 제공하고, 그 안에서 능력을 구조화할 기회를 제공한다.

구조 안에서 자신을 키우는 것도 능력이다

자율 환경이 왜 불편할까 자책하는 대신, 스스로 어떤 구조에서 가장 잘 움직이는지를 찾는 것이 훨씬 생산적이다. 스스로 동기를 만들어내는 것이 아니라 외부 자극과 명확한 규정이 있을 때 비로소 집중할 수 있다면, 창업보다는 조직이 더 적합한 무대다.

지시받는 일이 창의력을 억제한다고 생각할 필요도 없다. 오히려 그 지시안에서 자신만의 방식으로 완성도를 높이는 것, 이 또한 뛰어난 능력이기 때문이다.

세상은 자율적인 사람만이 성공한다고 말하지만, 사실은 그렇지 않다. 세상은 구조를 이해하고, 구조 안에서 자신을 키울 줄 아는 사람도 필요로 한다. 누구나 리더가 될 필요는 없다. 때로는 누군가가 설계한 큰 그림 안에서 작은 부분과 부분을 완성도 높게 수행하는 사람이 훨씬 더 결정적인 역할을 하기도 한다.

자발성이 약하다는 이유로 본인의 능력과 자질을 의심할 필요는 없다. 당신은 혼자 움직이기엔 아직 리듬이 서툰 사람일 수 있

다. 그렇다면 누군가의 흐름에 올라타 보는 것도 방법이다. 구조를 무대 삼고, 지시를 디딤돌 삼아, 자기만의 속도로 천천히 올라가자. 이것이야말로 바로 자발성이 약한 사람이 성장하는 방식이다. 그때, 지시는 억압이 아니라 해방이 된다.

그리고 한 가지가 더 있다. 구조 안에서 잘 움직이는 사람이라 하더라도, 오늘 할 일을 내일로 미루지 않는 기본적인 실행 성향은 갖추고 있어야 한다. 아무리 지시가 명확하고 시스템이 갖춰져 있어도, 끝내 그 일을 실천하지 않는다면 조직은 그 사람을 신뢰하지 않는다.

성장의 속도는 달라도, 실행의 리듬은 꾸준해야 한다. 자발성이 약한 건 괜찮지만, 마감이 있어도 늘 미루고, 해야 할 일을 감정 따라 건너뛰는 습관은 구조조차 감당하지 못한다. 성실함은 무엇보다 먼저 요구되는 기본값이다.

반복이 지루하지 않다면 루틴이 에너지가 된다
변화보다 예측할 수 있는 구조에서 더 빛난다

매일 아침 같은 시간에 눈을 뜨고, 같은 방식으로 커피를 마시며 하루를 시작한다. 익숙한 경로로 출근하고, 비슷한 시간에 점심을 먹고, 같은 책상에서 비슷한 유형의 일을 반복한다. 이런 루틴을 지루하고 단조롭다고 느끼는 사람이 있는가 하면, 바로 그 반복 안

에서 마음이 평온해지고 집중력이 더 살아나는 사람도 있다.

변화는 긴장을 부르고, 예측할 수 있는 하루는 안정을 준다. 이들은 새로운 자극보다 익숙한 구조 속에서 더 깊이 몰입한다. 자율과 창의보다 패턴과 리듬 안에서 자신을 작동시키는 성향을 보인다.

이런 사람은 흔히 융통성이 없다거나 변화에 약하다는 평가를 받기 쉽지만 본질은 다르다. 그들은 변화에 무너지는 사람이 아니라 구조 안에서 단단해지는 사람이다. 루틴은 그들에게 지루함이 아니라 심리적 방어선이며 반복된 일과는 감정의 진폭을 가라앉히고 내면의 에너지를 회복시키는 리듬 장치다. 익숙한 흐름이 안정감을 주고, 예측할 수 있는 환경이 확보되어야 비로소 사고의 집중도가 올라간다. 자극보다 예측 가능성을, 흥미보다 숙련에서 오는 성취를 선호하는 이들에겐 반복이 정답이다.

여러 번 반복하는 일은 아무나 할 수 없다

문제는 요즘 사회가 반복과 안정보다 도전과 자율을 미덕으로 여긴다는 점이다. 창의성, 유연성, 개방성이 모든 직업의 기준처럼 작동하면서, 루틴 안에서 살아가는 사람을 마치 덜 유능하고 틀에 박힌 사람으로 평가한다. 하지만 반복을 견딘다는 것은 아무나 할 수 있는 일이 아니다. 같은 일을 지치지 않고 거듭하며 정교함을 높이고, 질서를 유지해 시스템을 지탱하는 사람은 조직의 뼈대가 된다. 변화는 시작의 에너지를 주지만, 반복은 지속의 시스템을 만든다는 것을 기억하자.

이런 사람은 돌발 변수에 약하다. 회의 일정이 바뀌거나, 업무 순서가 달라지고, 팀의 동선이 예고 없이 바뀌면 심리적으로 큰 피로를 느낀다. 단지 일이 바뀌어서가 아니라 예측된 리듬이 깨졌다는 사실 자체가 충격이 되기 때문이다.

반면 업무 내용이 일정하고 흐름이 정해져 있다면, 그 안에서 자신만의 속도와 깊이로 완성도를 높인다. 루틴이 유지될수록 감정의 변동은 줄고, 감정이 고요할수록 업무의 질은 올라간다. 반복은 그들에게 숙련이 되고, 숙련은 곧 자신감이 된다.

일의 시작보다 유지와 안정에 특화된 사람이 있다

이 성향을 지닌 사람에게 가장 어울리는 구조는 조직이다. 정해진 시간에 출근하고, 일정한 역할이 배정되며, 업무 루틴이 명확하게 설정된 환경이 적합하다. 이런 구조는 그들에게 제한이 아니라 몰입의 기반이 된다. 자율과 자극이 넘치는 프리랜서나 창업 환경은 오히려 불안의 연속이 된다.

해야 할 일을 매일 스스로 정해야 하고, 수입과 반응은 예측 불가능하며, 시스템 없이 혼자 판단하고 실행해야 하는 구조는 이들에게 감정의 파고를 반복적으로 일으키는 환경이다. 자유는 누구에게나 맞는 도구가 아니다. 자유를 견딜 수 있는 리듬이 있는 사람에게만 필요한 조건이다.

루틴을 사랑하는 사람이 반드시 조직에 있어야 한다는 뜻은 아니다. 단지 자신이 어떤 환경에서 더 안정감을 느끼고, 더 오래 집

중하며, 더 쉽게 회복되는지를 아는 것이 중요하다. 반복이 지루하지 않은 사람, 변화보다 안정에서 힘을 얻는 사람, 새로운 것을 개척하기보다는 정해진 일을 완성도 있게 해내는 데 강한 사람은 자신만의 루틴을 만들고, 그 루틴 안에서 가장 크게 성장할 수 있다는 것을 기억하자.

이들은 프로젝트의 시작보다 유지에 강하고, 혁신보다는 정밀한 실행에 특화되어 있다. 눈에 띄지 않지만, 팀 전체의 안정성을 유지하고, 시스템이 흔들릴 때 중심을 잡아준다. 변화의 시대라고 해서 모두가 변화에 강할 필요는 없다. 오히려 변화를 흡수할 수 있는 구조를 다지고, 그 안에서 질서를 유지할 줄 아는 사람이 있어야 조직은 무너지지 않는다. 루틴형 인간은 그 조용한 힘을 지닌 사람이다.

새로운 환경에 자주 피로를 느끼고, 갑작스러운 일정 변경에 감정이 크게 흔들린다는 것이 나약함의 신호는 아니다. 매일 반복되는 일을 조금씩 더 잘해가는 데서 안정감을 느낀다면 구조 안에서 단단해지는 성향일 뿐이다. 자신을 반복을 통해 성장하는 인간으로, 무엇보다 지속 가능한 일의 리듬을 만들어낼 힘을 지닌 존재로 인식하고, 자부심을 느끼자.

혼자보다 함께일 때, 더 잘 작동한다
소속감을 기반으로 성장한다

회사 이름이 적힌 명함이 사라지면 마음도 덩달아 흔들리는 사람이 있다. 직위나 연차가 곧 자기소개가 되고, 자신을 설명하는 중요한 기준이 되기도 한다. 혼자 일할 땐 기운이 빠지지만, 함께 일할 땐 활기가 돌기도 한다.

이들에게 직장은 단순히 월급을 받는 곳이 아니라 자신을 붙잡아주는 감정의 중심이자 정체성의 기둥이 된다. 나는 누구의 동료이고 어떤 팀에 속해 있다는 느낌, 바로 그 소속이 이들에게는 매우 중요하다. 자유롭게 혼자 일하는 것보다, 조직 안에서 더 안정적이고 꾸준하게 에너지를 내는 사람들이다.

이런 부류는 흔히 눈치를 많이 본다거나, 외부 시선에 민감하다는 이유로 종종 나약하다는 오해를 받는다. 하지만 타인의 기대와 역할 속에서 자신을 잘 조율하는 성향을 지녔을 뿐이다. 이들은 혼자 있는 시간이 길어지면 감정이 가라앉고, 주변의 반응이 없을수록 점점 의욕이 떨어진다. 누군가 자신을 기다려주고 필요로 하고 있다는 사실이 있어야 비로소 몰입한다. 혼자서 일할 때보다 여럿이 있을 때 더 잘 움직이고 오래 버틴다. 이들에게 피드백은 있어도 되고 없어도 되는 게 아니라 꼭 필요한 연료다. 협업은 귀찮은 일이 아니라 오히려 마음을 회복하는 기회가 된다.

조직 속에서 정체성과 동력을 찾는다

이런 사람에게 조직은 갑갑한 틀이 아니라 자신을 움직이게 해 주는 동력이다. 역할이 분명하고, 일정한 주기로 평가가 이뤄지고, 관계가 이어지는 구조는 감정을 안정시키고 행동에도 힘을 준다. 매일 누군가와 대화를 나누고, 동료의 반응을 확인하고, 나를 기다리는 사람의 존재를 느끼는 것만으로도 집중력이 높아진다. 팀 회의나 상사의 평가 같은 것들은 단순한 일상이 아니라 꼭 필요한 환경이다. 인정해 주는 사람이 있다는 감각, 여기에 속해 있다는 느낌, 그 감정이 있어야 비로소 일에 리듬이 생긴다.

반대로, 혼자 판단하고 실행해야 하는 환경은 오히려 감정도 정체성도 흔들리게 만든다. 결과에 대한 피드백 없이 혼자 길게 일하는 구조는 관계와 인정이 중요한 사람에게는 매우 고된 시간이다. 프리랜서나 창업처럼 모든 걸 스스로 정하고 감당해야 하는 구조에서는 방향보다 외로움이 먼저 느껴진다. 자율은 넘치지만 연결이 없으면 금세 자신을 의심하게 된다. 돈보다 더 견디기 어려운 건, 아무도 자신을 기대하지 않는다는 감정이다.

이런 성향이 문제라는 뜻은 아니다. 오히려 이런 사람들은 팀의 분위기를 부드럽게 만들고, 다른 사람의 성장을 도와주는 감정 전문가이기도 하다.

관계가 무너지면 성과도 함께 무너지는 구조를 가진 이들은 조직 안에서 가장 잘 힘을 낸다. 혼자 있을 땐 불안하지만, 함께 있을 땐 누구보다 강하다. 동기를 스스로 끌어내기보다 기대와 신뢰를

통해 더 크게 불을 지피는 사람에게는 혼자 일할 이유도, 혼자 일해야 할 의무도 없다.

이들에게 명함은 그냥 종이 한 장이 아니다. 본인을 사회와 연결해 주는 고리이고, 정체성을 설명해 주는 또 하나의 신분증이다. 누군가는 어디에도 소속되지 않는 삶을 꿈꿀 수 있다. 하지만 어떤 사람에게는 자신을 설명할 수 있는 문장과 속해 있는 팀, 맡은 역할이 더 중요하다. 그 안에서 비로소 마음이 놓이고, 에너지가 생기고, 일할 수 있다.

공동체를 연결하는 일을 할 사람이 필요하다

요즘은 혼자서도 잘하는 사람이 높이 평가받는다. 자기 주도적이고 독립적인 사람이 각광받는다. 하지만 함께할 때 더 잘하는 사람도 분명 필요하다. 어울려 작업할 때 집중도가 올라가고, 반응이 있을 때 몰입이 되며, 연결될 때 비로소 안정을 느끼는 이들은 팀의 중심을 잡아주고, 공동체를 부드럽게 이어주는 역할을 한다. 이들이 있기에 조직은 조직답게 돌아간다.

만약 지금 혼자 일할 때 의욕이 사라지고, 누군가의 기대와 반응이 있어야 집중이 된다면, 당신이 부족해서가 아니다. 당신의 에너지는 연결될 때 켜질 뿐이다. 그렇다면 당신이 해야 할 일은 더 많은 자율을 견디는 것이 아니라 당신이 속할 수 있는 구조를 찾는 일이다. 지금 당신에게 필요한 건, 한 장의 명함과 한 줄의 역할, 그리고 다시 움직이게 해줄 관계다.

월급을 받는 게 아니라, 월급이 나를 살게 한다
직장의 구조 덕에 버틸 수 있다

직장은 언제나 양면을 가진다. 월급이 들어오는 동시에 감정이 빠져나가고, 소속감을 주는 동시에 스트레스를 불러오며, 반복되는 루틴은 안정과 권태를 함께 안긴다. 상사의 지시는 방향이 되기도 하지만 자율성을 억제한다. 팀워크는 협업의 힘이 되기도 하지만 피로의 원인이 되기도 한다.

그럼에도 사람들은 회사에 다닌다. 매일 같은 시간에 출근하고, 같은 회의실에 앉아 비슷한 대화를 나누며 익숙한 직함과 고정된 자리에서 하루를 보낸다. 단지 돈 때문만은 아니다. 때로는 그 구조 자체가 자신을 붙들고 있기 때문이고, 그 리듬 안에서만 무너지지 않기 때문이기도 하다.

우리는 흔히 일을 버티지 못할 때 적성부터 의심한다. 이 일을 좋아하지 않아서, 업무가 맞지 않아서, 혹은 부족해서 그런 거라고 자책한다. 하지만 그보다 먼저 던져야 할 질문이 있다. 나는 어떤 구조 안에서 덜 무너지는 사람인가를 살펴야 한다.

일이 부담스럽다면 일하는 방식과 구조를 살펴라

업무의 성격보다 더 중요한 건, 그 일이 이루어지는 방식과 리듬, 역할과 속도, 관계와 피드백의 구조가 나의 감정과 잘 맞는가다. 고민해야 하는 건 일의 내용이 아니라 그 일을 감당하게 해주는

형식일 수도 있다.

어떤 사람에게 조직은 피곤하고 답답한 틀처럼 느껴지지만, 또 어떤 사람에게는 일상을 유지하게 해주는 최소한의 프레임이 된다. 반복되는 루틴은 감정의 요동을 줄이고, 고정된 출퇴근 시간은 생활의 기준을 만들어주며, 정기적인 월급은 심리적 안정을 지탱해 준다. 피드백이 일정하게 주어지고, 팀 안에서 역할이 분명하며, 책임과 권한이 구분된 환경은 혼란을 줄이고 감정을 보호히며, 자율이라는 이름의 무질서를 통제할 수 있게 돕는다.

실제로 많은 사람이 업무 자체보다 그 업무를 둘러싼 리듬이 맞지 않아서 지친다. 회의가 잦은 조직에서 감정이 고갈되고, 피드백이 부족한 구조에서 불안을 느끼며, 마감이 흐릿한 흐름 속에서 집중이 흐트러진다. 중요한 건 일이 아니라 리듬이다. 감정을 과하게 소모하지 않고 일할 수 있는 방식, 평정심을 유지하고 집중할 수 있는 구조, 그것이 조직 안에서 가능하다면 그곳은 단순히 월급을 주는 곳이 아니라 감정을 보호해 주는 틀이 된다.

창업이나 프리랜서처럼 스스로 구조를 만들어야 하는 환경은 분명 자유롭다. 하지만 그 자유에는 높은 비용이 따른다. 매일의 업무를 스스로 정해야 하고, 수입과 리듬을 조율해야 하며, 피드백과 판단, 실행까지 모두 혼자 감당해야 한다. 이런 구조에서 살아남으려면 내면의 강한 정신력과 높은 자기 관리 능력이 필요하다.

반면 조직은 이미 설계된 리듬과 구조 안에 직원들을 놓아준다. 정해진 역할과 시간표, 반복되는 사이클, 고정된 수입, 이 네 가지

가 모이면 그것만으로도 사람을 무너지지 않게 해주는 네 개의 기둥이 된다.

예측 가능성이 성장의 디딤돌이 될 수 있다

문제는 우리 사회가 이 구조를 타협이라고 여긴다는 점이다. 월급을 받는 삶은 안정적이지만 성장하지 못하는 길로, 반복되는 루틴은 지루하지만 어쩔 수 없는 선택으로 간주한다.

하지만 어떤 사람에게는 이 구조가 타협이 아니라 생존일 수 있다. 매달 들어오는 일정한 수입이 감정의 진폭을 낮춰주고, 익숙한 루틴이 멘털을 무너지지 않게 붙들어주며, 팀이라는 단위가 자신을 사회에 연결된 존재로 붙잡아준다. 나를 지탱하는 것이 성취감이 아니라 예측 가능성일 수 있다는 사실을 인정하는 순간, 문제는 일이 아니라 틀이라는 것을 깨달을 수 있다.

직장이 좋은지 나쁜지를 묻기 전에 우리는 이렇게 물어야 한다. 나는 이 구조 안에서 오래 버틸 수 있는 사람인가? 이 리듬이 감정을 망치지 않고 오히려 지켜주는가? 자유보다 예측 가능성이 주는 편안함이 더 절실한가?

만약 그렇다면 지금 자신이 몸담은 이 조직은 단지 월급을 주는 곳이 아니라 나를 살게 해주는 월급을 제공하는 구조일지도 모른다. 이제는 성취보다 구조를 봐야 할 때다. 일의 내용보다 일하는 방식이, 재능보다 회복력이, 속도보다 리듬이 더 중요한 시대다. 조직은 완벽하지 않지만 잘 설계된 틀로 어떤 사람에게는 감정을 보

호하고 자존감을 지켜주며, 삶을 지속할 수 있게 해준다.

월급은 누군가에게는 단순한 숫자일 수 있지만, 또 누군가에게 는 질서이고 안심이며 존재 이유다. 월급을 받으며 살아간다는 말이 어떤 사람에게는 월급이 있어야 살아갈 수 있다는 고백이 된다. 부끄러워할 필요가 없다. 오히려 본인의 감정을 지킬 줄 아는 사람만이 할 수 있는 정직한 진술이니 말이다.

6장

몸이 아니라 뇌를 더 쓰는 사람들

게으르지만 창의적인 사람들이 모이는 세상

움직이지 않고 움직이게 만든다
기획자는 왜 판을 먼저 보는가?

똑똑하지만 지루함을 못 참는다. 창의적이지만 반복 작업에 쉽게 물린다. 머릿속은 분주한데 몸은 쉽게 움직이지 않는다. 학교나 조직은 이런 성향을 게으르다는 표현으로 깎아내린다. 하지만 성급한 진단이다. 이런 부류의 사람들은 다만 덜 움직이기 위해 더 깊이 사고할 뿐이다.

이들에게 가장 잘 맞는 직업이 있다. 직접 뛰어들지 않고도 판을 움직이는 사람, 바로 기획자다. 콘텐츠 기획자든, 서비스 기획자든, 전략이나 사업 기획자든, 이들의 본질은 같다. 손보다 먼저 두뇌가 움직이고, 실행보다 구조 설계를 우선한다.

기획자는 움직이지 않는다. 대신 흐름을 바꾸고, 구조를 짠다. 일의 성과를 높이는 대신 일 자체를 줄이는 방식에 더 끌린다. 반복이 싫고, 비효율에 민감한 사람에게 이 직업은 유일하게 정당한 귀찮음의 기술이 된다.

게으름으로 출발해 혁신으로 마무리한다

기획자의 가장 중요한 역량은 성실함이 아니라 의심이다. '꼭 이렇게 해야 해?' '다르게 하면 더 간단하지 않을까?' '이걸 자동화하면 어떻게 될까?'와 같은 질문이 이들에겐 출발점이다. 그 질문은 귀찮음에서 비롯되지만, 결과는 혁신이 된다.

콘텐츠 기획자는 매일 똑같은 형식의 게시물을 만드는 데 싫증을 느낀다. 대신 그 작업을 시스템으로 굴러가게 한다. 어떤 순서로 기획을 시작하고, 어떤 루틴을 적용하며, 어떤 도구를 활용해야 반복 없이 굴러가는지를 설계한다. 그들은 덜 하기 위해 고민하고, 그 고민은 작업의 질이 아니라 구조의 질을 향상한다.

서비스 기획자는 사용자의 불편을 그냥 넘기지 못한다. 버튼 하나, 동선 하나에도 거슬리는 지점을 찾아내고, 앱의 전반적인 흐름을 다시 짠다. 그들의 도화지는 코드가 아니라 사용자 경험이다. UX 설계, 기능 배치, 사용자 여정 지도 등 모두 실행 이전에 사고이며, 그 시작은 늘 불편하다는 작은 필요성에서 출발한다.

전략 기획자와 사업 기획자는 사람과 자원을 움직이는 그림을 그린다. 누구를 어떤 순서로 투입할지, 어떤 흐름으로 효과를 낼지, 어느 시장을 선점해야 가장 적은 비용으로 가장 큰 효과를 얻을지 고민한다. 발로 뛰기보다 앉아서 판을 읽고, 세부 사항보다 전체적인 흐름을 먼저 설계한다. 게으름에서 시작됐지만, 끝은 언제나 효율로 마무리 짓는다.

지식, 상식, 교양을 바탕으로 상상력을 키운다

기획자는 상상하는 사람이다. 그 상상은 단순한 공상이나 즉흥에서 비롯되지 않는다. 위대한 상상은 생각만으로 만들어지지 않는다. 상상력은 경험과 지식 위에서 작동하고, 연결은 축적 위에서 탄생한다.

기획자는 세상을 새롭게 설계하기 위해 세상을 먼저 충분히 알아야 한다. 역사, 사회, 기술, 제도, 사람과 산업의 흐름 등 수많은 배경 정보가 기획자의 머릿속에 저장되어 있어야 한다. 아무것도 없는 백지에서 상상하는 사람보다 많은 것을 알고 있는 사람이 더 효과적으로 설계할 수 있다.

상식은 기획의 재료이고, 교양은 아이디어의 뿌리다. 그 교양은 따로 시간을 내어 쌓는 것이 아니라 평소의 습관이 만든다. 세상의 구조에 관심을 두고, 잘 만든 정책이나 시스템을 유심히 관찰하고, 사회의 흐름과 배경을 꾸준히 흡수해 놓은 사람만이 진짜 기획을 할 수 있다. 기획은 순간의 기발함이 아니라 세상을 얼마나 넓게 보고 있느냐에 달려 있다.

세상은 오랫동안 열심히 하는 사람을 칭찬해 왔다. 하지만 어떤 직업은 덜 움직이고도 더 나아가는 사람에게 어울린다. 기획자는 그런 직업이다. 귀찮음을 참지 못하는 사람, 그래서 가장 먼저 문제를 발견하는 사람, 일일이 고치기보다 처음부터 다르게 짜고 싶어 하는 사람, 실행보다 설계에서 흥미를 느끼고 손보다 흐름을 먼저 보는 사람이 기획자가 될 때, 조직의 판이 달라진다.

이들은 직접 하지 않기 위해 다른 사람을 움직이는 구조를 만든다. 혼자 다 하려 하지 않고, 모두가 쉽게 할 수 있는 구조를 짠다. 그 욕망이 세상을 바꾼다. 게으른 천재의 귀찮음은 결국 모두를 편하게 만든다. 기획자는 몸소 움직이지 않아도 가장 많은 걸 움직이는 사람이다.

세상에는 지루함을 견디지 못하는 사람들이 있다. 불필요한 클릭 하나에도 민감하고, 앱의 메뉴가 한눈에 들어오지 않으면 금세 짜증을 낸다. 전자레인지의 버튼 순서가 어색하면 기계가 아니라 디자이너를 탓하고, 리모컨을 들고는 복잡하다고 혼잣말한다면 불평불만이 많은 사람이 아니라 세상을 설계할 자질을 갖춘 사람이다. 이들이야말로 UX 디자이너이자 제품 디자이너가 될 사람이다.

UX 디자이너는 말 그대로 사용자의 경험을 설계하는 사람이다. 그 경험은 감동이나 이벤트가 아니라 아주 사소한 마찰을 줄이는 데서 시작된다. 앱을 사용할 때 손가락이 멈추는 지점, 화면에서 혼란을 느끼는 순간, 버튼의 위치나 텍스트 서체 같은 세부 요소를 다시 설계하면서 유연한 흐름을 만든다.

제품 디자이너도 비슷하다. 스마트폰 케이스의 질감, 전기 포트 손잡이의 위치, 택배 상자의 접는 선 하나까지도 쉬이 넘기지 않는다. 사람의 동선을 읽고, 습관을 관찰하며, 어떻게 쓰일 것인가를 거꾸로 상상한다. 이들에게 디자인은 시각이 아니라 손의 동선이고, 물리적 사용감이다. 말하자면 손의 심리학자이자 몸의 엔지니어에 가깝다.

예상치 못한 불편을 사전에 제거한다

이들이 하는 일의 핵심은 단순히 귀찮음을 줄이는 것이 아니다. 마찰과 저항을 없애고, 사용자가 불편을 느끼지 않게 흐름을 설계하며, 질문하지 않아도 자연스럽게 행동하도록 돕는다. 겉보기엔 느긋하고 자유로울 수 있어도 실제로는 예민하고 철저한 관찰력이 필요하다.

좋은 UX 디자이너는 사용자이 침묵을 읽는다. 아무 말 없이 앱을 나간 사람, 설명서를 읽지 않고 헤매는 사람, 다시 돌아오지 않는 사람들의 흔적을 되짚는다. 마치 유령의 발자국을 추적하듯 그들이 느낀 불편과 사용자 이탈의 흐름을 찾아 원인을 분석하고, 개선한다.

제품 디자이너 역시 행동을 읽는 사람이다. 버튼을 누를 때 어떤 손가락을 사용하는지, 손에 얼마큼의 힘이 들어가는지, 오른손잡이와 왼손잡이의 사용 패턴이 어떻게 다른지 등이 이들에겐 큰 정보다. 이들은 사용자의 게으름을 문제로 보지 않고, 디자이너의 설계 미흡으로 본다. 그래서 어떻게 썼는가보다 왜 이렇게 쓸 수밖에 없었는지를 고민한다.

흥미로운 점은 이 직업이 놀랍도록 게으른 사람에게 잘 맞는다는 사실이다. 반복을 견디지 못하고, 한 번 했던 일을 다시 하기 싫어하며, 어떤 흐름이 낭비라고 느끼는 성향이야말로 디자이너에게 꼭 필요한 자질이다. 불편을 외면하지 못하고, 불필요를 참지 못하며, 반복을 구조화하려는 본능이 설계의 자산이 된다.

UX 디자이너는 한 번의 설계로 수천 명의 손가락 경로를 바꾸고, 제품 디자이너는 아무도 눈치채지 못한 불편을 미리 제거한다. 이들이 없었다면 세상은 훨씬 더 번거롭고 느리고 복잡했을 것이다. 버튼이 하나 더 있었을 것이고, 스크롤을 두 번 더 내려야 했으며, 설명서는 훨씬 더 길어졌을 것이다.

디자이너지만 예술성보다 공학적 사고가 필요하다

이렇게 UX와 제품 디자인은 보이지 않는 설계의 미학이다. 좋은 설계는 티가 나지 않는다. 사용자가 편하다고 느끼는 순간조차 없이, 원래부터 그 자리에 있어야 하는 것처럼 느끼게 만들어야 한다. 이 세계에서 가장 위대한 디자인은 존재하지 않는 것처럼 존재한다.

이 직업은 감각만으로 되는 일이 아니다. 미적 재능보다는 분석력이, 창의성보다는 구조적 직관이 중요하다. 무엇보다 사람을 이해하고 관찰하고 해석할 수 있는 능력이 필요하다. 미술보다 심리학에 가깝고, 예술보다 공학적 사고를 갖추어야 한다.

게으르지만 예민한 사람인가? 반복을 싫어하면서도 불편을 그냥 넘기지 못하는가? 주변의 사소한 흐름에 유난히 민감한가?

그렇다면 UX 디자이너나 제품 디자이너가 될 준비는 이미 되어 있는 셈이다. 사용자의 고개를 끄덕이게 만들고, 인식하지 못했던 마찰을 미리 제거하고, 세상을 더 편리하게 만들기 위해 자기 안의 불편함을 끝까지 놓지 않는 이들이 바로 이 세계의 주인공이다.

게으름을 프로그래밍하다

자동화 개발자는 어떻게 반복을 사라지게 만드는가?

어떤 사람은 똑같은 일을 두 번 반복하는 걸 참지 못한다. 눈 앞에 펼쳐진 업무 흐름 속에서 비효율이 보이면 가만히 있지 못하고, '왜 이걸 계속 사람이 해야 하지?'라고 묻는다. 단순 반복에 예민하고, 복사하기와 붙여넣기를 세 번만 해도 지루함을 넘어 분노에 가까운 감정을 느낀다.

이런 성향은 조직에서 종종 산만하다거나 게으르다는 오해를 받는다. 하지만 이는 매우 특별한 능력이다. 이런 성향의 사람이 자동화를 시작하면 처음엔 자신만 편하지만, 결국 모두에게 편리함을 준다.

자동화 개발자 혹은 효율화 엔지니어는 바로 이들에게 적합하다. 귀찮음을 견디지 못하는 성향이 직무가 되고, 그 불편을 없애려는 노력은 곧 조직의 시간을 바꾸는 코드로 이어진다. '하기 싫어서 만든 스크립트가 모두를 편하게 만들었다'라는 겸손한 고백과 함께 뛰어난 발명이 매일 일어난다. 자동화는 게으름의 언어로 쓰인 가장 실용적인 기술이고, 자동화 개발자는 덜 하기 위해 더 깊이 생각하는 사람이다.

데브옵스(DevOps, 소프트웨어 개발과 IT 운영을 하나로 묶은 소프트웨어 개발 방법론)는 자동화의 대표적인 분야다. 데브옵스는 개발과 운영 사이에 존재하는 수많은 수작업, 예를 들어 테스트, 배포, 모

니터링, 복구 등 모든 반복 과정을 코드로 연결한다. 사람의 실수를 줄이기 위해 로그를 자동 수집하고, 시스템 상태를 실시간으로 감시하며, 운영의 흐름을 프로그래밍할 수 있는 구조로 설계한다. 이들은 '더 이상 사람이 직접 건드리지 않아도 된다'라는 선언을 현실로 만들었다. 시스템이 스스로 움직이게 만들고, 그 안에 사람이 개입하지 않아도 되는 환경을 구축하는 것이 이 직무의 핵심이다.

파이선(Python, 사람이 작성한 코드를 컴퓨터가 이해, 실행할 수 있게 하는 프로그래밍 언어) 자동화 개발자나 매크로(macro, 키보드, 마우스, 데이터 처리 등 반복 작업을 하나의 명령으로 수행하도록 만든 것) 설계자도 마찬가지다. 업무 중복을 감지하는 능력이 탁월하고, 엑셀 정리나 이메일 전송, 파일 분류, 데이터 백업 같은 일상적인 작업을 그냥 넘기지 않는다.

처음엔 자신이 하기 싫어서 만들었지만, 어느새 그 코드가 팀 전체의 루틴이 되고 조직의 표준 도구가 된다. 매일 수십 명이 반복하던 일을 자동화한 사람은 그 반복을 없앤 것만으로도 한 사람 몫 이상의 성과를 낸 셈이다.

진짜 똑똑한 사람은 덜 일 하기 위해 더 일한다

이들은 기술자이자 동시에 패턴을 탐지하는 사람이다. 무엇이 반복되고 있는지, 그 흐름은 왜 사람 손을 거쳐야 하는지, 어디까지 자동화될 수 있는지를 본능적으로 파악한다. 반복을 견디지 못하는 감각은 곧 구조를 설계하는 능력으로 이어지고, 단순함을 거부

하는 성향은 프로세스를 혁신하는 원동력이 된다. 자동화 개발자는 단순히 코드를 작성하는 사람이 아니라 일을 해체하고 재구성하는 사람이다.

자동화를 만드는 사람은 일을 덜 하기 위해 처음에는 더 많은 일을 한다. 단 한 번 실행하기 위해 수십 줄의 코드를 쓰고, 클릭 한 번을 줄이기 위해 도면 전체를 다시 그리며, 도구 하나를 만들기 위해 수많은 테스트와 오류를 감수한다. '지금은 비효율적으로 보이지만, 내일부터는 영원히 효율적일 거예요'라는 말은 과장으로 들리지만 사실이다. 단 한 번의 귀찮음이 수천 번의 수고를 사라지게 만든다.

중요한 건, 이들이 혼자만 편해지려는 것이 아니라는 점이다. 자동화할 줄 아는 사람은 효율을 공유할 줄도 안다. 스크립트(script, 소프트웨어를 실행할 수 있는 간단한 명령어)를 문서화하고 배포하며, 다른 사람의 업무에도 적용하고, 결국 조직 전체의 리듬을 바꿔낸다. 자동화는 단지 반복을 없애는 기술이 아니라 해야만 했던 일에서 사람을 해방하는 구조를 만드는 일이다.

이 직업은 창의적이다. 반복을 없애기 위해서는 패턴을 발견해야 하고, 그 패턴을 코드로 치환해야 하며, 조건과 예외까지 감당할 수 있는 시스템으로 확장해야 한다. 자동화는 기술이기도 하지만, 동시에 구조 설계이고 감각이며 철학이다. 단순함을 견디지 못하고, 복잡함을 단순하게 만들고 싶은 사람이 바로 자동화 개발자다.

반복을 참지 못하면서도 반복을 구조로 바꾸고, 일을 싫어하지

만, 그 일을 없애기 위해 더 정교하게 움직이는 사람이 있다. 열심히 하려 하기보다 다시는 하지 않아도 되게 만들려는 사람도 있다. 이들에게 자동화 개발자는 직업이 아니라 정체성이다. 게으름을 합리화하는 것이 아니라 게으름을 프로그래밍하는 것이 자동화라는 세계다.

말을 아껴 세상을 움직인다
카피라이터와 광고 기획자는 왜 게으른 전략가에게 어울릴까?

열 마디 말보다 한 줄의 문장이 오래 남는다. 수십 초짜리 광고 한 컷이 백 장짜리 기획서를 무색하게 만들기도 한다. 말이 많아서는 안 되는 자리, 설명이 길어지면 지는 세계다. 단 한 줄의 문장으로, 단 한 컷의 장면으로 사람의 인식을 바꾸는 이 직업은 바로 카피라이터와 광고 기획자다.

이들은 말하기보다 말을 줄이는 사람이고, 더 보여주기보다 보여줄 것을 덜어내는 사람이다. 한 조각의 정보로 풍부한 해석을 유도하고, 짧은 자극으로 깊은 감정을 건드리며, 한 문장에 콘셉트와 맥락, 메시지를 응축시킨다. 그래서 이 직업은 효율의 미학을 아는 사람, 다시 말해 게으름을 아는 사람에게 더 잘 맞는다.

간혹 사람들은 그 게으름을 오해한다. 하지만 이는 무기력이나 무관심이 아니라 불필요한 설명과 장황함을 본능적으로 피하려는

태도다. 이들은 설득하지 않는다. 상황을 만들 뿐이다. 맥락을 던지고 독자에게 결론을 맡긴다. 광고의 기술은 감정이 아니라 구조이며, 설계다.

이런 감각을 기르려면 반드시 갖춰야 할 것이 있다. 바로 읽는 힘이다. 좋은 카피는 줄임표처럼 여운이 남는 문장이며 압축된 시처럼 들려야 한다.

긴 설명보다 한 문장으로 대결한다

그래서 많은 카피라이터가 시집을 가까이 둔다. 시는 말의 여백과 운율, 감정의 밀도를 훈련하는 가장 효과적인 언어 도구다. 정해진 답 없이 읽고 또 읽으며 감정을 해석하고 재구성하는 이 훈련은 한 문장 안에 여운과 전달력을 담는 카피의 문법과 정확히 맞닿아 있다. 시집뿐 아니라 소설, 수필, 소식지, 웹툰, 광고문구, 댓글까지 언어가 살아 있는 공간은 어디든 카피의 연습장이 될 수 있다.

많이 읽는 것은 필수다. 활자를 보는 게 괴롭고, 문장을 오래 붙들고 읽는 걸 꺼린다면 카피라이터의 길은 쉽지 않다. 언어 감각은 타고나기도 하지만, 그 감각을 확장하고 구체화하는 건 결국 독서와 반복이다. 읽은 만큼만 쓸 수 있고, 접한 문장이 많을수록 문장을 잘 풀어낼 수 있다. 카피라이터는 결국 글과 가장 가까운 사람이다.

카피라이터는 브랜드의 정체성, 제품의 감성, 캠페인의 시대정신을 단 몇 단어 안에 압축한다. 그 문장은 단지 기억에 남는 것이 아니라 소비를 유도하고, 행동을 이끌며, 정체성을 바꾼다.

광고 기획자는 흐름을 설계하는 사람이다. 어떤 상황에서 어떤 대상에게 어떤 장면을 던져야 행동이 일어날지를 계산한다. 감정을 분석하기보다는 그 감정이 발생하도록 유도되는 장면을 만든다. 감정의 사용자 인터페이스를 설계하는 사람이다.

이 직업에선 열심히 설명하는 사람이 아니라 묻지도 따지지도 않게 끌리는 한 문장을 던지는 사람이 강하다. 사람들의 주의력은 짧아지고, 기억은 점점 희미해진다. 그런 시대에 광고와 카피는 더 간결하고, 더 명확해야 한다. 그래서 최소한의 말로 최대한의 이목을 끄는 능력이 핵심이다.

긴 설명보다 한 마디로 핵심을 전한다

이런 구조에서 빛나는 사람은 복잡한 설명을 귀찮아하지만 구조 설계에는 집요한 사람이다. 말보다는 상황을, 감정보다는 시선을 설계한다. 소비자의 감정을 억지로 건드리기보다 이미 떠오른 감정의 타이밍에 정확히 한 문장을 던지는 감각도 갖고 있다.

좋은 카피는 설득하지 않고, 좋은 광고는 목적을 알 수 없다. 슬쩍 건넨 말처럼 들리지만, 치밀한 기획과 계산된 시나리오로 사람들을 몰입시키고 무의식적인 행동의 변화를 이룬다. 이 모든 건 지루함을 못 참는 사람의 직관에서 시작된다. 말이 많아지는 순간 지루해진다는 걸 알기에 단 하나의 문장으로 모든 것을 정리한다.

광고문구 작성은 감각이 아니라 구조다. 감정은 감정으로 설득되지 않는다. 대상의 심리를 파악해 전략적으로 제품을 차별화해

알리고, 문장을 심리적 방아쇠처럼 사용하는 과정이 이 직업의 본질이다.

게으르지만 관찰력이 예리한 사람, 말이 많은 것을 못 견디고 말의 구조에는 집요한 사람에게 이 직업을 추천한다. 이야기를 여유 있게 풀기보다 핵심만 던지고 싶은 사람들에게 카피는 문장이 아니라 전략이고, 광고는 감성이 아니라 설계다. 몇 초를 선보이지만, 오래 남는 직업, 게으름과 전략이 손을 잡을 때 광고는 가장 큰 파장을 만든다.

판을 고친다
전략 컨설턴트는 왜 실행보다 구조를 먼저 보는가?

누군가는 주어진 일을 재빨리 처리하는 데서 안정감을 느낀다. 하지만 어떤 사람은 다르게 움직인다. 시작보다 먼저 전체의 구조를 바라본다.

"이 일이 정말 이 방식이어야 할 이유가 있나?"
"이 흐름 자체에 문제가 있는 건 아닐까?"
"지금 필요한 건 실행이 아니라 설계 아닌가?"

이런 질문을 가장 먼저 던지는 사람은 바로 전략 컨설턴트다.

문제 해결의 전문가로도 불리며 손보다 먼저 사고와 방향을 움직인다.

전략가는 일을 시작하기 전, 반드시 문제를 정의한다. 조직이 겪는 혼란과 비효율은 대부분 해결의 실패가 아니라 잘못된 전제와 구조에서 비롯되기 때문이다. 그래서 이들은 곧장 실행하지 않고 '이 구조는 왜 이렇게 짜였을까?' '병목은 어디서 생기고 있는가?' '우리가 세운 목표는 여전히 유효한가?'를 고민한다.

전략 컨설턴트의 업무는 표면에 머무르지 않는다. 단순히 수치를 분석하는 것이 아니라 반복되는 패턴을 감지하고 요소 간의 상호작용을 읽는다. 조직의 피로가 업무량 때문인지, 아니면 비효율적 중복 때문인지를 구분하고, 회의가 길어지는 원인이 의견 충돌이 아니라 문제 정의 자체가 불분명해서인지 구분한다.

문제를 고치는 사람은 많지만, 문제를 정의하는 사람은 드물다. 전략가는 후자다. 전략 컨설팅은 문제의 본질을 재구성하고, 판단의 기준을 새롭게 설계하는 일이다. 이들은 이미 달리고 있는 조직을 향해 지금은 멈춰야 할 때라고 말할 수 있는 사람이다. 그 말이 늦을수록 조직의 손실은 늘어난다.

이들에게 게으름은 약점이 아니라 미덕이다. 성급히 실행하지 않고, 흐름과 구조를 한 번 더 의심하는 힘이 되기 때문이다. 잘못 짜인 흐름에 에너지가 낭비되는 것을 참지 못하고, 아예 처음부터 판을 다시 짜려는 집요함과 반복을 견디지 못하는 본능이 있다면 전략가의 기질을 타고난 것이다.

이들은 손보다 시야를, 세부 사항보다는 맥락을, 실행보다는 정의를 중요시한다. 잘못된 설계 위에서 실행을 가속하는 건 속도 붙은 추락일 뿐이라는 걸 잘 안다. 그래서 이들은 뛰기보다 생각하고, 몸을 쓰며 움직이기보다 구조를 조정한다. 오류를 줄이기 위해 더 많이 고민한다.

노동력과 에너지 낭비를 막는 통찰력이 힘이다

이 업무는 단순히 수치로 설명되지 않는다. 사람, 리더십, 감정, 맥락, 시장의 흐름 같은 이질적인 요소들이 하나의 구조로 엮인다. 그래서 중요한 건 기술이 아니라 통합적 시야다. 복잡한 문제를 단순화하는 것이 아니라 단순해 보이는 현상을 구조적으로 해체하고 재구성하는 감각이 필요하다.

게으름은 이 세계에서 사고의 유예이자 관성에 대한 저항이다. 성급하게 결론 내리지 않고, 빨리 실행하자는 압박을 버텨내며 프레임이 틀린 채 반복되는 문제를 본능적으로 거부하는 일이기 때문이다.

전략가들은 사소한 부분보다 흐름과 관계의 작동 방식에 민감하다. 실행자들의 노력이 엉뚱한 지점에 소비되고 있을 때 그 에너지의 방향을 바꿔주는 것이 이들의 역할이다. 직접 팔을 걷어붙이지 않지만, 모든 실행이 작동할 수 있도록 구조를 만든다.

이들이 만드는 건 정책이 아니라 관점이다. 변화 자체보다 변화가 일어날 수 있는 구조를 설계하고, 사람들이 자연스럽게 움직이

게 만드는 흐름을 조직한다. 그래서 전략가는 단지 똑똑한 사람이 아니라 보는 시야가 다른 사람에게 알맞다.

게으르지만 분석적이라면, 한발 물러나 전체를 먼저 보려는 습관이 있다면 전략 컨설팅에 관심을 기울여보자. 구조의 낭비에 민감하고, 비효율의 반복을 견디지 못하는 이들에게 이 업무는 직업이 아니라 사고의 방식이며, 가장 자연스러운 삶의 언어가 된다.

판을 고치는 사람은 많지 않고, 쉬이 도전할 수 없는 일이다. 하지만 결국, 판을 다시 짠 사람은 승리의 기쁨을 만끽할 수 있다.

반복 없는 노동을 설계한다
작가와 크리에이터는 어떻게 상상으로 구조를 짜는가?

모두가 시간 단위로 일할 때, 단 하나의 상상으로 한 달을 꾸리는 사람이 있다. 매일 책상 앞에 앉아 있지는 않지만, 떠오른 한 줄의 문장으로 수십만 명의 시선을 끌어모은다. 반복적인 루틴에는 약하지만, 감각이 터지는 순간에는 몰입의 깊이로 세상을 움직인다. 그들은 바로 작가이며 크리에이터다.

이들은 일하지 않기 위해 더 오랫동안 생각한다. 반복보다는 구조를 사랑하고, 꾸준함보다는 감각의 밀도에 모든 것을 건다. 어떤 직업은 성실함이 전제조건이지만, 이 직업은 예외다. 꾸준하지 않아도 된다. 대신, 한 번은 제대로여야 한다.

콘텐츠의 세계에서는 몇 달을 바쳐 만든 총 결과물로 평가받지 않는다. 유튜브 한 편, 웹소설 한 화, 에세이 한 문단 등 짧은 콘셉트의 방향성에서 승부가 갈린다. 신체적으로는 게으르지만, 정신적으로는 누구보다 빠르게 움직이는 사람에게 어울리는 생산 방식이다.

작가는 손보다 머리가 빠른 사람이다. 매일 천 자를 키보드로 입력하기부다 '나는 무슨 이야기를 히고 싶은가?'라는 질문에 오래 매달린다. 자주 쓰지는 않지만, 쓸 때는 모든 에너지를 집중한다. 단 하나의 설정, 한 문장의 리듬, 한 대사가 이야기 전체를 밀어붙인다. 그 밀도의 순간은 하루 내내가 아닌 찰나에 온다.

유튜버도 마찬가지다. 꾸준히 올리는 사람보다 기발한 기획을 터뜨리는 사람이 살아남는다. 매일 찍고 편집하는 것보다 '무엇을 찍을 것인가?'라는 질문이 콘텐츠의 생존을 결정한다. 게으르지만 눈치 빠르고, 이유를 설명하지 못해도 될 것 같은 아이템의 감이 있는 사람이 크리에이터에 가깝다.

중요한 점은 이 일은 일하지 않는 날에도 수익이 발생한다는 사실이다. 콘텐츠는 시간과 함께 사라지지 않는다. 한 번 만든 콘텐츠는 축적되고 재생되며, 추천되고 확산된다. 이 메커니즘은 당신이 자는 동안에도 작동한다. 반복 노동을 싫어하고, 한 번의 몰입으로 시스템을 만들고자 하는 사람에게 가장 효율적인 방식이다.

창작의 본질은 성실이 아니라 터지는 순간을 기다릴 수 있는 리듬감에 있다. 무던한 반복 대신 몰입의 간격과 박자를 조율할 줄 알

아야 한다. 그래서 이 직업은 루틴을 따르는 사람보다 루틴을 자주 깨는 사람에게 유리하다.

막간의 상상력으로 몇 년을 꾸린다

물론 창작이 말처럼 쉬운 일은 아니다. 감정이 요동치는 날에는 단어 하나 쓰지 못하고, 생각이 너무 많으면 영상 한 컷도 찍기 어렵다. 하지만, 이 불안정함 속에서도 창작자는 쉬지 않고 굴러가는 수익 구조를 만들어낸다. 처음엔 보잘것없는 조회 수를 기록했던 콘텐츠가 어느 순간 유입과 구독을 만들어내고, 시간이 지나면서 브랜드가 되며, 결국 자산을 불린다.

이들은 시간을 들이지 않고 돈을 벌려는 사람이 아니다. 시간을 구조화해 반복을 제거하려는 사람이다. 게으름을 논리화하고, 몰입의 순간을 전략화하며, 성실보다 효율을 목표로 사고한다. 매일 지시를 받거나 보고를 올리기보다 단 하나의 메시지로 전부를 설계하기도 한다. 이 직업은 그런 사람을 위한 것이다.

게으르지만 감각적인 사람이라면 한번 고민해 보자. 꾸준함엔 약하지만, 몰입하면 깊이 빠지고, 날마다 사소하게 채우기보다는 한 번의 효과적인 영향력으로 몇 달을 밀고 나가는 쾌감을 안다면 더욱 좋다. 그런 사람에게 작가와 크리에이터는 직업이 아니라 생존 방식이다. 상상은 공짜지만, 구조가 되면 자산이 된다. 그리고 자산은 멈추지 않는다. 반복 없는 노동, 축적되는 감각. 작가와 크리에이터는 시간을 다르게 설계하는 사람들이다.

세상에는 규칙, 상식, 기존의 규범에 따라 손과 몸이 먼저 움직이는 사람이 있고, 잠깐 멈춰서서 구조부터 바꾸고 싶어 하는 사람이 있다. 귀찮다는 말은 흔히 나태의 징표로 들리지만, 어떤 사람에게는 그 말이 곧 혁신의 출발 신호가 된다. '왜 이걸 계속 사람이 해야 하지?'라는 불만은 변화의 시작이고, 반복을 견디지 못하는 감각은 지루한 작업을 자동화로 구현시키는 본능이다. 그런 사람이 있다면, 발명가이자 특허 창업가라는 직업이 기다리고 있다.

발명가는 손보다 먼저 머리로 움직이는 사람이다. 생산보다 설계에 강하고, 노동보다 구조에 민감하다. 이들은 물건을 직접 만들지 않는다. 대신 만드는 방식을 새롭게 정의한다. 기존의 흐름을 해체하고, 다시 조립하며, 그 새로운 조립법에 권리를 입힌다. 그것이 특허다. 특허는 단순한 아이디어가 아니라, 반복을 제거한 구조에 부여된 법적 보호막이다.

놀랍게도 많은 발명은 성실함이 아니라 귀찮음에서 시작됐다. 리모컨은 일어서기 싫어서, 자동문은 문을 여는 동작이 번거로워서, 타이머 콘센트는 매일 전원을 뽑는 일이 귀찮아서 탄생했다. 그 불만은 끝내 기술이 되었고, 시스템이 되었으며, 시장이 되었다. 귀찮음이 구조가 되었고, 구조가 수익이 되었다.

특허 기반 창업가도 마찬가지다. 이들은 회사를 키우기보다 권

리를 키운다. 생산은 다른 회사가 하고, 자신은 그 생산을 가능케 한 핵심 아이디어를 소유한다. 완성된 기술은 라이선스 계약으로 퍼져나간다. 움직이지 않고도 움직임을 창출하는 구조를 설계한 것이다. 바로 이 지점에서 지적 게으름은 단순한 기질이 아니라 가장 전략적인 생산 방식이라 할 수 있다.

이 직업은 직접 하지 않기 위해 더 깊이 고민하는 사람에게 어울린다. 손대지 않기 위해 머리를 굴리고, 반복하지 않기 위해 전체 흐름을 재배열하며, 직접 만드는 일보다 만들어질 수밖에 없는 판을 짜는 사람이다. 이들은 기술자이면서 동시에 설계자이고, 창의적이면서도 냉정한 계산을 할 줄 안다.

아이디어가 구조화되면 세상을 바꾼다

중요한 것은 발명과 특허는 아이디어 하나로 끝나지 않는다는 점이다. 아이디어는 구조로 정리해야 하고, 구조는 권리로 보호받아야 하며, 권리는 결국 지속 가능한 수익으로 전환되어야 한다. 즉, 단순한 상상력이 아니라 구조화된 지능이 필요하고, 한순간의 번뜩임보다 그것을 시스템으로 고정하는 실행 감각을 요구한다.

그래서 이들은 회사를 키우기보다 권리 구조를 먼저 만든다. 직원 수보다 라이선스 건수가 중요하고, 공장보다 포트폴리오가 중요하다. 눈앞의 제품보다 제품을 생산하게 만든 발명의 설계도에 가치를 둔다. 이 구조가 한 번 완성되면 반복하지 않아도 되는 삶이 시작된다. 등록된 특허는 법적으로 수년간 보호받으며, 그 권리는

끊임없는 수익을 낳는다.

게으르지만 반복에 민감하고, 남들보다 느리게 움직이지만, 흐름을 고치는 데 집요한가? 하루하루 출근하기보다는 한 번의 몰입으로 몇 년의 구조를 만들 수 있는가? 이들에게 발명과 특허 기반 창업은 단지 직업이 아니라 지적 생존 전략이다.

발명가는 덜 하기 위해 더 깊이 본다. 직접 움직이지 않아도 시스템이 돌아가게 만들고, 모든 생산이 시작되기 전에 설계의 자리를 선점한다. 손으로 만들기보다는 법으로 보호하고, 반복하기보다는 구조를 만드는 것이다. 그렇게 발명가는 직접 생산하지 않으면서도 생산을 가능케 한 중심이 된다.

게으름이 머무른 자리에 구조가 들어섰고, 구조가 반복 없는 수익이 되었다. 발명과 특허는 그렇게 탄생한다.

2부

진로 선택 전에 알아야 할 것!
직업의 본질을 알라!

차가운 이성과 뜨거운 감정 사이

법률가의 세계

공부를 잘했던 학생이라면 법조계 진입을 한 번쯤은 진지하게 고민해 봤을 것이다. 학과 성적이 상위권이고, PSAT(Public Service Aptitude Test, 언어논리, 자료 해석 등을 평가하는 시험으로 공직 분야의 시험으로 활용됨) 고득점에 토익 만점, 한국사 1급과 가종 인턴 경력까지 갖췄다면 로스쿨은 당연히 가야하는 곳으로 보였을 것이다. 똑똑한 사람끼리 경쟁해 변호사시험에 합격하면 안정된 삶이 기다릴 거라 믿는 경우도 많다. 그러나 그 문턱을 넘는 순간, 전혀 다른 세계가 펼쳐진다.

법조계는 시험 실력으로 진입할 수 있지만 지적 능력만으로는 절대 버틸 수 없는 세계다. 이곳은 날마다 타인의 고통과 적대감, 억울함과 무례함을 마주해야 하는 복합적이고 집약된 감정의 무대다. 일을 하는데 오래 남는 건 마음의 상처이며, 학력, 경력보다 더 오래 필요하는 건 자기를 회복시키는 능력이다.

판사와 변호사, 검사의 차이를 아는가?

로스쿨은 공부에 자신 있는 이들이 무너지는 장이기도 하다. 시험 성적, 발표력, 인턴 실적, 면접 태도, 논문 성과까지 모든 것이 비교의 지표가 되고, 그 속에서 자괴감은 일상이 된다.

실습 현장에서 마주하는 의뢰인의 냉소와 예측 불가능한 상황,

피드백 없는 탈락은 흔한 일이다. '로스쿨 번아웃'과 '로스쿨 우울증'이라는 단어는 농담이 아니라 통계이며, 진단명이 아니라 일상 언어다. 이 감정의 강도는 로스쿨을 졸업하면서 더 높아진다.

판사는 하루에도 수십 건의 삶을 판단한다. 양육권을 누구에게 줄지, 어느 폭력은 죄이고 어느 침묵은 무죄인지, 인간과 법 사이의 골을 건너며 일한다. 법은 명료하다고 배웠지만, 삶은 그렇지 않다는 걸 너무 빨리 체험한다. 그래서 적지 않은 판사들이 재판보다 자기감정과 싸우다 퇴직을 고민한다. 어떤 이는 '글로 감정을 숨기는데 익숙해질수록 사람을 보는 눈이 멀어졌다'라고 말한다.

검사는 국가를 대표해 범죄자를 기소하지만, 국가는 그 책임을 함께 지지 않는다. 고위직 사건을 맡으면 외압이 닥치기도 하고, 언론이 각종 의견을 내고, 내부 회의는 판단을 흔드는 조언으로 가득하다. 조서에 도장을 찍는 손이 흔들리는 건 실수해서가 아니라 실수하면 안 된다는 압박 때문이다. 기소 여부 하나가 조직의 명운, 개인의 삶, 자기 경력을 좌우한다. 정답이 아니라 판단이 남는 직업이 검사다.

변호사는 법을 무기로 삼지만, 신뢰를 방패로 쓰지 못하면 공격받는다. 사건이 잘 풀려도 '당신이 한 일은 아무것도 없다'라는 불평을 듣고, 사건이 꼬이면 모든 책임을 혼자 짊어진다. 수임료 협상부터 검색어 관리까지 스스로 처리하고 차별화하지 않으면 존재조차 희미해진다. 법을 잘 알아도 감정을 다루지 못하면 관계가 무너지고, 감정을 잘 다뤄도 법리를 놓치면 책임이 돌아온다. 이 직업

은 법률가이자 감정 노동자인 동시에 자영업자다.

법조계는 머리로 진입하고, 멘털로 탈락하는 세계다. 뛰어난 성적으로 입학한 이가 먼저 소진되고, 조용히 묵묵하던 이가 끝까지 살아남는 일도 절대 드물지 않다. 이곳은 정답을 말하는 직업이 아니라 정답이 없다는 현실을 견디는 직업이다. 법은 선명하지만 인간은 흐릿하고, 그 경계에 선 사람은 매일 판단과 감정의 줄타기를 반복한다. 그래서 진짜 법조인은 법조문을 많이 외운 사람이 아니라 불확실함 속에서도 중심을 잃지 않는 사람이다.

공부력보다 정신력이 먼저다

이 세계는 단 한 번의 시험으로 끝나지 않는다. 법조인이 된 이후에도 공부는 멈추지 않는다. 판례는 매주 쏟아지고, 법령은 수시로 개정되며, 세무, 형사, 가사, 노동, 지식재산, 국제 거래 등 무수한 세부 영역이 실무 위에 겹겹이 더해진다. 매일 누군가의 인생이 책상 위에 올라오고, 오늘 모르면 오늘 밤에 외워야 한다. 공부는 자격의 조건이 아니라 생존의 무기다.

그러므로 법조계는 지능과 멘털, 그리고 공부 체력을 동시에 요구하는 복합 구조의 직업이다. 셋 중 하나라도 약하면 오래 버티지 못한다. 논리적 사고가 뛰어나도 감정 조절이 안 되면 탈진하고, 정신력이 강해도 공부량을 감당하지 못하면 도태된다. 감정선이 풍부해도 판단력이 흐리면 결국 사람을 잃는다. 이 직업의 성패는 수치로 측정되는 역량보다 일상의 균형과 자기관리에 의해 갈린다.

현실을 오해한 채 진입하면 고통은 불가피하다. 공부만 잘하면 될 줄 알았다는 사람은 회색지대 앞에서 당황한다. 감정선이 예민한 사람은 예상치 못한 갈등 앞에서 무너지고, 이상주의자는 구조의 벽 앞에서 환멸을 느낀다. 그래서 누군가는 중간에 빠져나가고, 누군가는 끝까지 버틴다. 법조계는 정답을 맞히는 곳이 아니라 명확하지 않은 문제를 누가 더 책임 있게 감당하는가를 지켜보는 곳이다.

이 길을 택하려는 청춘에게 단 하나의 질문을 던지고 싶다. 지금 당신이 가진 지능, 멘털, 공부력은 이 세계를 통과할 만한 내구성을 갖췄는가? 그 질문에 아직 답을 모르겠다면, 그것은 법조계가 아니라 인생이 당신에게 보내는 경고일지도 모른다.

읽지 못하면 판결할 수 없고, 울컥하면 망친다
기록과 감정 사이에서 살아남아야 한다

판사의 업무 중 80퍼센트는 읽기다. 재판은 법정에서 열리지만,

판결은 종이 위에서 내려진다. 하루에도 수백 장씩 쏟아지는 서류, 끝도 없이 이어지는 증거 기록과 의견서, 조서와 감정서, 참고 자료들이 곧 사건의 실체이고, 그 실체는 문장 속에 숨어 있다. 말로 전달하는 진실은 일시적일 뿐, 글로 남는 기록만이 증거로 남는다. 민사든 형사든, 판사는 종이 속에서 진실을 건져 올려야 한다.

이 세계에 들어오려는 누군가가 '책 읽는 건 좀 지루해서요'라고 말한다면, 그 자체가 이미 치명적인 부적합의 표식이다. 독서력이 약한 판사는 결국 판단력이 흔들리고, 판단력이 흔들리는 판사는 누구의 억울함도 구제할 수 없다.

읽는 걸 즐긴다면 판사를 꿈꿔도 좋다

사건 하나당 평균 기록은 300쪽, 1심만 해도 수천 쪽에 이른다. 짧으면 반나절, 길면 열흘 넘게 한 사건을 읽어야 한다. 육아휴직 중인 아내가 낸 양육비 청구 소송을 보자. 남편은 고소득 프리랜서인데 소득을 고의로 숨기면 서류상으로는 무직이다. 이 경우 통장 거래 내역을 비롯해 재산 변동 자료, 전세 계약서, 계좌 흐름, 세무서 확인서 등 수많은 자료를 읽어내고, 단 한 줄로 요약할 수 있어야 한다. 그 요약이 틀리면, 판결도 틀린다.

판사의 자격은 경력이 아니라 기록을 끝까지 읽을 수 있는 체력과 본질을 뽑아내는 추론력이다. 긴 글을 끝까지 읽고, 중요하지 않은 문장을 과감히 버릴 수 있는 냉정함이 없다면, 이 직업을 감당할 수 없다. 정의감은 방향일 뿐, 근거가 될 수 없다. 느낌 혹은 상식으

로 재판에 임하는 것이 아니라 기록으로 설명할 수 있어야 한다.

변호사를 꿈꾼다면 감정 조절이 1번이다

반대로 변호사의 세계는 감정에서 출발한다. 의뢰인의 편에 서야 하고, 억울함에 공감해야 한다. 하지만 감정에 휘둘리는 순간, 소송은 무너진다. 울분에 동조하면 전략을 잃고, 억울함에 매몰되면 논점을 놓친다. 변호사는 의뢰인의 감정에 반응하는 사람이 아닌, 그 감정을 논리로 정리해 법의 언어로 말하는 사람이다. 감정에 공감하되, 그것을 그대로 재현하면 오히려 의뢰인을 해칠 수 있다.

그런 사례는 흔하다. 의료사고 피해자의 가족을 대리한 변호사가 유가족의 분노에 휩쓸려 병원 측을 향해 감정적인 발언을 쏟아냈다. 재판장은 변호인에게 경고했고, 감정적 대응은 쟁점을 흐렸다. 재판부는 '주장 간 일관성이 부족하고, 쟁점이 명확하지 않다'라는 이유로 일부 청구를 기각했다. 변호사는 유족을 위한다고 생각했지만, 판사의 신뢰를 잃었고, 결과는 무너졌다. 감정이 앞선 순간, 전략은 흐려지고 승소는 불가능하다.

공감 능력은 중요하다. 그러나 더 중요한 건 공감은 하되 침묵할 수 있는 능력, 즉 감정의 양을 조절하는 기술이다. 변호사는 감정을 겪는 사람이 아니라 감정을 번역하는 사람이다. 분노는 쟁점으로, 억울함은 절차로 바꿔야 한다. 그 작업이 실패하면, 의뢰인은 법정에서 진다.

법정은 감정의 진정성을 입증하는 공간이 아니라 절차의 정당

성을 다투는 공간이다. 이 구조를 이해하지 못하면, 아무리 좋은 의도를 가졌더라도 결과는 오히려 나빠진다. 이 직업은 단순한 지능보다 감정 조절력, 정보 조직력, 긴장 속에서도 균형을 유지하는 신경 체계가 더 중요하다.

직업 선택 전 나를 알아야 한다

이쯤에서 던져야 할 질문은 명확하다. 나는 긴 글을 끝까지 읽는 사람인가? 나는 격해진 순간, 말 대신 법조문을 꺼내는 사람인가?

책을 끝까지 읽지 못하는 사람은 판사가 될 수 없다. 기록을 다 읽지 못하면 진실은 늘 반쪽짜리가 되고, 반쪽짜리 진실로 내리는 판결은 정의롭지 않다.

반면, 감정에 쉽게 휩쓸리는 사람은 변호사로서 위험하다. 격한 감정은 전략을 삼키고, 전략 없는 소송은 방향 없는 분노로 전락한다. 이 세계에서 살아남는 사람은 결국, 감정과 정보의 흐름을 통제할 수 있는 사람이다.

누군가는 "저는 말을 잘해요. 논리도 괜찮고요."라고 말한다. 하지만, 이 직업은 말싸움이 아니다. 말을 아끼고, 문장을 수집하는 직업이다. 말은 매끄러울 수 있지만, 그 안에 정보와 감정이 정제되어 들어 있지 않으면 설득은 실패한다.

다른 이는 감정이 풍부하다고 주장할 수 있다. 그러나 감정이 풍부한 것과 감정에 취하는 것은 다르다. 이 직업은 감정을 말에 실어 전달하는 일이 아니라 감정을 논리로 압축해 설득하는 일이다.

그 압축이 실패하면, 아무리 진심이어도 유리한 판결은 따라오지 않는다.

법조계는 말 잘하는 사람의 무대가 아니다. 기록을 읽을 수 있는 사람, 감정을 정리할 수 있는 사람, 감정과 기록 사이에서 흔들리지 않는 사람의 무대다. 입장권은 지능이 주지만, 생존권은 감정의 내구성과 독해력, 그리고 구조화 능력이 결정한다.

결국, 읽지 못하면 판결할 수 없고, 울컥하면 반드시 무너진다. 그 단순한 진실을 모른 채 이 세계에 들어온다면, 이 길은 인생을 갉아먹는 곳이 된다.

정의감만으론 끝까지 갈 수 없다
법조계가 진짜 요구하는 태도는 따로 있다

정의감은 매력적인 출발점이다. 사회의 부조리에 분노하고, 억울한 사람을 돕고 싶고, 불의에 침묵하지 않겠다는 마음으로 법조계를 꿈꾸는 이들이 있다. 그리고 그 뜻은 틀리지 않았다. 문제는

법조계가 정의감으로 시작할 수는 있어도, 정의감만으로는 결코 완주할 수 없는 세계라는 데 있다.

로스쿨 입학 면접에선 "정의를 위해 이 길을 택했습니다."라는 말이 자주 등장한다. 틀린 말은 아니다. 하지만 면접관의 눈빛이 깊어질수록 그 말의 이후가 궁금해진다. 정의감은 동기일 수 있지만, 자질은 아니다. 사건의 진실을 밝히고, 억울함을 풀며, 사회를 더 나은 쪽으로 끌고 가겠다는 의지는 중요하다. 그러나 법이 항상 옳은 사람의 손을 들어주지는 않는다. 논리를 정리한 사람, 절차를 지킨 사람, 증명을 완성한 사람에게 결과가 돌아간다.

예를 들어보자. 한 소년이 있었다. 고등학교 시절부터 인권 문제에 관심이 많았고, 차별과 불평등에 민감했다. 토론 대회에서는 언제나 정의를 외쳤고, 또박또박 올바름을 주장했다. 그는 결국 로스쿨에 입학했고, 뛰어난 성적으로 졸업했다. 하지만 변호사가 된 그는 3년을 넘기지 못했다. 이유는 간단했다. 그에게는 정의감은 있었지만, 버티는 힘이 없었다.

정의감보다 뚝심이 필요하다

법조계는 감정을 에너지로 삼는 세계가 아니다. 오히려 감정을 정제하고, 거리 두고, 필요하면 보류할 줄 아는 직업이다. 사건의 본질을 파악하고, 수백 쪽의 기록에서 쟁점을 추려내며, 상대 주장의 구조를 해체하고, 법리를 입혀 설득한다. 그건 옳은 마음만으로는 해결되지 않는다.

이 세계에서 진짜 필요한 건 끈기다. 기록을 끝까지 읽어내는 집중력, 상대가 감정적으로 흔들어도 흔들리지 않는 굳건함, 그리고 아무도 봐주지 않아도 자기 문장을 다듬는 조용한 반복이 그것이다. 정의감은 시작의 불꽃이지만, 그 불꽃을 지키는 건 바로 지구력이다.

더불어 집요함도 필요하다. 사라진 증거를 끝까지 추적하고, 상대방의 논리를 문장 단위로 분석하며, 3년째 이어지는 민사소송에서도 1차 조서와 계약서 각주를 다시 읽는 사람은 다르다. 이런 자세는 끝내 판을 바꾼다. 감정은 타오르다 식는다. 하지만 집요한 사람은 상황이 식어도 붙잡고 간다.

법조계에서 종종 회자하는 말이 있다. '사건은 정의감으로 푸는 게 아니라 조문과 판례로 푼다'라는 말이다. 법정은 옳다는 감정을 증명하는 곳이 아니다. 적법한 절차와 입증된 증거 속에서 누가 더 신뢰할 만한 근거를 쌓았는가를 판별하는 곳이다. 피해자가 억울해 보여도 법적으로 요건을 갖추지 못하면 소송은 기각된다. 이게 현실이다.

현장에서 인정받는 법조인은 대개 감정에 휘둘리지 않는다. 분노하는 의뢰인 앞에서도 단호하고 조용하다. 감정이 아니라 사건의 구조를 먼저 본다. 차갑게 보일 수도 있다. 그러나 판결문을 받아 든 의뢰인은 함께 울어준 사람보다 결과를 바꾼 사람이 진짜 자신을 도운 사람이라는 사실을 깨닫는다.

그래서 이 세계에서 오래 살아남는 사람은 뜨거운 마음보다 단

단한 태도를 지닌 사람이다. 눈물은 시작점이 될 수 있다. 하지만 결과를 바꾸는 건 분석과 반복, 설계된 말, 끊임없는 조정이다. 논리적으로 분노하고 냉정하게 싸우며 감정을 전략으로 바꾸는 사람, 법조계는 그런 사람을 원한다.

정의감이 무의미하다는 말이 아니다. 하지만 그것이 필요조건이 될 수 있어도, 무기는 아니라는 점은 분명히 해야 한다. 자격만으로 선상에 오르면, 결국 무기를 든 자에게 밀리게 된다. 처음에 '이 직업은 내 성격과 잘 맞는다'라고 말했던 이들이 얼마 지나지 않아 '나는 이 일과 안 맞는 것 같아요'라고 말하게 되는 이유는 거기에 있다.

정의감이 아무리 커도 그것을 설명할 언어가 없다면 무용하고, 판례를 적용할 실력이 없다면 무력하다. 뜻은 좋지만, 흐트러지는 사람보다 조용하지만 흔들리지 않는 사람이 이 세계에선 더 오래 간다. 이 길을 고민하는 이라면, 내가 뜨거운가보다 뜨거움을 견디는 내구성이 있는가를 스스로 물어야 한다. 이 세계는 정의감으로 시작하되, 구조와 태도로 완주하는 곳이다.

이 분야의 직업

국제 인권 전문가, NGO(Non-Governmental Organization, 비정부 기구) 법률 자문가, 국제법연구원, 난민 전문 법률가, 환경법 전문가, 의료법 전문가, 지식재산권 전문가, 행정법 전문가, 헌법전문가

법조인이 되려면 넘겨야 할 세 가지 문턱이 있다

법조인의 꿈을 키울 때 많은 이들이 스펙, 즉 경력과 성적, 합격률을 먼저 묻는다. 하지만 정작 중요한 것은 그 이후다.

법조계에 들어가고 싶다면 반드시 견뎌야 할 세 가지가 있다. 선택이 아닌 생존 문제다. 이 세계는 똑똑한 사람보다 끝까지 버티는 사람을 기억하는 직업이다. 그 버팀의 핵심은 기록, 감정, 절차라는 세 가지 문턱 위에 놓여 있다.

첫 번째는 기록이다. 하루 100페이지가 넘는 서류를 읽어야 하는 날도 많고, 수사 기록과 감정서, 진술서와 판례를 모두 꿰뚫어야 할 때도 있다. 민사 사건이라면 계약서와 통장, 이메일과 문자 내역을 다 봐야 하고, 형사 사건이라면 참고인 진술의 일관성부터 CCTV 해상도까지 따져야 한다. 그 모든 문서를 읽고 정리해야 하며, 그 정리는 곧 글로 이어져야 한다. 기록이 싫다면, 로스쿨을 가지 말아야 한다. 로스쿨은 법을 배우는 곳이 아니라 기록을 버티는 훈련소다.

기록을 다룬다는 건 단순한 독서가 아니다. 중요한 문장 하나를 찾기 위해 99장의 불필요한 내용을 거쳐야 한다. 탄원서의 감정적 수사, 반복되는 증언의 뉘앙스 차이, 억울함이 응축된 문장들 사이에서 법적으로 유효한 사실을 가려내야 한다. 단순한 독해력이 아니라 정보처리 체력이며, 반복을 견디는 신경 근력이다. 책을 싫어

하고 요약을 귀찮아하는 사람은 기록 앞에서 무너진다.

두 번째는 감정이다. 법조인은 타인의 고통을 매일 마주하는 사람이다. 끔찍한 사건의 진술, 분노에 찬 고소장, 피투성이가 된 증거 사진, 울먹이며 진술하는 피해자와 어깨가 꺾인 피고인을 떠올려 보자. 그 어느 쪽도 가볍지 않다. 문제는 그 감정에 빠지면 안 된다는 데 있다. 감정은 직업을 좀먹는 가장 은밀한 방식이다. 감정에 휩쓸리면 논리는 흐려지고, 판단은 흔들리며, 전략은 노출된다.

감정을 무시해선 안 되지만, 감정과 함께 무너지지 않아야 한다. 이 일은 공감이 아니라 적절한 거리 안에서 작동한다. 피해자의 이야기를 듣되 조문(條文)으로 변환할 줄 알아야 하고, 억울함에 공감하되 법리적 해석을 곁들일 수 있어야 한다. 감정을 느끼되 그대로 말하지 않고, 조율된 언어로 바꿀 줄 아는 기술이 필수다. 그것이 없으면, 자신도 지치고 의뢰인도 무너진다.

법률가에게 인내심이 필요한 이유가 있다

세 번째는 절차다. 법은 느리다. 생각보다 훨씬 오래 걸린다. 고소에서 기소까지 수개월이 걸리고, 재판 1심에 1년, 항소와 상고까지 합치면 수년이 흐른다. 민사조정이 깨지면 처음으로 돌아가고, 도중에 판사가 바뀌면 논리 전체를 다시 설명해야 한다. 증인이 말을 바꾸면 서류도 다시 제출해야 하고, 판례가 뒤집히면 전략을 통째로 재구성해야 한다. 절차의 시간은 무심하게 흐르고, 그 속에서 의욕은 서서히 바랜다.

느림을 견디는 힘이 없다면, 이 직업은 오래가지 못한다. 절차의 인내란 단순히 기다리는 능력이 아니다. 지루함 속에서도 집중을 유지하는 능력이며, 식은 사건 앞에서도 다시 논리를 정리할 수 있는 근력이다. 하나의 소송을 3년, 4년, 5년간 끌고 가는 힘은 공감 능력이나 정의감이 아니라 회복력이다. 법은 감정보다 무겁고, 뉴스보다 느리며, 드라마보다 훨씬 덜 자극적이다. 그 현실을 견디지 못하면, 결국 탈진한다.

요약하자면, 법조계에서 끝까지 살아남는 사람은 기록을 읽는 눈, 감정을 버티는 심장, 절차를 견디는 허리를 가진 사람이다. 화려하지 않고, 누구도 손뼉 치지 않지만, 결국 이 셋을 버틴 자만이 끝을 본다. 지능도, 정의감도, 말솜씨도 결국 이 세 가지 요건 앞에서는 무력해질 수 있다. 시험은 입장권일 뿐이다. 진짜 자격은 읽고, 참고, 다시 시작하는 반복에서 나온다.

지금 이 길을 꿈꾸고 있다면, 들여다봐야 한다. 나는 기록을 끝까지 읽을 수 있는가? 타인의 감정을 받아들이되, 내 감정을 흔들리지 않게 붙잡을 수 있는가? 결과까지 3년이 걸리는 소송의 한복판에서도, 같은 목소리로 조용히 설득할 수 있는가?

이 질문들에 '예'라고 말할 수 있을 때, 비로소 이 길이 시작된다.

재판에 이기고도 멘털은 진다
변호사가 된다는 것의 진짜 의미를 아는가?

세상에는 충돌하는 성향을 동시에 지닌 사람들이 있다. 이를테면, 남 앞에 나서는 건 두렵지만 조용히 지고 있는 건 더 싫은 사람, 회의에서 말을 못 꺼내면서 속으로 '저건 아니지'를 백 번 되뇌는 유형 등 겉은 조용한데 속은 시끄럽고, 말은 아끼지만, 생각은 물처럼 넘치는 식이다. 이런 사람들은 의외로 많다. 그중 적지 않은 이들이 변호사라는 직업에 끌린다.

이유는 분명하다. 조용한 머릿속 싸움, 날카로운 논리, 말로 이기는 쾌감, 여기에 사회의 부조리를 법의 언어로 뒤집는 이미지까지, 한마디로 세련된 전사와 맞아떨어지는 성향이기 때문이다. 단, 소심한데 승부욕이 강한 사람이 변호사를 하면 멘털이 먼저 무너질 수 있다. 멋진 역할극은 잠깐이고, 실전은 피 말리는 생존이기 때문이다.

변호사는 매일 싸우는 사람이다. 말싸움이 아니다. 생계와 감정,

명예가 얽힌 인생 싸움이다. 의뢰인의 억울함과 분노를 받아 법의 언어로 번역해 상대를 설득하고, 판사를 이해시켜야 한다. 의뢰인이 어떤 사람인지도 가릴 수도 없다. 예의 없는 갑질 대표(CEO), 말이 통하지 않는 민폐 이혼 당사자, 그 누가 올지 모른다. 이들과 함께 울지도, 공감하지도 않아야 한다. 그들에게 당신은 고용된 방패일 뿐이고, 결과가 나쁘면 욕을 먹는 존재다. 이기면 당연하고, 지면 전부 네 탓이 된다.

그래서 소심한 사람은 다친다. '혹시 내가 뭘 잘못했나?' 하는 반성이 칼처럼 되돌아온다. 승부욕은 그 상처에 불을 붙인다. 더 잘하고 싶다는 마음이 오히려 자신을 갉아먹는다. 지는 순간 자기검열, 자책, 다음 사건에 대한 불안 등 악몽은 시작된다. 그러다 보면 실수는 잦아지고, 실수할까 봐 더 조급해지고, 이 불안감은 오래지 않아 무기력으로 바뀐다.

매일 싸우는 삶을 감당할 수 있는가?

한 젊은 변호사는 "사건은 항상 회색인데, 내 마음은 늘 검거나 하얗거든요. 그 틈이 너무 고통스러워요."라고 고충을 토로한다. 정확한 말이다. 변호사의 세계는 정답이 없는 세계다. 수학 문제처럼 답이 떨어지는 일은 드물다. 같은 사건을 두고도 어느 쪽으로든 논리를 짜낼 수 있다. 그래서 항상 불안하다. '내가 이 방향으로 가는 게 맞나?' '혹시 중요한 걸 빠뜨린 건 아닐까?'라는 질문이 하루에도 열 번씩 떠오른다. 이럴 때 필요한 건 논리보다 멘털이다.

승부욕이 강한 사람은 이런 불확실성을 더 견디기 힘들어한다. '이건 이겨야 해' '졌다는 말을 듣기 싫어'라는 마음이 논리에 감정을 섞는다. 그 순간, 판사 앞에서 흔들리고, 차분한 상대에게 밀린다. 그리고 끝나고 나면 '왜 그렇게 흥분했지?' '그 한마디만 참아야 했는데'라며 자책은 배가 된다.

소심 + 승부욕 = 김정 과잉 + 멘덜 붕괴

이 공식은 법정에서 아주 정확하게 작동한다. 게다가 변호사는 끊임없이 다양한 사건을 다루는 직업이다. 오늘은 이혼, 내일은 폭행, 다음 주는 공무원 징계 등 사건마다 다른 인생, 다른 감정, 다른 억울함이 있다. 이 모든 걸 듣고 분석해야 한다. 그 때문에 감정은 겉만 들여다봐야 한다. 슬픔에 이입하고, 분노에 동화되면 냉정한 판단력이 흐려진다. 감정적으로는 훌륭한 사람일 수 있어도, 법적으로는 실패한 변호사가 된다.

그래서 필요한 건 공감이 아니라 감정 분리 능력이다. 변호사는 끝낸 사건을 반드시 잊어야 한다. 패소한 사건을 복기하되 질질 끌지 말아야 하고, 의뢰인의 감정에 귀 기울이지만 쌓아두면 안 된다. 일희일비하지 않고, 다음 사건으로 이동할 수 있는 회로가 없다면 탈진은 시간문제다.

그러니 스스로에게 물어보자. 나는 싸움을 끝내고, 아무 일 없던 듯 일상으로 돌아올 수 있는가? 패소한 뒤에도 내 가치를 부정하지

않을 수 있는가? 감정을 이해하되, 적당히 놓아줄 수 있는가?

이 세 질문 중 하나라도 망설여진다면, 변호사는 당신의 재능을 펼칠 수 있는 직업이 아니라 당신을 소진하는 형벌이 될 수 있다.

정의감이 있다고, 글을 잘 쓴다고, 말싸움에 능하다고 해서 변호사를 해야 하는 건 아니다. 감정에 휘둘리지 않고, 매일의 싸움을 업무로 감당할 수 있는 사람만이 이 세계에 오래 남는다. 싸움에서 이겼는데 멘털에서 진다면, 애초에 싸우지 않는 삶이 더 나을지도 모른다.

이 분야의 직업

법률 상담사, 분쟁조정 전문가, 중재인, 조정위원, 손해사정사, 보험 분쟁 전문가, 소비자 피해 구제 전문가, 금융분쟁조정위원, 법률 심리상담사

AI 시대에 살아남을 수 있는 법 전문직

판단과 책임, 감정, 윤리적 조율 능력이 탁월해야 살아남는다

판사	검사	변호사
인권변호사	군법무관	공익법무관
법학 교수	법학 강사	법률 심리상담사
전자 감식 전문가	금융 범죄 조사관	법률 위험 분석가
규제 정책연구원	기업윤리 담당자	준법감시인
분쟁조정 전문가	중재인	조정위원
법률 상담사	금융분쟁조정위원	변리사
환경법 전문가	지식재산권 전문가	의료법 전문가
법률 콘텐츠 제작자		

생명과 치유의 직업

의료인의 세계

지식보다 기질, 선함보다 회복력이 중요하다
의료직에 필요한 자질은 따로 있다

의사, 간호사, 약사 등 의료, 소위 '메디컬' 분야의 직업은 이름만 들어도 안정적이고 전문적인 이미지가 떠오른다. 공부를 잘해야 선택할 수 있고 사회적으로 인정받고 보람도 있는 일이다. 하지만 의료 현장을 한 번이라도 경험해 본 사람은 안다. 이 분야에서 버티고 살아남는 사람은 똑똑하거나 착한 사람이 아니라 단단한 사람이라는 사실을 말이다. 겉으로 보이는 전문성과 친절 뒤에는 끊임없는 상황 판단, 고강도의 감정노동, 체력 소진, 그리고 하루에도 수십 번 마주하는 회복의 싸움이 있기 때문이다.

의사를 꿈꾸는 사람들은 대부분 똑똑한 사람들이다. 하지만 현장에서 필요한 건 지식보다 실행력이다. 의사는 끝없이 결단해야 하는 사람이다. 환자의 상태는 기다려주지 않고, 의심스러운 수치를 두고 오래 고민할 틈은 없다. 토론이 아니라 신속하게 판단하는 직업으로 보고 나서 결정하고, 그 결정에 책임지는 훈련이 몸에 배어 있어야 한다.

단 한 번의 실수가 치명적인 결과로 이어질 수 있는 상황은 성실함이나 성적만으로는 감당할 수 없다. 공부만 잘해서는 부족하다. 판단력, 회복력, 체력, 이 세 가지가 있어야 의사는 현장에서 오래 버틴다.

의사는 진입이 어려운 만큼 안에서도 이탈이 많다. 수련의 과정

은 육체적 피로와 심리적 압박이 동시에 밀려드는 시기다. 밤샘 근무, 응급 호출, 반복되는 수술 어시스트, 상급자의 지시와 평가 등 무한 책임의 공기 속에서 스스로 붙잡을 줄 아는 사람만이 다음 단계로 넘어간다. 감정에 무너지지 않고, 실수 이후에도 중심을 바로 세울 줄 아는 사람이 임상에서 살아남는다.

사회적 시선보다 내적 자질을 파악하라

간호사는 더 고된 전장을 감당한다. 많은 이들이 사람을 좋아해서, 남을 돌보고 싶다는 이유로 간호사를 꿈꾼다. 하지만 간호사의 현실은 감정을 베푸는 일이 아니라 감정을 통제하고 회피하는 기술에 가깝다. 간호사는 배려심 많은 사람이 아니라 자기 방어력이 강한 사람이 하는 일이다.

간호사의 물리적 업무량은 과다하다. 여기에 감정노동, 위계적인 조직문화, 교대 근무가 동시에 몰려온다. 친절하기만 한 사람은 쉽게 상처받고, 따뜻하기만 한 사람은 금방 지친다. 이 일에서 살아남는 사람은 공감하되 흔들리지 않고, 피곤해도 태도를 잃지 않으며, 모욕 앞에서도 자존을 유지할 줄 아는 사람이다.

한 신입 간호사는 이렇게 말했다.

"나는 착한 편이고, 사람을 좋아했어요. 그래서 간호사가 어울릴 줄 알았는데, 현실은 반대예요. 오히려 내가 더 상처받아요."

이 고백은 중요한 사실을 드러낸다. 간호사는 감정을 건네는 직업이 아니라 감정을 막아내는 직업이라는 점이다.

약사는 조용한 직업으로 여겨지지만, 정작 그 조용함 속엔 빠른 판단과 의사소통이 요구된다. '혼자 조용히 일하고 싶어서 약사가 되고 싶다'라는 표현은 절반만 맞다. 약사는 단순 조제가 아니라 상담과 판단을 동시에 해내야 하는 사람이다. 병원 처방전에 의문이 생기면 의사에게 확인 전화를 넣어야 하고, 환자의 복약 순응도를 고려해 약을 조정하는 임상적 감각도 필요하다. 소통 능력이 부족한 약사는 현장에서 오해를 사고, 실수를 할 위험이 크나. 약사는 사람을 직접 다루는 일은 아니지만, 사람과 계속해서 연결된 위치에 있는 직업이다.

환자들은 약학 용어로 묻지 않는다. "전에 먹던 거랑 색이 다른데요?" "이 약 먹으면 속 쓰려요." "이거랑 이거 같이 먹어도 괜찮나요?"라고 막연한 질문을 던진다. 약사는 이런 불명확한 표현에서 핵심을 짚어내고, 짧고 정확하게 설명해야 한다. 혼자 일하되, 끊임없이 반응하고 설명해야 하는 사람이 바로 약사다.

의사, 간호사, 약사, 이 세 직업을 향한 외부의 시선은 대체로 긍정적이다. 고소득, 전문성, 안정성 덕분이다. 하지만 내부는 다르다. 공부만 잘해서, 혹은 사람을 좋아해서 이 직업을 선택한 사람들은 흔들린다. 의사에게는 결단이, 간호사에게는 자기보존이, 약사에게는 소통이 필수다. 이 세계에서 오래가는 사람은 시험 점수가 아니라 기질로 평가받는다.

그래서 스스로 물어야 한다. 나는 실수했을 때 빨리 만회할 수 있는가? 감정에 흔들리지 않고 판단할 수 있는가? 반복되는 강도

높은 업무 속에서도 태도를 유지할 수 있는가?

생명을 다룬다는 말은 감정을 조절하고 책임을 지는 능력을 의미한다. 의료직은 똑똑한 사람을 위한 자리가 아니다. 감정과 압박을 함께 감당할 줄 아는 사람을 위한 자리다.

보이지 않는 곳에서 생명을 지키는 사람들이 있다
수의사, 재활치료사, 임상병리사를 만나보자

병원은 의사와 간호사만으로 돌아가지 않는다. 병원 속을 더 깊이 들여다보면 잘 보이지 않되, 꼭 필요한 사람들이 있다. 재활치료사, 임상병리사 등이다. 이름은 익숙하지만, 현실에서 잘 알려지지 않은 직군이다. 이들은 흔히 조용하고 안정적인 전문직으로 인식되지만, 그 이면은 다르다. 겉으로 드러나지 않는다고 해서 감정의 밀도가 낮은 건 아니다. 이들은 모두 감정과 기술의 무게를 동시에 감당하는 자리에 있다.

임상병리사는 병원 안에서 가장 조용한 위치에 있지만, 그들이 다루는 건 생명에 직결된 데이터다. 현미경, 자동 분석기, 수치와 표준 편차 속에서 하루를 보낸다. 환자를 직접 대하지는 않지만, 그 결과 하나가 환자의 진단과 치료 계획을 바꿀 수 있다. 겉보기에는 기계를 다루는 기술직처럼 보이지만, 정밀성과 집중력, 책임감이 동시에 요구되는 고밀도 전문직이다.

사람을 안 만나 편할 것 같아서 이 직업을 선택하는 때도 있지만, 그건 착각이다. 임상병리사는 환자와 얼굴을 맞대지는 않지만, 누군가의 생명을 분석하고, 그 숫자에 책임을 지는 사람이다. 결과를 낸다는 것은 곧 책임을 진다는 뜻이고, 실수는 보이지 않는 곳에서 가장 큰 파장을 만든다.

재활치료사는 또 다른 방식으로 고요하고 오래 견뎌야 하는 직업이다. 매일 비슷한 동작을 반복하며, 환자의 느린 회복을 기다리는 일은 지난하다. 이 직업은 인내와 반복, 정서적 에너지를 동시에 요구한다. 변화는 더디고, 보람은 늦게 오며, 환자 본인도 의욕을 잃기 쉽다. 치료사는 그런 상황 속에서도 한결같이 환자 곁을 지켜야 한다.

이들의 어려움은 단순히 신체 노동에 있지 않다. 감정을 과하게 이입하면 지치고, 감정을 거두면 냉정하다는 평가를 받는다. 공감하면서도 흔들리지 않고, 반복하면서도 무의미해지지 않는 감정의 설계가 절대적이다. 그게 재활치료사에게 요구되는 정서적 내공이다. 그래서 이 일은 열정적인 사람보다 느린 속도를 견딜 수 있는

사람, 피드백 없는 시간을 버틸 수 있는 사람에게 더 어울린다.

수의사도 비슷하다. 수의사는 동물만 보는 직업처럼 보이지만, 실은 사람과의 관계에서 더 많은 에너지를 소모한다. 반려동물을 가족처럼 여기는 보호자와 소통하고, 때로는 안락사라는 쉽지 않은 선택을 안내하며, 동물의 고통과 보호자의 감정을 동시에 받아내야 한다.

동물만큼 사람과 소통하는 직업이다

동물을 사랑하는 마음이 클수록 괴로운 순간도 더 많다. 보호자가 울고, 죄책감을 느끼고, 때로는 화를 내는 그 모든 순간을 조용히 감당해야 한다. 수의사는 동물을 치료하지만, 보호자의 마음을 설득해야 하는 직업이기도 하다.

한 수의사는 "동물은 내가 낫게 하면 되는데, 보호자의 감정은 정답이 없어요."라며 어려움을 토로했다. 이 말은 현실을 가장 잘 설명한다. 수의사는 단지 동물을 좋아하는 사람에게 맞는 일이 아니다. 정서적 충격에 쉽게 무너지지 않고, 반복되는 이별 앞에서도 태도를 유지할 수 있는 사람이 오래 남는다.

세 직업 모두 겉으로는 덜 극적으로 보이지만, 실제로는 의사 못지않은 감정의 밀도와 기술적 내공이 필요한 일들이다. 수의사는 이별을 견디고, 재활치료사는 느림을 견디며, 임상병리사는 침묵을 견딘다. 이들은 모두 조용하지만 절대 가볍지 않은 일을 하고 있다.

그래서 이 직업들을 꿈꾸는 사람이라면 먼저 자신에게 물어야 한다. 나는 감정적으로 쉽게 동요하지 않는가? 변화가 없는 반복을 견딜 수 있는가? 누군가를 도우면서도 즉각적인 피드백 없이 버틸 수 있는가?

이 직업들은 사람 앞에 서지 않지만, 사람의 삶과 가장 가까운 자리에 있다. 병원은 의사만으로 굴러가지 않는다. 그 안에는 말 없는 기술자, 표정이 단단한 동행자, 숫자를 생명으로 바꾸는 분석가들이 있다. 이름은 드물게 불리지만 이들이 없는 병원은 존재하지 않는다. 보이지 않는 자리에서 생명을 지키는 이 직업들이야말로 의료의 진짜 기반이다.

이 분야의 직업

임상병리사, 방사선사, 물리치료사, 작업치료사, 재활치료사, 의공기사, 보건의료정보관리사, 생명과학연구원, 감염병 관리 전문가, 의료기기 개발자, 의생명과학자

식단보다 대화, 운동보다 행동을 설계한다
몸과 마음을 다루는 진짜 전문가다

영양사, 운동처방사, 헬스트레이너 등은 명칭만 들어도 건강하고 활기찬 사람의 이미지가 떠오른다. 하지만, 이 직업들의 본질은

다르다. 이들은 단지 몸을 다루는 사람이 아니라 선택을 유도하고 행동을 설계하는 전문가다. 식단을 제안하고, 운동을 지도하며, 몸을 분석하는 그 모든 과정 뒤에는 늘 사람이 있다. 그리고 사람은 논리로 움직이지 않는다. 이 직업들의 진짜 능력은 가르치는 기술보다 설득하는 감각이다.

신체 관리보다 마음 설득이 먼저다

먼저 영양사를 보자. 영양사가 일하는 공간은 병원, 학교, 기업, 군대, 어린이집까지 다양하다. 영역은 넓지만, 본질은 하나다. 식단표를 짜고, 먹기 싫은 음식을 먹도록 해야 한다. 영양사는 영양을 설계하지만, 결과는 늘 섭취율로 판가름 난다. 아무리 영양소가 가득해도 "이걸 왜 먹어야 하죠?" "맛없어요."라는 불평과 함께 잔반이 넘쳐난다면 일을 잘한다고 할 수 없다.

좋은 식단이란 안 남기고 먹게 만드는 식단이다. 이를 위해서는 영양 지식만으로는 부족하다. 칼로리, 탄수화물, 식이섬유 정보를 설명해도, 이것만으로 사람을 설득시킬 수는 없다. 특히 병원 식단은 먹기 싫은 걸 꼭 먹어야 하는 사람을 설득해야 하는 고난도의 상황이다. 영양사는 지식과 더불어 소통 기술과 타협 감각 등 복합적 능력이 필요한 직업이다. 식단은 과학이지만, 식사는 심리다. 결국 이 직업은 식탁 위에서 벌어지는 작지만, 집요한 심리전의 연속이다.

운동처방사는 생소한 직업이다. 물리치료사와도, 트레이너와도

다르다. 이들은 사람의 몸을 분석하고, 병력과 라이프스타일을 고려해 맞춤형 운동을 설계하는 전문가다. 운동 그 자체보다 이 사람에게 왜 이 운동이 필요한가를 논리적으로 구조화하는 능력이 더 중요하다. 체육과 의학이 동시에 작동하는 이 직업은 단순히 운동을 좋아하는 사람보다 질병과 사람을 잘 이해하는 사람이 오래 할 수 있다.

운동처방사는 점점 더 의료와 복시 현상에 가까워지고 있다. 노인센터, 공공 보건소, 병원 재활실 등에서 의사와 협업하며, 개별 운동 프로그램을 설계하는 존재로 진화 중이다. 이 직업의 핵심은 얼마나 몸을 잘 이해하고 설계할 수 있느냐이다. 현장에서 힘을 쓰기보다 운동을 디자인하고 설명할 수 있는 사람이 더 유리하다.

헬스트레이너는 가장 많이 알려진 직업이지만, 오히려 가장 오해가 많다. 운동 방법을 가르치는 업무처럼 보이지만, 실제로는 절반쯤은 상담자에 가깝다. 회원 중에는 체형에 대한 열등감, 식단 실패의 기억, 타인의 시선에 대한 민감함 등 운동 이전에 먼저 풀어야 할 심리적 장벽을 지닌 이들이 많다. 몸이 변하는 건 시간 문제지만, 마음이 풀리지 않으면 운동을 시작할 수 없다.

그래서 헬스트레이너는 단순히 동작을 지도하는 사람이 아니라 운동을 통해 자존감을 회복시키는 사람이다. 공감력과 언어 감각이 운동 지식만큼 중요하다. 특히 요즘 트레이너는 SNS 브랜딩, 후기 관리, 개인 콘텐츠 기획까지 병행해야 한다. 몸이 좋아서 트레이너를 한다는 말은 이제 절반만 맞다. 몸은 입장권일 뿐, 말과 공

감이 실력이다.

이 세 직업에는 공통점이 있다. 지식을 전달하는 일처럼 보이지만, 사람의 습관을 바꾸고 변화하도록 설득해야 한다는 것이다. 아무리 좋은 정보도 실천하지 않으면 무의미하다. 건강은 가르쳐서 되는 일이 아니라 지속 가능한 행동으로 설계해야 하는 일이다. 그리고 그 설계는 말, 표정, 감정, 태도를 모두 아우른다.

이 직업군에 적합한 사람은 다정한 체력왕이 아니다. 지식을 잘 알고, 상세히 설명하며, 끝까지 설득할 수 있는 사람이다. 정보는 넘쳐나는 시대다. 중요한 건, 그 정보를 사람에게 어떻게 닿게 하느냐는 것이다. 건강을 설계하는 이들은 모두 과묵한 설득자이자 행동을 유도하는 코치다. 건강을 바꾸는 건 기술이 아니라 태도다. 그리고 그 태도를 설계하고 유지하게 만드는 사람만이 이 직업에 맞는 사람이다.

이 분야의 직업

영양사, 임상영양사, 운동처방사, 운동 생리학자, 체력 단련 트레이너, 헬스트레이너, 스포츠재활 트레이너, 체형교정사, 요가 강사, 필라테스 강사, 웰니스 전문가, 건강관리사

돌봄을 직업으로 삼는다
사회복지사와 보육교사는 좋은 마음만으로는 부족하다

사회복지사와 보육교사는 선한 사람들을 위한 직업처럼 보인다. 누군가를 돕는 일, 아이를 돌보는 일 등 따뜻하고 착한 사람에게 어울릴 것 같은 일이다. 실제로도 많은 이들이 그런 이유로 이 세계에 발을 들인다. 하지만 돌봄이 일이 되는 순간, 상황은 달라진다. 보람은 천천히 오고, 감정은 빠르게 고갈된다. 의외로 이 분야에서 오래 가는 사람은 따뜻한 사람이 아니라 감정을 다루는 기술을 갖춘 사람이다.

사회복지사는 이상과 현실 사이에서 자주 충돌하는 직업 중 하나다. 좋은 일 하는 사람이라는 이미지를 갖고 있지만, 실제 업무는 상담, 행정, 사례 관리, 민원 대응까지 겹겹이 쌓여 있다. 도와주고 싶은 사람들은 많지만 제도적 제약은 많고 인적, 물적 자원은 늘 부족하다. 도와주려 한 말이 오히려 상처가 되기도 하고, 고맙다는 말보다 항의가 먼저 돌아오는 일도 흔하다. 사람을 향한 진심을 의심받고, 열정은 원칙과 체계 안에서 무력해지기 쉽다.

그래서 이 일은 착한 사람에게 유리한 직업이 아니다. 공감은 하되 감정에 잠기지 않아야 하고, 진심은 품되 일정한 거리를 유지할 줄 알아야 한다. 사회복지사는 좋은 사람이 아니라 지치지 않는 사람이라야 오래갈 수 있는 직업이다. 감정이 솟구치더라도 태도는 단단해야 하고, 현실이 바뀌지 않더라도 역할은 유지되어야 한

다. 도움이 필요한 사람을 상대하는 일일수록 감정의 균형은 더욱 중요하다.

보육교사도 마찬가지다. 많은 이들이 아이를 좋아해서 시작하지만, 보육은 아이만 보는 일이 아니다. 하루 종일 아이들의 감정과 에너지를 관리하고, 학부모의 요구에 응답하며, 행정 기록을 남기고, 동료 교사들과의 관계까지 함께 운영해야 한다. 감정노동, 체력 노동, 관계 노동이 겹친다. 아이는 즉각적인 반응을 원하고, 부모는 민감하게 그 결과를 받아들인다. 늘 따뜻하고 차분해야 하며, 돌발 상황에서도 침착하게 정리할 수 있어야 한다.

문제는 이 일이 보람만으로 유지되지 않는다는 데 있다. 감정은 소모되고, 보람은 늦게 온다. 아무리 아이를 좋아해도 무한히 감정을 소모하는 구조 안에서는 누구든 쉽게 지친다. 아이에게는 웃고 있으면서도 속으로는 번아웃에 시달리는 교사도 많다. 이 일에는 착함보다 회복력이, 열정보다 감정 거리두기가 더 중요하다. 보육 직종은 정서적 근육이 강한 사람이 오래가는 직업이다.

공감하되 감정을 섞지 않아야 한다

두 직업 모두 공통점이 있다. 시작은 마음으로 하지만, 지속은 기술로 유지된다는 것이다. 돌봄은 따뜻한 말로 포장되지만, 실제로는 감정을 반복해서 써야 하는 고강도 직업이다. 사람을 좋아한다고 오래 할 수 있는 게 아니다. 매일 같은 감정 상태를 유지할 수 있는 사람만이 오래 남는다. 상처받고도 다시 웃을 수 있는 내면의

유연함, 도움을 주고도 인정을 기대하지 않는 태도, 그것이 진짜 자격이다.

이 길을 고민하는 사람이라면 스스로에게 물어야 한다. 나는 공감과 역할 사이에서 선을 지킬 수 있는가? 감정적으로 힘든 상황에서도 다음 날 똑같은 태도를 낼 수 있는가? 내가 한 일이 '의미 있었는가?'보다는 '오늘도 해냈는가?'를 기준으로 삼을 수 있는가?

이 직업은 좋은 사람이 되는 길이 아니라 오래 가는 사람이 되는 길이라는 것을 잊지 말자.

AI 시대에 살아남을 수 있는 생명을 다루는 직업

데이터가 아니라 위기 현장의 판단과 손기술, 윤리와 회복력을 갖춰야 한다

의사	치과의사	한의사
간호사	약사	임상 약사
공중보건의	의학연구원	임상 연구 코디네이터
마취 전문간호사	응급의료 전문가	보건 정책연구원
의료윤리 전문가	수의사	임상병리사
방사선사	물리치료사	작업치료사
재활치료사	의공기사	보건의료정보관리사
생명과학연구원	감염병 관리 전문가	의료기기 개발자
의생명과학자	영양사	임상영양사
운동처방사	운동 생리학자	스포츠재활 트레이너
체형교정사	웰니스 전문가	건강 관리사
사회복지사	보육교사	요양보호사
장애인 재활 상담사	노인복지사	아동 복지사
정신건강사회복지사	의료 사회복지사	사례 관리사
청소년 상담사	호스피스 전문가	완화의료 전문가

9장

숨겨진 끈기의 시간

기술과 숫자의 직업

기술보다 끈기, 기술 개발보다 오류 수정이 먼저다

개발자와 AI 엔지니어의 뒷모습을 봐라

개발자와 AI 엔지니어는 오늘날 가장 '핫한' 직업군 중 하나다. '코딩 잘하면 잘 나간다' 'AI 전공만 하면 대우받는다'라는 말은 청춘을 유혹하기에 충분하다. 책상에 앉아 미래를 설계하고, 혁신을 이끄는 이미지는 덤이나. 하지만, 이 직업을 직접 겪은 사람이라면 현실은 그보다 훨씬 조용하고, 훨씬 지루하고, 훨씬 오래 앉아 있어야 버틸 수 있는 일이라는 것을 안다.

개발자는 겉으로 보기에 화려하다. 시스템을 만들고, 앱을 출시하고, 기능을 구현하며 사람들의 일상을 바꾼다. 하지만 그 모든 기능 뒤에는 끝없는 디버깅(debugging, 프로그램의 정확성을 조사하는 과정)과 버그(bug, 컴퓨터 프로그램이나 시스템의 착오. 또는 시스템 오작동의 원인이 되는 프로그램의 잘못) 수정이 존재한다. 하루 8시간 동안 한 줄의 오류를 찾아 헤매다 결국 원상복구로 돌아오는 날도 있고, 세 줄 고쳤더니 열두 군데가 터지는 일도 흔하다. 코드를 잘 짜는 것보다 안 되는 코드를 계속 들여다볼 수 있는 집중력과 끈기가 더 중요하다.

개발자의 하루는 대부분 안 되는 것을 해결하는 데 쓰인다. 가끔은 코딩을 시작하기도 전에 회의와 문서 작업으로 오전이 끝나고, 때로는 한 줄도 쓰지 못하고 환경 세팅만 하다 퇴근하기도 한다. 그래서 개발자의 진짜 실력은 얼마나 멋진 코드를 쓰느냐가 아

니라 얼마나 오래 문제 옆에 붙어 있을 수 있느냐로 결정된다.

여기에 신기술의 발전 속도는 인간에게 숨 돌릴 틈도 주지 않는 다. 익숙해질 즈음엔 이미 구식이 되어 있고, 프레임워크(framework, 복잡한 소프트웨어 개발을 체계적으로 지원하기 위해 미리 설계된 구조와 구성요소)는 계절처럼 바뀌며, 트렌드는 주 단위로 전환된다.

취업하면 끝이 아니라 입사와 동시에 다시 공부가 시작된다. 토이 프로젝트(toy project, 프로그래밍을 통해 자신만의 작은 제품을 만들어보는 실습형 프로젝트), 사이드(side) 학습(IT나 프로그래밍 관련 지식이나 기술을 추가적으로 익히는 것), 깃허브 커밋(GitHub commit, 소프트웨어 관리 시스템인 깃의 컴퓨터 파일 저장소 호스팅 서비스) 등 개발자는 늘 최신 기술을 쫓아가야 하고, 동시에 실전에서는 과거의 유산까지 유지 보수해야 한다. 기술은 빠르지만, 일은 느리다.

개발자에 대한 또 하나의 오해도 있다. 혼자 조용히 앉아 일하는 직업이라는 이미지다. 하지만 실제로는 회의가 많고, 설명이 많고, 소통이 많다. 기획자와 의견을 맞추고, 디자이너와 피드백을 주고받고, 다른 개발자와 로직을 검토하고, 팀장에게 리포트를 올리는 일 등 말 없는 프로그래머는 존재할 수 없다. 의사소통은 개발자에게 하나의 역량이다.

창의적 개발보다 오래 앉아 반복한다

AI 엔지니어는 더 깊은 오해 속에 있다. 요즘 'AI 전공하면 다 잘나간다'라는 말이 돌지만, 정작 이 일을 하는 사람은 AI는 유행이

아니라 수학과 통계의 늪 속에서 천천히 버티는 일이라는 사실을 안다. 모델을 구현하는 시간보다 데이터를 정제하는 시간이 더 길고, 논문을 읽는 시간이 코드를 짜는 시간보다 더 길다. 오류 하나 때문에 실험을 다시 돌리고, 0.2%의 정확도를 위해 수십 시간 프로그램의 로그(log, 접속 기록과 활동 내역 등) 파일을 살피고 원인을 찾는 일을 반복한다.

이 분야는 바짝이는 기술보다 지겨움을 견디는 능력이 중요하다. 창의력보다 검증 능력, 속도보다 반복, 직관보다 논리가 필요하다. AI 엔지니어는 늘 확신 없는 검증 앞에 서야 하고, 예측할 수 없는 변수와 매일 부딪힌다. 살아남는 건 가장 똑똑한 사람이 아니라 가장 끈질기게 붙들고 있는 사람이다.

결국 개발자든 AI 엔지니어든 이 직업에서 오래 가는 사람은 공통점이 있다. 끊임없이 배우는 사람, 끊임없이 물어보는 사람, 끊임없이 지겨움을 견디는 사람이다. 기능은 협업의 산물이지만, 문제 해결은 철저히 개인의 반복 속에서 이루어진다. 한 줄의 코드가 완성되기까지 수백 번의 시행착오를 견디는 힘이 진짜 실력이다.

그러니 이 일을 꿈꾼다면 먼저 자신을 살펴야 한다. 나는 문제를 오래 붙들고 있을 수 있는 사람인가? 기술이 바뀔 때마다 처음부터 다시 배울 수 있는가? 설명하고 설득하며 협업하는 시간을 견딜 수 있는가?

기술직은 똑똑한 사람의 일이 아니다. 오래 앉아 있을 수 있는, 지겨운 일을 다시 할 수 있는 사람의 일이라는 것을 염두에 두자.

공대를 나왔다고 전문가라고 말하지 말라
엔지니어는 현장에서 완성된다

기계공학, 전기공학, 토목공학, 화학공학은 공대에서 가장 오래되고 굳건한 전공으로 한때는 취업의 보증수표였다. 하지만 이제는 공대 졸업장만으로는 한참 부족하다. 기계과 출신이라거나 토목 전공이라는 말은 단지 필요조건일 뿐이고, 그다음부터가 진짜 시작이다. 공학을 이론으로 배웠지만, 실무는 오차와 검증, 민원과 비용 사이에서 굴러간다.

기계와 전기 분야는 '설계→제작→검증'까지 하나의 흐름을 책임지는 직군이다. 도면을 읽고 수치를 다루며 오차를 감당할 수 있는 사람이 필요하다. 공차와 마진까지 감각적으로 잡을 수 있는 사람이 유리하다.

하지만 이건 전부 책상 위 이야기다. 실제 업무는 공장과 실험실, 플랜트와 생산 설비에서 시작된다. 사무실 안에서만 일하는 줄 알고 시작하면 당황하기 쉽다. 전동 드릴, 철제 냄새, 회전체 소리, 진동과 피로에 대한 감각, 생산 중단 대응, 야간 호출, 이 모두가 기계와 전기 업무의 현실이다. 설계만 하고 싶다는 사람에게 이 일은 적성보다 고통이 먼저 온다.

특히 기계와 전기 엔지니어는 깔끔한 일을 기대하면 안 된다. 손에 기름 묻고, 기계 밑에 엎드려 센서를 다시 꽂고, 전선 배치와 통전 확인을 반복해야 하는 날들이 많다. 아무도 알아주지 않는 유지보수와 검증 작업이 전체 일의 절반 이상을 차지한다. 계산보다 체력, 이해보다 반복, 직관보다 데이터가 더 중요하다.

엔지니어는 현장에서의 성과로 말한다

토목과 건축은 더욱 현장에서 부딪쳐야 한다. 이 일에서 가장 먼저 고려해야 할 질문은 '밖에서 일할 수 있는가? 비 오는 날에도 나가서 할 수 있는가?'이다. 도면을 그리는 일보다 현장에서 조율하고 설득하는 일이 더 많고, 설계보다 시공, 감리, 민원 대응에 더 많은 시간이 소요된다. 인허가, 공정 지연, 날씨 변수, 주민 민원 등 기술만으로 풀리지 않는 문제가 대부분이다.

실무는 공학보다 관계, 수치보다 일정, 계산보다 상황이다. 단순히 도면을 그리는 게 아니라 사람과 예산, 장비와 날씨 사이에서 가장 적절한 타협을 찾는 일이다. 이 직무의 공무원이라면 공공안

전과 예산에 민감하게 반응해야 하고, 민간기업을 선택한다면 속도와 수익성을 동시에 쫓아야 한다. 현장성, 협상력, 피로감에 대한 내성이 성패를 가른다.

화학공학은 겉보기엔 조용해 보이지만, 내면은 긴장감으로 가득한 직무다. 반응기 내부는 보이지 않고, 문제는 수치로 나타난다. 온도, 압력, 배관 길이, 유속, 가스 누출, 오염 가능성 중 하나의 이상 징후라도 놓친다면 사고로 직결된다. 공장은 24시간 돌아가고, 플랜트에서는 예측할 수 없는 일이 매일 발생한다. 실시간 판단과 반복 모니터링, 극도의 책임감이 요구되는 영역이다.

게다가 화공 분야는 대기업과 중견기업 사이의 업무 환경 차이가 극심하다. 설비 규모, 안전 기준, 자원 수준, 교대 근무 조건, 사고 대응 지침 전부가 다르다. 책으로 배운 이론은 현실 앞에서 무력할 수 있다. 공정 설계가 아무리 완벽해도 현실에서는 늘 변수가 존재하고 반응은 교과서처럼 일어나지 않는다. 그래서 이 일은 예민한 감각과 냉정한 판단, 반복을 견딜 수 있는 내성까지 모두 갖춘 사람에게만 어울린다.

이 네 직무의 공통점은 분명하다. 지식보다 태도, 설계보다 조율, 실력보다 버티는 힘이 필요하다. 기술이라는 말이 붙지만, 그 안에는 관계, 오차, 기후, 감정, 일정, 예산이 복잡하게 얽혀 있다. 책상 위 논리가 아닌, 현장 속 체력이 이 일을 오래 하게 돕는다. 공대를 나왔다는 건 그저 문을 통과했다는 뜻일 뿐, 엔지니어는 현장에서 완성된다.

숫자보다 해석력, 자격증보다 실전 생존력으로 경쟁하다
회계사, 세무사, 노무사의 가려진 시간이 진짜다

회계사, 세무사, 노무사는 숫자와 법을 함께 다루는 자격증 기반 직업군이다. 흔히 자격증만 따면 평생 걱정 없다고 하지만, 이 일을 실제로 해본 사람은 안다. 시험은 입장권일 뿐이고, 실무는 전장이다. 현장은 버티는 사람만 남긴다.

회계사는 단순히 숫자를 계산하는 직업이 아니다. 수치를 읽는 게 아니라 수치가 말하는 논리와 흐름을 해석하는 사람이다. 재무제표는 시작일 뿐이며, 중요한 건 그 수치들이 무엇을 숨기고, 무엇을 부풀렸는지를 읽어내는 감각이다. 숫자는 정직하지만, 숫자를 쓴 사람은 그렇지 않을 수 있다. 그 맥락을 읽는 눈이 진짜 회계사의 실력이다.

회계법인, 그중에서도 소위 '빅4(삼일, 삼정, 안진, 한영 등 4개 대형 법인)'에서 살아남으려면 계산보다 더 중요한 능력이 있다. 야근을

버티는 체력, 반복되는 문서 수정을 견디는 인내심, 그리고 조직 내 생존을 위한 감정 관리력이다. 회계기준은 끊임없이 바뀌고, 해석의 여지는 늘어나며, 고객은 늘 정해진 틀을 넘어서려 한다. 정답이 없는 상황에서 책임질 수 있는 판단을 내려야 하는 것이 이 직업의 본질이다.

세무사는 숫자보다 기한과 싸운다. 세법은 매년 개정되고, 마감 기한은 단 한 번의 실수도 허락하지 않는다. 신고가 하루만 늦어도 신뢰는 무너지고, 과태료가 따라온다. 이 일에서 가장 중요한 건 납세자보다 세무사의 시간 감각과 리듬이다. 규정을 정확히 이해하고, 반복되는 절차를 실수 없이 처리하며, 신뢰를 쌓는 사람만이 오래 간다.

세무는 단순 계산이 아니라 해석과 조정의 기술이다. 어떤 조항을 적용할지, 어느 범위까지 유연하게 판단할지, 거기에 고객의 요구까지 고려해야 한다. 실력보다 협상의 감각이 중요해지는 지점도 있다. 세무사는 세금을 다루는 직업이 아니라 사람을 다루는 직업이다.

노무사는 숫자보다 사람을 더 많이 다룬다. 법을 기반으로 하지만, 실무는 감정의 영역 안에 있다. 임금, 해고, 복지, 퇴직, 징계처럼 민감한 주제를 법으로 정리하고, 감정으로 설득하는 사람이 바로 노무사다. 조문만 안다고 해결되지 않고, 말 한마디의 어조와 표정 하나의 온도가 결과를 바꾼다. 현장은 늘 예외고, 어느 쪽도 절대적으로 옳지는 않다.

노무사에게는 법과 감정, 정책과 조직문화를 동시에 읽는 복합적 감각과 정서적 거리 유지 능력이 필요하다. 양쪽의 입장을 모두 이해하되, 어느 쪽에도 치우치지 않고 균형을 잡는 중재자 역할이 요구된다. 자격증만으로는 부족하고, 실무에서 단련된 정서적 내공이 반드시 수반돼야 한다. 그래서 이 직업은 자격증을 따고도 현장에서 무너지는 사람이 많은 구조다.

전문직 시험 합격보다 그 이후 생존이 더 문제다

이 세 직업의 공통점은 분명하다. 시험의 합격은 어렵지만, 실무는 더 어렵다. 공부는 지식으로 하지만, 일은 성향과 태도로 한다. 마감을 버티는 힘, 반복되는 문서를 고치면서도 품질을 유지하는 습관, 회색지대에서 해석하고 판단하는 감각, 감정이 얽힌 현장에서 중심을 잡는 힘이 절대적이다. 실력은 결국 정답이 없을 때 드러나는 태도에서 판가름 난다.

그래서 이 길을 고민하는 사람은 질문을 달리해야 한다. '나는 시험을 잘 보는 사람인가?'보다 '나는 회색을 버틸 수 있는 사람인가?' '내가 한 실수에 책임질 수 있는가?' '사람 사이에서 정답이 아닌 최선을 찾아낼 수 있는가?'를 물어야 한다.

이 질문 앞에서 흔들리지 않는 사람이라면, 이 분야에서 살아남을 수 있다. 이 일은 지식보다 해석, 정답보다 판단, 계산보다 감정 관리가 오래 버티는 힘이 되는 직업이다.

야근과 PPT 속에서 살아남아야 한다
애널리스트, 경영 컨설턴트, 금융맨의 세계는 버티는 직업이다

애널리스트, 경영 컨설턴트, 금융맨 등의 직업은 모두 세련된 말투와 깔끔하고 전문적인 일 처리가 떠오르는 분야다. 하지만 실제로는 다르다. 엑셀과 PPT, 빠른 판단과 날카로운 보고서, 냉철한 논리로 움직이는 듯하지만, 속은 버티기의 연속이다. 보고서 뒤에는 야근이 있고, 말의 이면엔 감정이 있으며, 숫자 사이엔 끝없는 불확실성이 숨어 있다. 이 세계에서 오래 남는 사람은 똑똑한 사람이 아니라 불편함을 오래 견디는 사람이다.

애널리스트는 하루 종일 숫자와 뉴스, 리포트와 시장 흐름을 읽는다. 단순한 데이터 나열이 아니라 수치를 하나의 문장으로 바꾸고, 그 문장을 한 줄 전망으로 압축하는 일이다. 매출 증가 예상이라는 간단한 예측 뒤에는 열 시간짜리 모델링(modeling, 데이터와 통계를 통해 기업과 시장의 성장 가능성, 투자 위험 등을 분석하는 모델 구축 업무)과 세 시간짜리 회의, 다섯 번의 수정과 수십 개의 가정이 숨

어 있다.

숫자 해석과 트렌드 감각이 동시에 필요하고, 정답은 없으며, 오차는 신뢰의 균열로 직결된다. 외향적인 애널리스트는 말로 설득하고, 내향적인 애널리스트는 데이터로 신뢰를 만든다. 무엇을 잘하느냐보다 어떤 방식으로 반복을 견딜 수 있느냐가 더 중요하다.

말, 숫자, 감정 사이 균형잡기가 핵심이다

컨설턴트는 문제를 푸는 사람이 아니라 문제를 찾아내는 사람이다. 클라이언트가 말한 문제를 그대로 믿으면 보고서는 실패하고, 숫자만 보면 맥락을 놓친다. 이 직업은 문제 해결보다 문제 정의가 더 어렵고, 정답보다 해석이 중요하다. 자료를 보고, 말을 듣고, 현장을 둘러보며 핵심을 꿰뚫어야 한다.

다음으로는 이를 말로 설명하고, 그림으로 정리하고, 문서로 설득하는 과정이 반복된다. 야근은 기본이고, 출장은 잦고, 업무는 예측 불가능하며, 때로는 본질보다 포장을 요구받는 날도 있다. 현실과 이상, 분석과 정치 사이에서 중심을 잡는 기술이 필요하다.

금융 종사자, 그중에서도 IB(Investment Banker, 투자은행가), PB(Private Banker, 은행에서 고객을 대상으로 자산을 관리해주는 금융전문가), 자산관리자 등은 숫자를 다루는 사람처럼 보이지만, 실제론 신뢰를 파는 사람이다. 투자 상품을 설계하고, 고객을 설득하고, 관계를 유지해야 한다. 수익률이 낮아도 고객이 떠나지 않도록, 상품을 팔면서도 신뢰가 무너지지 않도록 말의 온도와 수치의 논리를 조

율해야 한다. 정확한 정보보다 타이밍이 중요하고, 논리보다 말투가 더 크게 작용할 때도 있다. 실적 압박은 크고, 정답은 없으며, 관계는 예민하다. 돈을 다루는 직업 같지만, 실은 감정과 스트레스를 함께 다루는 일에 가깝다.

세 직업 모두 분석과 설득, 데이터와 감정, 야근과 디테일이 동시에 작동하는 구조다. 빠르게 읽고, 정확히 정리하고, 매끄럽게 말해야 한다. 숫자에는 의미를 입히고, 말에는 전략을 숨겨야 한다. 듣는 사람의 눈치를 보면서도 메시지는 명확해야 하며, 피드백을 받으면서도 중심을 유지해야 한다. 지식보다 체력, 논리보다 회복력, 능력보다 반복을 견디는 내공이 이 일을 지탱한다.

그래서 이 일을 꿈꾸는 사람은 먼저 스스로 물어야 한다. 하루 12시간 모니터를 보며 피드백을 견딜 수 있는지, 보고서가 다시 돌아왔을 때 기분 나빠하지 않고 처음부터 다시 시작할 수 있는지, 수치를 읽고 말로 설득하며, 그 말에 책임질 수 있는지를 진지하게 고민해 보자. 이 일은 화려하지 않다. 정보를 가공하고, 감정을 읽고, 시간을 버티는 사람의 일이다.

이 분야의 직업

애널리스트, 경영 컨설턴트, 전략 기획자, 투자 은행가, 펀드매니저, 자산운용가, IR(Investor Relations, 투자자 관계) 매니저, 리스크 매니저, 벤처 캐피털리스트, 스타트업 엑셀러레이터, 시장 전략가, 프로젝트 매니저, 산업분석가

숫자 계산이 아니라, 숫자로 삶을 설계한다
금융 직업군은 숫자로 미래를 다룬다

재무설계사, 보험계리사, 신용평가사 등 금융과 재무 분야의 전문직들은 숫자를 다루는 전문가처럼 보이지만, 가까이서 들여다보면 겉보기와는 다르다. 이들이 하는 일은 계산보다 해석이고, 공식보디 책임이며, 숫자보다 사람에 가까운 일이기 때문이다.

재무설계사는 흔히 보험이나 투자 상품을 추천하는 사람으로 오해받는다. 하지만 진짜 재무설계사는 한 사람의 삶을 숫자로 번역하고, 돈의 흐름에 구조의 틀을 입히는 사람이다. 소득, 지출, 대출, 세금, 연금, 의료비, 자녀 교육비 등의 요소를 시간순으로 배열하고, 위험에 대비한 시나리오를 설계한다.

중요한 건 상품이 아니라 흐름이고, 타이밍이며, 구조의 감각이다. 보험은 빠졌고, 펀드는 어울리지 않으며, 때론 대출 상환 시점이 핵심일 수 있다. 이 일의 본질은 자산을 운용하는 게 아니라 불확실한 미래를 설계하는 데 있다.

설계는 숫자로 시작되지만, 고객은 숫자가 아니라 감정으로 반응한다. 그래서 재무설계사는 설명하는 사람이자, 때로는 위로하고 설득하는 사람이다. 고객이 진짜로 원하는 건 수익이 아니라 잘 살고 있는지 확인받는 감정이다. 숫자에 강한 사람보다 숫자를 통해 신뢰를 전달할 줄 아는 사람이 이 일에 어울린다.

숫자 뒤 숨은 의미를 해석하는 능력이 자질이다

보험계리사는 숫자 위에 구조를 짓는 사람이다. 보험료를 어떻게 산출할지, 보장을 어디까지 설계할지, 어떤 위험이 언제 발생할지를 확률로 계산해 상품 구조로 구현한다. 이론적으로는 수리 통계 전문가이고, 현실적으로는 보험사의 전략 설계자다. 확률의 언어를 현실의 상품 구조로 번역하고, 미래의 악재를 데이터로 예측하는 사람이다.

이들은 고객을 직접 만나지 않지만, 고객의 삶을 수치로 대신 책임진다. 80세 생존율, 암 발병률, 유병자 비중, 환급 가능성 모두가 계산식 안에 들어간다. 정확성은 기본이고, 정책, 트렌드, 고령화 같은 사회 흐름까지 읽어야 한다. 그래서 보험계리사는 수학자이자 해석자이며, 끈질기게 시뮬레이션을 반복하는 설계자다.

신용평가사는 수치를 보고 판단을 내리는 직업이다. 재무제표, 부채비율, 수익성과 시장 지위를 종합해 기업의 신용등급을 결정한다. 숫자를 바탕으로 회사의 미래를 점수화하고, 그 점수가 채권 금리와 자금 조달 비용, 투자자 신뢰를 바꾼다. 이 일은 단순한 요약이 아니라 수치에 신뢰를 입히는 일이다.

신용평가사는 늘 불확실성을 끌어안고 일한다. 등급을 내린 뒤 무슨 일이 벌어질지, 회사가 무너지진 않을지, 시장이 과잉 반응하진 않을지 자세히 조사, 파악해야 하고, 혹 이를 예측하지 못할 때 책임도 져야 한다. 이 직업의 핵심은 분석이 아니라 판단이며, 정답이 아니라 설명이다.

세 직업 모두 숫자로 대표되지만, 실은 해석의 직업이다. 수치를 정리하는 것이 아니라 숫자가 말하는 의미를 읽고, 그것을 설득력 있게 설명하며, 책임질 수 있어야 한다. 계산은 도구일 뿐이고, 실력은 그 계산이 말이 되게 만드는 힘이다. 아무리 정확한 분석도 고객이 이해하지 못하면 소용없고, 아무리 정교한 모델도 회사가 신뢰하지 않으면 쓰이지 않는다.

그래서 이 길을 고민하는 사람은 이렇게 물어야 한다. 나는 숫자를 좋아하는가, 아니면 숫자에 말을 붙일 줄 아는가? 나는 미래를 설계할 수 있는가? 예외를 설명할 수 있는가? 정답이 없는 상황에서 이게 최선이라고 자신감을 표현할 수 있는가?

이 일은 계산보다 해석, 수학보다 감각, 숫자보다 신뢰의 직업이다.

이 분야의 직업

재무설계사, 보험계리사, 신용평가사, 금융상품 개발자, 금융 리스크 분석가, ESG 분석가, 경제연구원, 투자전략가, 자산관리사, 은행원, 증권 딜러, 펀드 애널리스트, 보험 상품기획자, 투자 자문가, 재정 컨설턴트, 금융 플래너

AI 시대에 살아남을 수 있는 기술과 숫자의 직업

AI가 계산과 예측을 대신하는 시대에 인간은 창의적으로 오류를 찾아내고, 데이터의 의미를 해석하며, 윤리와 전략의 균형을 맞추는 역할을 수행해야 한다. 즉, 자동화된 시대일수록 끈기, 판단, 설계의 능력을 갖춘 기술인만이 살아남는다.

AI 엔지니어	머신러닝 엔지니어	데이터 사이언티스트
데이터 엔지니어	시스템 엔지니어	자동화 개발자
알고리즘 개발자	QA 엔지니어	클라우드 엔지니어
보안 엔지니어	기계 엔지니어	전기 엔지니어
전자 엔지니어	반도체 엔지니어	로봇 설계 기술자
에너지 기술자	공인회계사	세무사
노무사	경영 컨설턴트	전략 기획자
애널리스트	투자 은행가	리스크 매니저
ESG 분석가	금융 리스크 분석가	보험계리사
경제연구원	투자전략가	자산관리사
재무설계사	신용평가사	데이터분석 전문가
산업분석가	프로젝트 매니저	

10장

가르치는 일의 진짜 얼굴

교육인의 세계

"아이들을 좋아해요."

누군가 교사가 되고 싶다며 이렇게 말할 때, 우리는 본능적으로 고개를 끄덕인다. 따뜻한 말이다. 맞는 말 같기도 하다. 하지만 그 것만으로는 부족하다. 그 말이 진심일수록 교육이라는 현실 속에서 더 쉽게 무너질 수 있기 때문이다.

현실의 아이들은 동화 속 순수하고 귀엽기만 한 존재가 아니다. 교실에 앉아 있지만, 눈은 텅 비어 있고, 질문에 대답하지 않으며, 이 수업을 왜 들어야 하냐고 대놓고 묻는다. 어떤 아이는 책상을 걸어차고, 어떤 아이는 하루 종일 벽을 바라보며, 어떤 아이는 교사의 말 한마디에 눈물을 쏟는다. 누군가는 ADHD(Attention Deficit Hyperactivity Disorder, 주의력결핍 과잉행동장애) 진단을 받았고, 누군가는 집에서 정서적 방임을 겪고 있다. 그 모든 감정과 배경을 교사 혼자서 받아내야 한다.

그래서 '좋아한다'라는 감정은 아름답지만, 불안정하다. 감정으로 시작한 관계는 감정이 흔들릴 때 끝난다. 귀엽던 아이가 갑자기 소리를 지르고, 밤을 새워 준비한 수업을 무시하며, 열정적으로 만든 교안을 휴지처럼 구기는 순간, 감정은 상처로 바뀐다. 이 순간 정체성도 함께 흔들린다. '아이들이 날 좋아해 줬으면 좋겠어'라는 바람은 거절당하는 순간 무력감으로 변한다.

가르친다는 건 감정노동이다

교사는 감정을 나누는 사람이 아니라 감정을 받아내는 사람이다. 교육은 관계를 시작하는 기술보다 관계를 끝까지 버티는 인내에 가깝다. 아이가 교사를 좋아하지 않아도, 무례해도, 반항해도 관계를 지속할 수 있어야 한다. 이때 필요한 건 좋아하는 마음이 아니라 흔들리지 않는 태도다.

교육은 감정노동이다. 수업이 끝나도, 머릿속은 여전히 아이로 가득하다. '그 아이 표정이 왜 저랬지?' '내 수업이 너무 어려웠던 건 아닐까?' '오늘 그 말투는 무슨 의미였을까?' 같은 생각이 교사의 퇴근을 방해한다. 개인의 삶이 아이들의 정서와 섞이고, 그 감정을 내 것으로 삼기 시작하면 금방 번아웃은 온다.

특히 조심해야 할 건, 아이들이 날 좋아하리라는 착각이다. 그 기대는 종종 교사의 내면을 가장 먼저 무너뜨리는 칼이 된다. 아이들은 교사의 감정과 상관없이 교실에서 자라고, 때론 날카롭고, 때론 무관심하다. 교사의 감정적 정체성이 아이의 반응에 기대고 있을 때, 교육은 쉽게 무너진다.

한 현직 교사는 "아이를 좋아하는 건 누구나 할 수 있어요. 그런데 그 아이가 당신을 싫어할 때도 그 관계를 유지하는 건 아무나 못 해요."라고 털어놓았다. 이 말은 교사의 본질을 정확히 짚는다. 교육은 일방적인 사랑이 아니라 감정의 절제다. 거절당할 수 있는 관계, 예측할 수 없는 반응, 감정의 교환이 일어나지 않는 상황에서도 교사는 꾸준히 가르쳐야 한다.

그리고 잊지 말자. 교육은 감정이 아니라 구조다. 잘 준비된 수업, 명확한 피드백, 지속적인 관찰, 정밀한 기록 등 여러 시스템이 감정보다 먼저 작동해야 아이들과의 관계는 지속된다. 한두 번의 이벤트나 감정 교류는 관계의 시작일 수는 있지만, 절대 유지의 도구가 되지 못한다.

좋아한다는 감정은 출발선이다. 출발만으로는 도착할 수 없다. 아이들이 변화하지 않는 날에도 수업해야 하고, 관계가 냉각되어도 기다려야 하며, 교실이 고요해도 교사는 끊임없이 말을 걸어야 한다.

그 모든 걸 감당할 준비가 되어 있는가? 감정을 품되 감정에 기대지 않고, 관계를 시작하되 지속할 책임까지 지는 것이 교사라는 직업이 가진 무게다.

이 분야의 직업

유치원 교사, 초등학교 교사, 중학교 교사, 고등학교 교사, 특수교사, 보건교사, 상담 교사, 예체능 교사, 진로상담 교사, 교감, 교장, 교육행정직공무원, 교육 정책연구원, 학교 행정사, 교육복지사

"교사는 말을 잘해야 하잖아요."

많은 이들이 교사라는 직업을 그렇게 정의한다. 수업을 이끌고, 쉽게 설명하고, 발표를 유도하고, 때론 아이를 혼내기도 하는 사람이니 당연한 말처럼 들린다. 그래서인지 교사를 꿈꾸는 이들은 자신 있게 "저, 말 잘해요." "사람들 앞에서 떠는 거 없어요." "말로 설득하는 걸 좋아해요."라며 자신의 장점을 피력한다. 그러나 교실에 들어선 순간 말을 잘하는 것보다 말을 참는 힘이 훨씬 더 중요하다는 사실을 깨닫는다.

교사는 매일 감정의 전선을 넘나드는 직업이다. 조회부터 오후 자율학습까지, 말보다 더 많은 침묵과 감정을 견뎌야 하는 일과가 펼쳐진다. 어떤 날 아이들은 수업 시간 내내 조용히 반응하지 않는다. 질문을 던져도 돌아오는 건 침묵이고, 열심히 준비한 활동지에도 무관심한 눈빛만 보낸다. 몇몇은 노골적으로 고개를 돌리기도 한다. 그 순간 교사는 속으로 '내가 뭘 잘못한 걸까?'라고 묻다가 곧 '지금 감정적으로 반응하면 끝이다'라는 사실을 깨닫는다.

10대 청소년은 말보다 감정이 먼저 튀어나오는 존재다. "선생님도 별로인 것 같은데요?" "이딴 걸 왜 배워야 해요?" "싫은데요." 등 교사의 멘털을 뒤흔드는 말은 예고 없이 날아온다. 그러나 그 말에 감정적으로 맞받아치는 순간, 교실은 전장이 된다. "너 지금 무슨

말투야?” “버릇없이 굴지 마.” 등의 한마디가 아이들과 교사 사이의 평화를 무너뜨린다. 교사의 말은 말이 아니라 권위다. 권위는 말로 세워지지 않는다. 태도로 유지되는 것이다.

유창한 화술보다 침묵을 배워라

그래서 교사는 말하는 사람이 아니라 말을 견디는 사람이다. 말을 아낄 줄 알고, 감정을 내색하지 않으며, 불편한 말을 지나칠 줄 아는 사람이다. 말이 많을수록 실수가 늘어나고, 말이 길수록 집중도는 흐트러진다. 교사에게 필요한 건 유려한 어휘가 아니라 침묵과 여백을 다룰 줄 아는 언어의 균형감이다.

아이들과의 관계도 마찬가지다. 좋은 교사는 말을 많이 하지 않는다. 오히려 중요한 순간에 단 한마디로 분위기를 정리하고, 정확한 타이밍에 필요한 말을 건넬 줄 안다. 말이 아니라 존재감으로 교실을 움직이는 사람이다.

위와 더불어 어려운 문제가 있다. 교사를 가장 흔들리게 하는 건 학생이 아니라 어른이라는 점이다. 많은 교사가 입을 모아 “수업은 견딜 만한데, 학부모 민원이 제일 무서워요.” “행정보다 아이가 낫죠.”라며 어려움을 호소한다. 현장에서 교사를 소진하는 건 교실이 아니라 교실 밖의 세계인 경우도 많다.

아이 문제로 민원을 넣는 부모는 점점 더 직접적이고, 공격적이고, 감정적이다. “왜 우리 아이한테 그렇게 말씀하셨어요?” “그건 너무 폭력적인 언행 아닙니까?” “담임 교사로서 책임질 수 있는 말

인가요?" 등등 전후 맥락이 왜곡되고, 편파적인 학부모의 말 한마디가 교사의 하루를 무너뜨린다. 교사는 그 상황에서도 차분해야 한다. 정리하고, 경청하고, 대응해야 한다.

아이가 흔들려도 교사는 버텨야 한다

감정을 쏟고 싶어도 쏟을 수 없다. 언성을 높이고 싶어도 높일 수 없다. 교사는 자신의 행동과 태도를 말로 방어할 수 없는 직업이다. 설명이 변명이나 방어가 되는 순간, 교사의 언어는 무력해진다.

그래서 교사는 말하기보다 침묵을 연습해야 한다. 감정을 견디는 언어, 비난 속에서도 침착함을 유지하는 말투, 억울함 속에서도 품위를 잃지 않는 자세가 중요하다.

그렇다고 말을 아예 안 해도 된다는 뜻은 아니다. 좋은 교사는 말을 잘한다. 하지만 그 말은 유창한 게 아니라 정확하고 단단하며, 감정을 흔들지 않는다. 아이가 무례한 말을 해도 '그 말이 무례했다는 걸 나중에 알게 될 거야'라는 태도로 기다릴 줄 알고, 학부모가 오해해도 흥분하지 않고 "사실을 설명하겠습니다."라고 말할 수 있어야 한다. 말이 많을수록 교사의 말은 가벼워지고, 말이 아플수록 관계는 쉽게 끊어진다. 교사는 입이 아니라 마음을 다루는 사람이다.

한 현직 교사는 이렇게 말했다.

"아이들과 말싸움에서 이긴 날은 대체로 내가 졌던 날이에요. 아이를 이겨서 좋을 게 하나도 없더라고요."

그 말이 오래 남는다. 교실은 누가 이기고 지는 공간이 아니다.

아이들이 흔들릴 때 교사는 흔들리지 않아야 하며, 아이들이 울 때 교사는 담담해야 한다. 감정이 흔들리지 않는 사람, 말에 휘둘리지 않는 사람, 관계의 중심을 잡고 서 있는 사람이 바로 교사다.

그러니 다시 묻는다. 당신은 말을 잘하는 사람인가? 말을 견디는 사람인가? 유려한 말솜씨로 설득하는 사람인가, 침묵과 기다림으로 교실을 지키는 사람인가?

교사는 매일 그 질문 앞에서, 침착하게 한 발을 내디뎌야 하는 사람이다. 말보다 품위를 먼저 배워야 하는 직업, 그게 교사다.

이 분야의 직업

생활 지도교사, 진로 전담 교사, 학생 지도 전문가, 학교 상담사, 학폭 전담 교사, 학부모 상담 전문가, 학습 코치, 청소년지도사, 정서 지원 교사

살아남는 강사는 따로 있다
말을 잘하기보다 매일 말하는 능력이 필요하다

'강의 잘하네'라는 칭찬을 들으면 기분이 좋다. 하지만 강사 세계에서 진짜 중요한 말은 '아직도 이 일을 하고 계시네요'라는 표현이다. 강사는 단순히 입이 빠른 사람이 아니다. 말을 직업으로 삼고도 그 말에 지치지 않는 사람이다.

세기의 강의, 유튜브 조회수 10만, 피드백 별 다섯 개 등등 한두 번의 명강의는 누구나 할 수 있다. 하지만, 이 일을 1년 내내, 3년 내내, 10년 동안 이어갈 수 있는 사람은 극소수다. 이 직업은 기술보다 끈기다. 말의 기술보다 멘털의 내구성이 먼저다.

강사는 매번 처음처럼 말해야 하는 사람이다. 오늘도 교실에는 새로운 수강생이 앉아 있을 수 있다. 그들은 이 강의를 처음 듣지만, 강사는 이 수업을 벌써 47번째 하고 있다. 그렇다고 티 낼 수 없다. '지난주에 했던 말인데요'라는 생각이 올라와도, 그걸 내색하면 교감은 사라진다. 강사는 매일 반복하되 반복하지 않는 사람처럼 보여야 한다.

거기에 시장의 냉정함은 덤이다. 수강생 수는 곧 강사의 월급이고, 학부모의 피드백은 다음 달 계약 여부로 직결된다. 공교육 교사는 출근하면 월급이 나오지만, 강사는 출석한 학생 수만큼만 돈을 번다. 한 명이 자리를 비우면 수입이 줄고, 한 반이 줄면 인생이 휘청인다.

이 세계에선 평가가 곧 생계다. 문제는, 그 평가가 실력만 보지 않는다는 점이다. 분위기 탓에, 유행 탓에, 말투나 복장, 심지어 미소 하나로 결과가 바뀐다. 강사의 실력은 말을 얼마나 잘하느냐가 아니라 얼마나 오래 살아남느냐로 평가받는다.

같은 말을 수백 번 반복할 수 있는가?

그래서 강사에게 가장 중요한 역량은 세 가지다. 첫째, 반복에 무뎌지는 힘이다. 같은 내용을 수도 없이 반복하면서도, 새로 말하는 척할 수 있는 내공이다. 둘째, 거절에 무너지지 않는 정신력이다. "이번 반은 숫자 빠지네요." "다른 선생님으로 돌리려 해요."라는 말을 듣고도 흔들리지 않는 중심이 있어야 한다. 셋째, 수요 변화에 민첩히게 반응하는 감각이다. 힉생의 관심이 바뀌고, 학원의 전략이 바뀌고, 콘텐츠의 트렌드가 바뀔 때 그 변화를 감지하고 이끄는 빠른 두뇌가 필요하다.

이 세 가지를 동시에 갖추지 않는다면, 오래가지 못한다. 실력의 영향력은 잠깐이고, 생존은 매일의 태도와 노력에 달려 있다. 말을 잘하는 사람은 많지만, 매일 말할 수 있는 사람은 적다. 그래서 강사의 진짜 실력은 말투가 아니라 내일도 같은 열정으로 강의할 수 있는 태도에서 드러난다.

강사의 피로는 육체뿐 아니라 심리적으로도 온다. 누군가 "조회수가 잘 나왔어요." "반응이 좋았어요."라고 말하는 순간에도, 강사는 다음 주 교안과 수강생 이탈률을 동시에 걱정한다. 강의가 끝난 뒤에도 상담이 남고, 피드백이 남고, 다음 커리큘럼 준비가 머릿속을 떠나지 않는다. 실제로 한 베테랑 강사는 "강의는 재능이 아니라 내성입니다. 말이 아니라 멘털이 실력이에요."라고 말한다. 말을 잘하는 사람은 많지만, 매일 말할 수 있는 사람은 극히 드물다.

그래서 마지막으로 묻는다. 당신은 말을 좋아하는가? 말을 견

딜 수 있는가? 사람 앞에서 말하는 걸 즐기는가? 매일 말하는 삶을
버틸 수 있는가?

강사는 말하는 사람이 아니라 그 말을 지켜내는 사람이다.

입시 컨설턴트, 스피치 강사, 교육 콘텐츠 강사, 자기주도학습 코치, 평생교육 강사,
기업 교육 강사

퇴근 없는 사교육의 진짜 얼굴을 아는가?
말을 멈추면 소득도 멈춘다

강사는 퇴근이 없는 사람이다. 수업이 끝나도 일은 끝나지 않고,
강의가 비는 시간에도 머리는 바쁘고 손은 쉬지 않는다. 오후 두 시
에 첫 수업을 시작하고, 밤 열 시가 넘어 마지막 학생을 보내더라도
할 일은 무궁무진하다. 집에 도착해 유튜브 조회수를 확인하고, 인
스타그램에 간단한 피드백 영상을 올리고, 수강생 상담 문자를 몇
통 더 보내는 순간 출근은 다시 시작된다. 말 그대로, 강사의 일상
은 교실 안에서 끝나지 않는다.

많은 이들이 사교육 강사를 오해한다. 말 잘하면 되고, 학생만
모으면 자유롭고, 정규직보다 수입이 높다는 이미지다. 하지만, 이

직업을 조금만 오래 해보면 강사는 말 잘하는 사람이 아니라 멈추지 않고 관리하고 설득하고 반응할 수 있는 사람이어야 한다는 것을 깨닫는다. 정규직보다 불안정하고, 여타 프리랜서보다 예측 불가능하며, 교사보다 훨씬 더 가르치지 않는 일을 많이 하는 직업이 사교육 강사다.

대부분 강사는 프리랜서 계약 형태로 일한다. 고정 월급 없이 수강생 수에 따라 수입이 결정된다. 인원이 줄거나 학부모 민원이 발생하면 반 자체가 없어질 수도 있다. 이 세계에선 실력보다 생존력이 먼저다. 열심히 한다고 유지되지 않고, 인기가 있어도 성과가 없으면 밀려난다. 성과형 급여는 어떤 사람에겐 동기지만, 어떤 사람에겐 매일의 불안이다.

강의는 필수, 24시간 AS를 요구한다

강사의 하루는 말로만 이뤄지지 않는다. 쉬는 시간은 학생 상담으로 채워지고, 퇴근 후는 학부모 상담 전화로 넘어가며, 주말은 콘텐츠 기획과 편집으로 이어진다. 재등록을 독려하고, 수강생 성적을 관리하며, 교재 수정을 고민하고, 댓글에 답장을 달고, 디엠 (Direct Message, 특정 대상인에게 발송하는 메시지)으로 오는 질문에 대응하다 보면 어느새 다음 수업이 다가온다. 강사의 언어는 수업에만 머물지 않고, 24시간 네 방향으로 확장한다.

이제 강사는 교사가 아니라 콘텐츠 생산자이자 소셜 마케터다. 유튜브에 맛보기 강의 영상을 올리고, 인스타그램에 수업 후기 캡

처를 공유하며, 블로그에 커리큘럼 요약을 정리해야 수강 문의가 늘어난다. 과거에는 학원 앞 전단이 광고였지만, 지금은 해시태그(hashtag, 인스타그램, 트위터 등 SNS에서 #사인을 활용해 특정 단어를 검색할 수 있도록 하는 형태)와 알고리즘(algorithms, 문제 해결을 위한 단계적 절차 혹은 규칙의 집합)이 전장이다. 학생이 이름을 검색했을 때 나오는 결과물이 브랜드가 되고, 그 브랜드가 생존과 직결된다.

강의는 점점 줄고, 콘텐츠는 점점 늘어난다. 이 변화에 버티는 사람만이 다음 학기에도 강단에 설 수 있다. 반복에 지치지 않는 체력, 거절에 무너지지 않는 멘털, 변화에 반응하는 민첩함이 있어야 한다. 한두 명 빠지는 수강생 때문에 밤잠을 설치고, 학부모가 건 전화 한 통의 피드백에 다음 달을 걱정하면서도, 겉으론 평온하게 수업을 시작할 수 있는 사람이 진짜 강사다.

이 직업은 자유롭지 않고, 압축적이다. 보상은 크지만 불안정하고, 주도적이지만 고립되며, 성과는 확실하되 감정노동은 무한하다. 이 구조를 모른 채 들어오면 1년 안에 지치고, 알면서도 감당할 수 있다면 길게 갈 수 있다. 중요한 건 실력이 아니라 그 실력을 매일 꺼낼 수 있는 회복력이다.

그러니 스스로에게 물어야 한다. 나는 수업만 좋아하는가, 아니면 관리와 브랜딩까지 견딜 수 있는가? 말하는 일만 원하는가, 아니면 반응하는 일까지 감당할 수 있는가? 퇴근이 없는 교실에서도 나를 지킬 수 있는가?

이 질문 앞에 솔직하게 서는 사람만이 이 직업을 오래 할 수 있다.

교수는 가르치는 사람이 아니다
논문 쓰는 사람이다

교수가 가르치는 사람이라는 인식은 이제 점점 현실과 멀어지고 있다. 학생들 사이에서 "우리 교수님은 수업을 안 해요."라는 말이 흔하게 들릴 정도다. 처음엔 그저 불평처럼 들리지만, 이는 오늘날 교수라는 직업의 구조를 정확히 보여주는 표현이다. 교수는 강의실보다 연구실에 오래 머문다. 학생보다 논문, 수업보다 연구비, 질문보다 실적이 더 중요하다는 사실은 이제 대학 안에서 비밀조차 아니다.

대학은 교육기관이지만, 그 안에서 교수의 직무는 점점 교육자보다 연구자에게 가깝게 설계되고 있다. 수업을 얼마나 잘하느냐보다 논문을 얼마나 썼는가가 승진을 결정하고, 학생들과의 관계보다 연구비 유치 실적이 인사고과에 반영된다. 좋은 강의는 칭찬이 되지만, 좋은 논문은 곧 생존이 된다.

교수 평가에서 강의 만족도는 보완 지표일 뿐이고, SCI(Science Citation Index, 과학인용색인)급 국제저널, IF(Impact Factor, 학술지의 영향력을 평가하는 지표), 공동연구 실적이 주요 항목이다. 수업은 연구를 방해하지 않는 선에서 진행하라고 명시하는 대학도 있다. 수업은 책임이지만, 연구는 존재의 조건이라는 사실이 명확한 시대다. 단순히 수업을 잘한다고 교수가 되는 것이 아니다. 연구 업적의 자격요건을 통과해야 비로소 그 자리에 도달하는 사람이다.

그렇다면 학생을 가르치고 싶어서 교수가 되려는 사람은 어디로 가야 할까? 많은 이들이 교육에 대한 열정으로 박사과정을 밟고, 강단을 목표로 하지만, 막상 그 길의 끝엔 교육보다는 논문이 기다리고 있다. 가르치고 싶은 마음은 동기가 될 수 있어도 오늘날 현실은 그것을 중심에 두지 않는다.

교수에게 수업은 한 학기에 몇 시간만 배정되지만, 연구는 연중무휴다. 학생은 교수에게 수업을 기대하지만, 대학은 교수에게 실적을 기대한다. 이 괴리 속에서 많은 초임 교수가 교육과 이상 사이에서 당황하고, 고립되고, 애정을 가질수록 지쳐간다.

게다가 교수 사회는 계층 구조가 뚜렷하다. 전임, 비전임, 시간강사 사이에는 권한과 처우의 격차가 크다. 같은 교실에서 같은 과목을 가르쳐도 차이가 크다. 전임강사나 교수는 연봉 계약과 연구비가 보장되지만, 비전임은 해마다 재계약을 걱정해야 하고, 시간강사는 강의가 취소되면 소득도 사라진다.

학생들이 좋아하는 수업은 오히려 시간강사의 수업인 경우도

많지만, 구조는 이를 존중하지 않는다. 강의력은 평가되지 않고, 연구 성과만이 경력을 만든다. 대학은 교육기관이지만, 교육에 전념하는 사람은 가장 불안정한 위치에 자리 잡는다.

수업보다 연구 성과로 말한다

그 결과 이 질문은 더욱 절실해진다. '나는 학생을 가르치고 싶은가, 아니면 연구 실적으로 평가받고 싶은가?'라는 질문에 대한 답이 불분명하다면, 교수라는 길은 오히려 교육의 열정을 갉아먹는 선택이 될 수도 있다. 좋은 강의는 애정을 요구하지만, 연구는 생산성과 효율을 요구한다. 둘은 병행될 수 있지만, 구조는 늘 연구 쪽으로 무게를 싣는다. 교육에 전념하고 싶은 사람에게 교수직은 최적이 아닐 수도 있다. 교수는 교육자가 아니라 연구 실적을 통과한 사람에게만 열리는 포지션이기 때문이다.

교육을 좋아하는 마음은 잘못된 것이 아니다. 다만 그 마음을 펼칠 무대가 꼭 교수라는 직함 안에 있지는 않다는 점을 알아야 한다. 연구 중심 구조에서 교육을 지키는 일은 점점 더 어려워지고 있고, 그 구조를 모른 채 뛰어들면 기대는 곧 회의로 바뀐다. 반대로 이 괴리를 분명히 인식하고 선택하는 사람이라면 그 누구보다 교육자다운 교수가 될 수 있다. 열정은 시작이지만, 구조를 아는 사람이 끝까지 간다.

교육직은 성격보다 성향이 결정한다
가르침은 따뜻하지만, 교육자는 단단해야 한다

교육직을 희망하는 이들의 말은 대체로 비슷하다. 아이들을 좋아한다거나 말을 잘하거나 가르치는 게 보람 있다고 소신을 밝힌다. 이 말들이 틀린 것은 아니다. 문제는, 교육이라는 직업이 그런 이유만으로 오래 버틸 수 있는 일이 아니라는 점이다.

교육은 감정과 사람을 다루는 일이지만, 감정적이고 사람을 좋아하는 사람일수록 쉽게 지치기도 한다. 오랫동안 교단을 지키는 사람들을 보면 하나같이 조용하고 단단하며 지구력이 있다. 말보다 태도가 길고, 친절보다 리듬이 길며, 유대보다 반복이 길다. 그리고 그걸 지탱하는 힘은 성격이 아니라 성향이다.

사람을 좋아한다고 해서 매일 사람과 어울리는 상황을 즐길 수 있는 것은 아니다. 말을 잘한다고 해서 매일 말을 반복하는 일을 견딜 수 있는 것도 아니다. 교육직은 열정보다 회복력, 친화력보다 관계 유지력, 창의력보다 반복 감당력이 필요한 직업이다. 화려하게

시작할 수는 있어도 조용히 오래 하는 사람은 따로 있다. 교육직을 진지하게 꿈꾼다면 전공과 경력보다 먼저 자신의 성향을 점검하자. 어떤 사람에게는 이 일이 맞고, 어떤 사람에게는 시간이 갈수록 감정의 소모전이 될 수 있기 때문이다.

교육계를 지망한다면 세 가지를 갖춰라

첫 번째 필요한 성향은 감정 통제력이다. 교육 현장은 감정의 밀도와 속도가 높은 곳이다. 학생의 무심한 한마디, 학부모의 뾰족한 메시지, 동료 교사의 퉁명스러운 태도, 이 모든 것들이 하루에도 몇 번씩 정서적 균형을 흔든다. 아이가 수업을 방해할 때, 학부모가 일방적인 요구를 할 때, 그 상황에서 감정이 흔들리면 다음 말이 나가지 않는다. 교사는 감정이 없는 사람이 아니다. 오히려 감정에 섬세해야 한다. 하지만 그 감정을 그대로 드러내는 순간, 교실의 질서도, 관계도, 신뢰도 무너진다. 감정을 억누르는 힘이 아니라 감정을 흘려보내는 내공이 감정 통제력이다.

두 번째 성향은 관계 유지력이다. 교육은 관계로 시작되고 관계로 끝나는 직업이다. 하지만 좋은 교사는 관계를 잘 맺는 사람이 아니라 관계를 잘 유지하는 사람이다. 처음에는 누구나 친절하다. 이름을 불러주고, 눈을 맞추고, 관심을 기울인다. 하지만 관계는 오랠수록 피로하고, 반복될수록 의무가 된다. 아이는 한순간 삐지고, 학부모는 예고 없이 감정적으로 반응하며, 같은 반 아이들과도 일주일이면 거리감이 생긴다. 그럼에도 관계를 끊지 않고 이어가는 사

람, 지속적으로 관리할 줄 아는 사람, 조용하게 연결을 이어가는 사람이 교육직에 어울린다. 유대는 한 번의 교감으로 만들어지지 않는다. 유대는 태도의 누적이다.

세 번째 성향은 자율과 반복의 균형 감각이다. 수업은 반복의 예술이다. 매일 같은 시간에, 같은 교재로, 같은 내용을 가르쳐야 한다. 처음엔 설레고, 한 달쯤 지나면 흐름이 익숙해지고, 그다음엔 권태가 온다. 아이는 매번 다르지만, 교안은 변하지 않는다. 그 안에서 매일 새로운 표정과 말투를 덧붙일 줄 아는 사람, 같은 설명을 오늘도 새롭게 할 수 있는 사람, 변화를 강박적으로 만들기보다 리듬 안에서 반복을 다르게 소화하는 사람 등 교육직은 루틴에 질리지 않는 사람, 혹은 지루해도 흐트러지지 않는 사람에게 맞는 직업이다.

이 세 가지 성향은 성격보다 오래 간다. 화끈한 열정보다 조용한 끈기, 눈에 띄는 친화력보다 묵직한 복원력, 창의적인 설계보다 일상의 감정노동을 흘려보내는 힘이 필요하다. 교육은 사람이 하는 일이지만, 모든 사람에게 맞는 일은 아니다.

감정이 흔들릴 때도 표정을 유지할 수 있는가? 관계가 피곤해질 때도 대화를 멈추지 않는가? 같은 수업을 반복하면서도 지겨움을 학생에게 비추지 않는가? 이 질문들 앞에서 망설여진다면 교육직을 다시 생각해 보자.

반대로 '나한테는 딱 맞다'라고 느껴진다면 스펙보다 더 강력한 자격을 이미 가지고 있다는 자신감을 느끼자. 교육직의 적성은 성

격이 아니라 버티는 성향으로 결정된다.

이 분야의 직업

평생교육사, 진로 코치, 학습컨설턴트, 교육 심리사, 사회교육 전문가, 청소년 상담사, 인재 개발 전문가, HRD(Human Resource Development, 인적자원개발) 매니저, 기업 교육 기획자, 커리큘럼 디자이너, 교육훈련 담당자

AI 시대에 살아남을 수 있는 교육직

사람의 마음을 읽고 성장시키는 감정과 설계의 교육 전문가

특수교사	상담 교사	청소년 상담사
진로 코치	교육 심리사	교육 정책연구원
커리큘럼 디자이너	교육 콘텐츠 제작자	에듀테크 기획자
학습 데이터 분석가	HRD 매니저	기업 교육 기획자
교육훈련 담당자	평생교육 강사	학습컨설턴트
기업 교육 강사	학교 교사	대학교수
학술 편집 위원	대학 행정 직원	보건교사
예체능 교사	학생 지도 전문가	학부모 상담 전문가
사교육 강사	온라인 과외 강사	교육 크리에이터
학원 경영자	입시 전략 기획자	교재 개발자
학습 코치	교육행정직공무원	교육 정책연구원
학교 행정사	교육복지사	

11장

끈기와 마감이 뒷받침하는 자유와 창의

예술과 표현의 직업

하고 싶을 때가 아니라, 해야 할 때 써야 작가가 된다
창작은 감정이 아니라 마감으로 완성된다

소설가, 웹툰 작가, 드라마 작가 등 콘텐츠와 스토리를 만드는 일은 감성과 창의력, 영감으로 움직이는 직업처럼 보인다. 하고 싶은 이야기를 쓰고, 공감을 얻으며, 작품으로 세상에 말을 건다. 하지만 실상은 다르다. 창작은 감정으로 시작되지만, 끝은 언제나 마감으로 완성된다. 쓰고 싶을 때 쓰는 건 일기지만, 써야 할 때 써내는 게 작품이다.

아이디어는 많은데 글이 안 써진다는 말은 창작자의 언어가 아니다. 진짜 작가는 아이디어가 없어도 쓰고, 문장이 막혀도 키보드 앞에 앉는다. 매일 쓰는 건 고문이 아니라 루틴이고, 마감 전날의 몰입감과 속도감은 리듬이 되며, 영감이 없다는 말은 핑계가 된다. 창작은 하고 싶을 때 하는 일이 아니라 해야 할 때 해내는 일이다.

넘치는 의욕보다 하루의 루틴이 일을 완성한다

글만 잘 써서는 부족하다. 감정으로 썼어도 탄탄한 구조가 필요하고, 아무리 뛰어난 문장도 스토리텔링이 약하면 퇴짜를 맞는다. 작가는 서사를 설계할 줄 알아야 하며, 포맷을 이해하고, 장르의 규칙을 따라야 한다. 감정은 표현의 재료일 뿐, 작품으로 나가기 위해선 기획과 형식의 틀에 맞춰야 한다.

웹툰 작가는 그림도 그리고, 대사도 쓰고, 채색도 하고, 편집도

하며, 플랫폼의 요구에도 응답해야 한다. 주 7일 노동에 가까운 삶, 매주 반복되는 마감, 실시간으로 돌아오는 독자 반응 속에 손목은 망가지고, 노안이 다가오고, 정신력은 마감마다 갈려 나간다. 그림을 잘 그리는 건 시작일 뿐이고, 이야기를 52주간 끌고 갈 수 있는지가 진짜 관건이다.

웹툰 작가의 성공은 꾸준함과 인내심에 달려있다. 매주 무너지지 않고 버티고, 그림이 안 풀려도 다음 날 다시 칸을 짜고, 이야기가 흔들려도 흐름을 복원할 줄 알아야 살아남는다. 이 일에 필요한 건 천재성보다 꾸역꾸역 완성하는 힘이다.

드라마 작가는 혼자 쓰는 것처럼 보이지만, 혼자 할 수 없는 직업이다. 대본은 개인의 작업이지만 동시에 방송국, 제작사, PD, 배우, 광고주의 프로젝트다. 부정적 피드백이 들어오면 처음부터 다시 써야 하고, 장면 하나가 빠지면 감정선 전체가 무너진다. 예산이 줄면 이야기 흐름도 조정해야 한다. 작가의 자존심보다 시청률이, 예술보다 협업이 앞설 때도 많다.

현장에서 오래 가는 드라마 작가는 글을 잘 쓰는 사람보다 조율을 잘하는 사람이다. 배우의 요청, 제작진의 요구, 시청자의 반응 사이에서 중심을 지키면서도 작품을 유지할 수 있어야 한다. 혼자 쓰지만 혼자가 아니고, 예술가이면서 동시에 전략가인 사람만이 이 일을 오래 한다.

세 직업의 공통점은 분명하다. 감정으로 시작되지만, 감정으로 끝나진 않는다. 감성을 유지하면서도 구조를 완성할 줄 알아야 하

고, 반복되는 마감에 지치지 않아야 하며, 포맷의 제약 안에서도 이야기를 꿰뚫어야 한다. 창작은 자유로운 일이 아니라 가장 고정된 리듬 안에서 자유를 찾아내는 일이다.

그래서 이 일을 고민하는 사람은 먼저 자신을 들여다봐야 한다. 나는 쓰고 싶을 때만 쓰는가, 아니면 쓰기 싫을 때도 쓰는가? 하고 싶은 이야기가 많은가, 아니면 기획서에 맞춰 다듬을 수 있는가? 무슨 말을 할지가 중요한가, 아니면 어떻게 구성할지를 더 오래 고민하는가?

작가는 감정의 직업이지만, 결국 구조의 사람이 된다. 예술로 시작하되 생존은 기획서와 마감 능력, 뒷심으로 결정된다. 쓰는 걸 좋아한다고 모두 작가는 아니다. 마감이 삶의 리듬이 된 사람만이 이 일을 지속적으로 한다.

> **이 분야의 직업**
>
> 작가, 소설가, 시나리오 작가, 드라마작가, 영화 각본가, 웹툰 작가, 만화 작가, 에세이스트, 칼럼니스트, 시인, 극작가, 콘텐츠 작가, 라디오 작가, 방송작가, 카피라이터, 시나리오 에디터

말과 콘텐츠를 기반으로 일하다
아나운서, 유튜버, 크리에이터는 쉬지 않고 입을 열어야 한다

아나운서, 유튜버, 크리에이터는 겉보기엔 말을 잘하는 사람들의 직업처럼 보인다. 목소리가 좋고, 조리 있게 말하며, 재치 있게 반응하고, 감각 있는 콘텐츠를 만들어내는 사람들이다. 하지만, 이 일을 평생 업으로 삼고 싶다면 말만 잘한다고 오래 할 수 있는 것도, 아이디어가 많다고 꾸준히 만들 수 있는 것도 아니라는 점을 기억하자. 이 직업은 표현의 재능보다 루틴을 견디는 내구력이 결정적인 일이다.

아나운서는 뉴스 기사만 읽는 직업이 아니다. 방송국 시스템 안에서 스태프와 호흡을 맞추고, 긴장된 공기 속에서도 자기 몸과 정신을 조절해야 하는 고정밀 언어 직업이다. 원고를 그대로 읽는 게 아니라 상황에 따라 말의 속도, 톤, 표정을 조절해야 한다. 더불어 갑작스러운 사고에도 흔들리지 않는 태도를 유지해야 한다. 외모, 발성, 순발력, 뉴스 해석력을 동시에 작동할 수 있어야 한다.

특히 프리랜서로 전환한 순간, 생존의 조건이 완전히 바뀐다. 방송국이라는 보호막 밖에서는 실력보다 감정 내구성과 브랜딩 기술이 실력처럼 작용한다. 진행자이자 연사, 해설자이자 사회자, 때론 MC와 크리에이터 사이를 오가야 한다. 방송 하나가 끊기면 불안이 엄습하고, 네트워크가 약해지면 기회도 사라진다. 이 일에서 중요한 건 말을 잘하느냐보다 불확실함을 견딜 수 있느냐다.

유튜버는 단순히 영상을 올리는 사람이 아니다. 촬영자, 기획자, 편집자, 판매, 고객 응대까지 겸하는 1인 기업인이다. 카메라 앞에 앉는 시간은 하루 중 가장 짧고, 그 앞뒤로 이어지는 시나리오 구성, 장비 세팅, 자막 편집, 섬네일(thumbnail, 그래픽 파일의 이미지를 소형화한 데이터) 제작, 반응 체크가 실제 업무의 대부분을 차지한다. 하나의 콘텐츠가 완성되기까지보다 올린 이후 알고리즘과 싸우고 악플을 견디는 시간이 더 길다.

사람들은 재미있는 영상을 먼저 떠올리지만, 유튜브에서 살아남는 건 잘 만든 콘텐츠가 아니라 꾸준히 나오는 콘텐츠다. 재미는 하루지만, 루틴은 평생이다. 주 2회 업로드, 정기 촬영, 반복적 피드백이 콘텐츠 생존의 기본 구조다. 그리고 그 구조를 매일 지킬 수 있는 사람이 결국 남는다.

표현의 기쁨은 잠시, 피드백을 견디는 시간이 더 길다

크리에이터의 진짜 실력은 감각이 아니다. 감각은 첫 회를 만들고, 루틴은 백 번째 작품을 만든다. 매주 비슷한 콘셉트를 반복하다 보면 자기표절에 빠지고, 정체성 혼란도 겪는다. 알고리즘은 계속 바뀌고, 피드백은 실시간으로 쏟아지며, 조회수 앞에서 자신의 콘텐츠가 매번 평가당한다. 예술가이자 사업자, 말하는 사람이면서 숫자에 민감해야 하는 사람이다. 크리에이터는 표현하는 사람인 동시에 전략가다.

그래서 하고 싶은 말이 많다는 말은 부족하다. 진짜 실력은 '하

고 싶은 말을 매일 할 수 있다'라는 문장에서 드러난다. 콘텐츠는 흥분으로 시작하지만, 지속은 루틴이고, 반복은 내공이다. 창의는 스파크지만, 완주는 구조와 태도의 영역이다.

이 세 직업은 모두 말의 일을 하는 사람처럼 보이지만, 실제로는 시간과 감정, 자기 리듬을 통제하는 사람의 일이다. 대본 없는 상황에서 말을 꺼내고, 반응이 없을 때 콘텐츠를 올리며, 기획이 막혔을 때도 다음 주를 준비할 수 있어야 한다. 글과 영상을 정리하는 기술보다 자기 상태를 회복하고 다시 시작할 수 있는 태도가 더 중요하다.

그래서 이 일을 고민하는 사람은 스스로에게 물어야 한다. 나는 말을 좋아하는가, 아니면 계속 말할 수 있는가? 하고 싶은 일이 많은가, 아니면 반복할 수 있는 나만의 콘텐츠가 있는가? 사람을 설득하고 싶은가, 아니면 반응이 없어도 나를 유지할 수 있는가?

이 일은 단순한 표현의 일이 아니다. 지속 가능한 표현을 설계하는 직업이다.

이 분야의 직업

아나운서, 성우, 라디오 DJ, MC, 쇼호스트, 유튜버, 스트리머, 크리에이터, 팟캐스터, 강연가, 연설 코치, 인터뷰어, 해설 전문가

연예인, 배우, 가수는 많은 이들이 꿈꾸는 직업이다. 박수받으며 무대에 서고, 스포트라이트를 받으며 이름을 알리는 일은 상상만 해도 환상적이다. 하지만 실제 이 세계에 발을 들여본 사람은 안다. 이 직업의 본질은 실력이나 재능이 아니라 반복되는 기다림과 감정의 균열을 견디는 회복력이라는 걸 말이다.

수십 번의 오디션, 수십 번의 캐스팅에서 낙방하는 일은 기본이다. 잘해도 연락이 없고, 못하면 다시는 기회가 오지 않는다. 합격보다 탈락이 일상이고, 주인공이 되기보다 대기 명단에 머무는 시간이 더 길다. 무대에 오르는 순간은 1%고, 나머지 99%는 자기 관리와 감정 통제, 그리고 기다림의 연속이다.

배우는 연기력이 있어야 한다. 하지만 연기를 잘한다고 배우로 살아남는 건 아니다. 기회를 기다리고, 존재를 관리하며, 감정을 감추고도 에너지를 유지해야 한다. 카메라 앞에 서기 전까지는 수십 번의 오디션과 수백 번의 거절이 쌓인다. 이 일에서 진짜 중요한 건 멘털, 그리고 그 멘털을 회복할 수 있는 루틴이다.

가수도 마찬가지다. 노래와 춤은 기본이고, 예능감과 팬서비스, 퍼포먼스까지 요구된다. 앨범이 없을 때도 콘텐츠는 계속 나와야 하고, 주간 조회수와 팬 반응에 따라 평가가 좌우된다. SNS는 실시간 평가장이 되고, 악플과 무관심 사이에서 자기 존재감을 유지해

야 한다. 무대는 짧지만, 그 무대를 위해 감정과 체력을 매일 꺼내 써야 한다.

자기 관리는 선택이 아니라 시스템이다. 몸무게, 피부, 화법, 표정 모두가 감시의 대상이 된다. 연예인은 연기보다 이미지로 평가받고, 이미지보다 태도로 오래 남는다. 말 한마디가 기사가 되고, 사소한 실수가 여론을 바꾼다. 그래서 이 직업은 연기를 잘하는 사람보다 하루하루를 통제할 수 있는 사람에게 적합하다.

연예계는 실력보다 회복력이 재능이다

무엇보다 이들은 나를 표현하면서 동시에 나를 상품화해야 한다. 팬과의 관계, 회사와의 계약, 방송사의 요구에 따라 말과 표정, 캐릭터와 태도를 설계하고 지운다. 사랑받고 싶은 마음이 아니라 사랑받을 수 있는 캐릭터를 만드는 기술이 필요하다. 진짜 나는 잠시 접어두고, 보이는 내가 브랜드가 된다. 현실과 이미지 사이의 괴리가 클수록 심리적 부담은 커지고, 멘털이 흔들릴 가능성이 높다.

그래서 이 일은 실력이 아니라 회복력의 싸움이다. 기대에 못 미친 날에도 다시 연습장에 나갈 수 있어야 하고, 반응이 없어도 다음 무대를 준비할 수 있어야 한다. 이 세계에서 오래가는 사람은 정신력이 강한 사람이 아니라 깨진 멘털을 복원할 줄 아는 사람이다.

이 직업의 본질은 불규칙함이다. 정해진 출근은 없고, 일정은 매번 달라지며, 촬영보다 이동이 많고, 무대보다 대기가 길다. 연습보다 피로가 오래가고, 평가보다 감정의 피로가 더 깊다. 화려한 순

간은 짧고, 그 순간을 위해 반복되는 피드백과 대기, 조율과 인내가 계속된다.

그래서 스스로에게 물어야 한다. 나는 거절과 무반응을 견딜 수 있는가? 누군가가 나를 오해해도 중심을 지킬 수 있는가? 컨디션이 나쁜 날에도 같은 미소를 지을 수 있는가? 스포트라이트가 꺼졌을 때도 나를 유지할 수 있는가?

재능은 무대에 오르게 하지만, 회복력은 이 세계에 남게 한다.

이 분야의 직업

배우, 영화배우, 뮤지컬배우, 연극배우, 성악가, 가수, 아이돌, 싱어송라이터, 작곡가, 작사가, 무용가, 발레리나, 안무가, 모델, 패션 디자이너, 스타일리스트, 메이크업 아티스트, 헤어 디자이너, 공연기획자, 음악 프로듀서, 음향 엔지니어

예술인가, 공장인가?
콘텐츠 제작 실무자의 고뇌를 아는가?

연출가, 촬영감독, 편집자, 프로듀서는 콘텐츠를 만드는 사람이다. 직함은 달라도 결과는 하나다. 잘 짜인 화면, 매끄러운 리듬, 대중을 사로잡는 이야기를 만드는, 겉으로 보기엔 창의적인 직업이다. 하지만 실무를 들여다보면 전혀 다르다. 이 일은 감성과 감각으

로 시작되지만, 루틴과 체력으로 완성된다.

회의로 시작해 기획안 작성, 섭외, 촬영, 편집, 검수, 재촬영의 과정을 한 번만 진행하는 경우는 드물다. 늘 다시 돌아오고, 매번 처음부터 다시, 새로이 하되 똑같이 해야 한다. 콘텐츠는 완성이 아니라 반복되는 수정의 기술이다.

연출이 아무리 감각적이어도 촬영이 엇나가면 모든 게 무너진다. 카메라가 흔들리고 조명이 어긋나면 연출의 의도는 사라진다. 편집자가 아무리 살려도 기획이 허술하면 의미가 없다. 콘텐츠는 혼자 잘한다고 되는 일이 아니다. 팀이 엇박자 나면 무너지는 집합 예술이다.

PD는 이 모든 흐름을 조율한다. 아이템을 고르고, 작가와 회의하고, 섭외를 진행하고, 예산과 일정을 맞추고, 결과를 책임진다. 하지만 현실은 기획서보다 피드백이 먼저 오고, 이건 아닌 것 같다는 한마디에 처음으로 돌아가는 일이 잦다. 대중은 결과만 보지만, PD는 수십 개 비전의 수정본만 본다.

편집은 더 조용하고 더 고단하다. 수백 개의 클립을 자르고 붙이고, 음향과 자막을 맞추며, 리듬을 감각으로 계산하는 작업이다. 편집은 살리는 기술이지만, 구조가 엉성하면 구조조정도 불가능하다. 좋은 편집은 흔적이 없고, 나쁜 편집은 이유 없이 지루하다.

이 일은 창의성과 체력의 하이브리드다. 아이디어보다 체력이 먼저 바닥나고, 감성보다 기한이 먼저 닥쳐온다. 회의가 끝나면 밤샘 촬영이 있고, 촬영이 끝나면 철야 편집이 있고, 편집이 끝나면

클라이언트 피드백이 기다린다. 야근은 기본이고, 창의는 조건이 아니라 선택지 중 하나일 뿐이다.

프리랜서는 매번 계약을 따야 한다. 프로젝트가 끝나면 다음이 없을 수도 있고, 실패한 콘텐츠 한 번에 다시 불러주는 이가 없을 수도 있다. 고정직은 안정적이지만, 경직된 기업 구조 속 과로와 업무의 홍수에 짓눌린다. 하지만 한 번 망하면 영영 끝날 수도 있다는 압박은 프리랜서로 일하나 고정적인 월급을 받으며 일하나 똑같이 가지고 있다.

창의적이지만 반복이 기본인 아이러니한 세상이다

가장 창의적인 직업이지만, 동시에 가장 공장 같은 작업이 반복된다. 기획 아이디어는 회의록이 되고, 창의적 발상은 표로 정리되고, 열정은 일상의 틀 속에 갇히고, 감각은 반복 속에서 닳는다. 창작자라는 이름으로 불리지만, 실무자는 실시간으로 감정을 누르고 일정에 맞춰 작업한다. 이 일은 감정이 아니라 정확하게 감정을 연출해 내는 구조의 일이다.

그래서 묻는다. 나는 이 긴 순환의 굴레를 버틸 수 있는가? 기획이 무너졌을 때 처음부터 다시 시작할 수 있는가? 결과보다 과정이 더 긴 이 직업에서 보이지 않는 수고를 일상처럼 받아들일 수 있는가?

예술은 맞지만, 공정이다. 창의성은 존재하지만, 시스템이 우선이다. 콘텐츠는 팀으로 만들고, 결과는 혼자 감당해야 한다. 가장

빛나는 순간을 만들기 위해 가장 반복되는 일상을 견디는 사람이 진짜 제작자다.

이 일은 결국 막노동을 견딜 수 있는 사람이 오래 버틴다. 창의와 열정으로 시작하지만, 마감과 반복 속에서 지쳐나가는 일이 더 많다. 체력은 기본이고, 기획서보다 사람을, 감정보다 일정을 먼저 이해해야 한다.

결과에 비해 보상이 크지 않을 수도 있고, 프로젝트 하나로 인생이 뒤집히기도 한다. 돈에 예민한 사람보다 돈과 결과물에 무감각한 사람이 더 오래 버틴다. 콘텐츠가 좋아서 시작하지만, 견딜 수 있어야 완주한다.

이 분야의 직업

영화감독, 연출가, PD, 방송 PD, 예능 PD, 드라마 PD, 다큐 PD, 촬영감독, 촬영기사, 조명감독, 편집 감독, 영상 편집자, 콘텐츠 기획자, 프로듀서, 그래픽 디자이너, 일러스트레이터, 사진작가, 영상 디자이너, 예술감독, 미디어 아티스트, VFX(Visual Effects, 특수효과) 전문가, 사운드 디자이너, 색 보정 전문가, CG(Computer Graphics, 컴퓨터 그래픽) 디자이너

AI 시대에 살아남을 수 있는 예술가

AI가 초안과 합성을 만들 수 있어도 예술은 원작성, 연출, 해석, 현장성, 관계성으로 완성되므로, 취향을 설계하고 감정을 무대와 화면으로 구현하는 능력이 핵심이다. **AI**를 다룰 줄 알며, 독창적이고 분석력을 가진 예술가만이 살아남는다.

작가	소설가	시나리오 작가
드라마작가	영화 각본가	웹툰 작가
만화 작가	에세이스트	칼럼니스트
시인	극작가	콘텐츠 작가
라디오 작가	방송작가	카피라이터
시나리오 에디터	아나운서	성우
라디오 DJ	MC	쇼호스트
유튜버	스트리머	크리에이터
팟캐스터	강연가	연설 코치
인터뷰어	해설 전문가	배우
영화배우	뮤지컬배우	연극배우
성악가	가수	아이돌
싱어송라이터	작곡가	작사가

무용가	발레리나	안무가
모델	패션 디자이너	스타일리스트
메이크업 아티스트	헤어 디자이너	공연기획자
음악 프로듀서	음향 엔지니어	영화감독
연출가	PD	방송 PD
예능 PD	드라마 PD	다큐 PD
촬영감독	촬영기사	조명감독
편집 감독	영상 편집자	콘텐츠 기획자
프로듀서	그래픽 디자이너	일러스트레이터
사진작가	영상 디자이너	예술감독
미디어 아티스트	VFX 전문가	사운드 디자이너
색 보정 전문가	CG 디자이너	

안정성 뒤 보이지 않는 무게감

공공과 안전의 직업

공무원은 가장 안정적인 직업이다. 고용이 보장되고, 정년이 있고, 연금이 나온다. 경기 침체에도 흔들리지 않고, 조직 안에 머무는 한 해고 걱정은 없다. 하지만 실제 공무원 생활을 해본 사람은 안다. 이 안정은 30년간 같은 리듬을 견뎌야 한다는 전제조건이기도 하다는 걸 말이다.

공직의 가장 큰 장점은 정해진 루틴이다. 루틴은 편하다. 동시에 루틴은 반복이고, 반복은 변화 지향형 인간에게 무력감을 준다. 새로운 아이디어보다 형식을 지키는 게 우선이고, 정책을 구상하기보다 양식을 맞추는 게 중요하다. 기획보다 공문, 방향성보다 결재선, 창의보다 절차를 우선시하면 어느새 그 흐름에 익숙해진다.

국가를 위해 일하고 싶다고 포부를 밝히며 많은 이들이 이 길을 선택한다. 하지만 맞닥뜨리는 현실은 민원과 문서다. 정책 설계보다 민원 대응, 제도 개선보다 행정 절차가 더 많은 시간을 차지한다. 기획은 회의 속에서 지연되고, 열정은 회람 속에서 식고, 사명감은 점차 문서 작성 능력으로 대체된다.

공무원에게 가장 중요한 역량이 보고서 쓰는 법이라는 말은 농담 같지만 사실이다. 정책의 완성도보다 문서의 서식과 맞춤법이, 내용보다 결재 체계의 기대를 충족하는 게 더 중요할 때가 있다. 부처마다 분위기와 승진 속도, 업무 강도는 다르지만, 공통점이 있다.

그 차이를 내가 선택할 수 없다는 것으로 한 번 배치되면 당분간은 그 자리에 묶인다.

조직문화는 상명하복이지만 동시에 회피형이다. 위에서 시키면 하고, 적극적이면 일만 늘고, 나선 사람만 피곤해진다. 조직 안에서는 '열심히 하면 손해다'라는 말이 금세 퍼진다.

신규 공무원이 이 구조에 좌절하는 데는 오래 걸리지 않는다. 처음엔 열정이 있다. 정책을 바꾸고 싶고, 제도를 다듬고 싶고, 문제를 개선하고 싶다. 그런데 조직은 그런 마음을 흘려보내는 데 익숙하다. 보고는 올라가지 않고, 제안은 회의에서 빠지며, 결정은 이미 끝나 있고, 남는 건 괜히 열심히 했다는 피로감뿐이다.

그때부터 배우는 생존 기술은 튀지 말 것, 너무 신속하게 처리하지 말 것, 눈치껏 움직일 것 등 수동적인 태도다. 열정이나 도전보다 과거를 답습하고, 독창적이기보다 무난함을 선택하는 무기력은 개인이 아닌, 조직이 학습시킨다.

공무원의 생존 기술을 내적 저항 없이 답습할 수 있는가?

공직은 누구에게나 맞는 일이 아니다. 반복을 좋아하고, 큰 변화 없이 일상을 유지하며, 조직 안에서 안정을 느끼는 사람에게는 최고의 직업이다. 결과가 느리고, 바꿀 수 있는 것보다 지켜야 하는 게 많고, 의견이 아니라 형식이 중심이 되는 구조에 스트레스를 느끼는 사람에게는 쉽지 않다.

그래서 이 일을 고민하는 사람은 정년 나이나 연금보다 먼저 스

스로 물어야 한다. 나는 결재 구조 안에서 기획할 수 있는 사람인가? 조직의 속도에 맞춰 내 속도를 조절할 수 있는가? 의미가 불분명한 반복도 견딜 수 있는가?

공무원은 일이 적은 직업이 아니다. 일은 많고 변화는 느리며, 개인이 체감하는 성취감은 작다. 그 안에서 오래 가는 사람은 자유롭고 창의적인 영혼보다 에너지를 아끼고 감정을 관리하며, 조직 리듬에 적응하는 사람이다. 정년은 보장되지만, 정체감은 스스로 지켜야 하는 직업이 공무원의 진짜 본모습이다.

이 분야의 직업

공무원, 행정공무원, 교육행정직, 세무직공무원, 법원직공무원, 검찰사무직, 외무행정직, 사회복지직공무원, 통계직공무원, 감사직공무원, 환경직공무원, 교정직공무원, 출입국관리직공무원, 관세직공무원, 국립 기관 연구직, 공기업 직원, 지방자치단체 공무원

사명감만으로는 부족하다
소방, 군인 등 공공 안전직의 세계에서는 명분보다 멘털이 먼저다

경찰, 소방관, 군인은 국민의 안전을 지키는 직업이다. 누군가는 반드시 해야 할 일로 사명감이 없으면 선택할 수 없고, 책임감이 없

으면 버틸 수 없다. 대의가 있는 직업이지만 이 직업을 가까이에서 보면 아이러니하게도 명분보다 멘털이 중요하고, 이상보다 생존이 급하며, 국가보다 개인이 더 자주 흔들린다는 사실을 알게 된다.

경찰은 무장한 시민과 마주 서는 직업이다. 교통 단속, 음주 측정, 시위 대응 등 여러 상황에서 다양한 시민을 상대해야 한다. 민원 접수부터 강력 사건 수사까지 업무 스펙트럼은 넓고, 그 모든 걸 실시간으로 작업 해야 한다. 다수를 위해 혹은 법에 따라 공권력을 행사하면서도 욕을 먹는 딜레마는 일상이 된다.

범죄자를 체포했을 뿐인데 과잉 진압이라며 민원이 들어오고, 단호하지 않으면 직무 유기라는 비난을 받는다. 현장의 판단 하나가 곧바로 언론에 노출되고, 사건의 진실보다 클립 한 장면이 여론을 만든다. 시민의 신뢰와 불신 사이, 정의와 감정 사이에서 경찰은 매일 균형을 유지해야 한다.

업무는 범죄만 다루지 않는다. 실종 아동, 자살 시도자, 정신질환자, 가족 갈등 등 온갖 복잡다단한 감정과 위기를 중재하는 일이다. 권위는 떨어지고, 기대는 높아지고, 피로는 쌓인다. 경찰에게 필요한 건 총기보다 정신력, 수사력보다 감정 내성이다.

소방관은 생명을 구조하는 직업이다. 하지만 현실은 구조보다 대기, 출동보다 서류, 감동보다 반복이다. 화재, 구조, 구급 등 각각 상황이 다르고, 지침은 있지만 현실은 예외투성이다. 고층 화재, 차량 충돌, 자살 시도는 그 어느 것이든 빠른 판단과 고강도 체력을 동시에 요구한다. 단 한 번의 실수가 생명을 앗아갈 수 있다.

그럼에도 처우는 열악하다. 이 업계에 진입하기는 어렵지만, 다른 직업으로의 이탈은 쉽다. 이직률이 높고, 정신적 피로도가 크며, 트라우마는 축적된다. 어린아이의 죽음, 전신 화상, 물에서 꺼낸 시신의 체온 등 현장에서 접한 모든 장면이 마음속에 쌓인다. PTSD(Post-Traumatic Stress Disorder, 외상후 스트레스 장애)는 직업의 구조에서 생기는 문제지만, 회복은 개인 책임으로 남는다. 이 생명을 구하는 일이 본질이지만, 본인의 마음을 구하는 방법은 조직이 알려주지 않는다.

나라를 지킨다는 명분 뒤 현실을 감당할 수 있는가?

군인은 명령과 규율 속에서 살아가는 사람이다. 위계질서는 기본, 시간은 통제되고, 행동은 보고되며, 사생활은 제한된다. 전시가 아니어도 경계하고, 대비하고, 반복 훈련을 이어가는 구조다. 체력은 기본이고, 복종은 당연하며, 예외는 없다.

장기 복무를 원한다면 체력만으로는 부족하다. 경쟁, 정치력, 리더십, 이 전부를 갖춰야 조직 안에서 살아남는다. 휴일은 제한되고, 외박은 허락받아야 하며, 외부와의 접촉은 감시받는다. 국가를 지킨다는 명분은 단단하지만, 현실은 정치와 행정 사이에서 유동한다. 전역 이후에도 사회 적응은 쉽지 않다. 군 경험은 종종 특수한 것으로 분류되고, 언어와 문화는 단절된다.

이 세 직업의 공통점은 분명하다. 국가라는 이름으로, 개인이 감정과 체력을 매일 견뎌야 하는 직업이다. 국민을 위해 일하지만, 국

민에게 지지받기 어려운 구조 속에서 버텨야 한다. 무기와 규율, 장비와 시스템이 있지만, 마지막 순간엔 사람의 판단과 감정이 모든 걸 감당한다.

그래서 이 일을 고민하는 사람은 스스로 물어야 한다. 나는 기대와 불신 사이에서 중심을 잡을 수 있는가? 반복되는 야간 근무와 대기 속에서도 체력과 마음의 건강을 유지할 수 있는가? 위에서 지시하고, 아래에서 요구하고, 외부에서 평가하는 구조에서 나의 소신을 지킬 수 있는가?

이 일은 국가를 지키는 직업이지만, 실은 내 감정과 몸을 매일 조율하는 직업이다. 사명감만으로는 부족하고, 체력만으로도 부족하다. 결국 살아남는 사람은 회복력을 가진 사람이다.

이 분야의 직업

경찰관, 형사, 과학수사요원, 사이버 수사관, 교통경찰, 경찰특공대, 소방관, 구조대원, 소방 안전관리자, 군인, 장교, 부사관, 헌병, 군의관, 국방 공무원, 재난 대응요원

명분은 크고, 외로움은 더 크다
국가의 얼굴이자 그림자로 일한다

외교관, 국정원 요원, 기무사 요원을 누군가는 엘리트라 부르고,

누군가는 국가의 눈과 귀라 말한다. 국제무대에서 협상하고, 안보 최전선에서 정보를 다루며, 때로는 한마디도 하지 않은 채 국가의 방향을 바꾸는 사람들이다. 겉은 화려해 보이지만, 실상은 조용하고 고립된 직업으로 이들은 일하지만, 자신을 설명할 수 없다.

외교관은 국가를 대표하는 사람이다. 회담장에서 협상을 주도하고, 국제회의에 참석하며, 한 나라의 입장을 세계에 전달한다. 언어는 물론, 정치 감각과 고도의 협상력 등 뛰어난 자질과 능력을 동시에 요구하는 업무다.

외교관의 삶은 낯선 땅에서의 고립, 불규칙한 이동, 외유라는 오해 속에서의 긴장으로 가득하다. 근무지는 아름다운 도시일 수도 있지만, 종종 치안이 불안한 지역이기도 하다. 외교는 말로 하는 일이 아니라 견디는 일이다. 그리고 그 인내는 종종 사적인 삶보다 국가의 요구를 우위에 두어야 하는 의무와 책임에서 비롯된 고통을 동반한다.

국정원 요원은 영화 속 스파이와는 다르다. 대부분은 보고서를 쓰고 정보를 분석한다. 대북 정세, 국제 정보, 국내 보안 등 눈에 보이지 않지만 중요한 일이다. 그 무엇보다 다른 직업과의 차이점은 신분을 말할 수 없다는 것이다. 직업을 설명할 수 없고, 근무지를 공개할 수 없으며, 가장 가까운 가족에게도 무슨 일을 하는지 말하지 못한다. 비밀보다 무거운 건 일상의 사소한 거짓이고, 그 거짓은 종종 개인보다는 국가를 택해야 하는 선택의 결과다.

업무는 복잡하지 않아도 정체성은 점점 복잡해진다. 일과 삶의

경계는 흐려지고, 사람을 만나도 말할 수 있는 것이 적으며, 정보보다 자기검열이 먼저 앞선다. 국정원 직원의 삶은 침묵의 기술이 아니라 사적인 감정을 지우고 공적인 침묵을 견디는 자아 통제의 기술이다.

기무사(군 정보사)는 군 내부의 정보 조직이다. 외부의 위협보다 내부의 균열을 감시하고, 보안을 유지하며, 보고 체계를 관리한다. 이들은 위로부터 명령받고, 아래로부터 감시받는다. 보고할 대상이 조직이고, 감시할 대상도 조직이며, 충성할 대상 또한 조직이다. 군대 안의 군대에서 살아가는 삶은 명령이 곧 일상이고, 사생활은 국가 시스템 안에서 조정된다.

군인의 옷을 입었지만, 감정을 숨기고, 사적인 판단은 억누른 채 국가와 조직에 우선순위를 두어야 하는 날이 많다. 그래서 이들은 때로는 군대 안의 이방인처럼 고립된 채 살아간다.

불안정한 하루가 평생이 돼도 괜찮은가?

세 직업 모두 공통점이 있다. 국가를 위해 일하지만, 자신은 드러내지 않는다. 설명할 수 없는 일, 감정을 드러낼 수 없는 자리, 이해받기 어려운 생활이 이어진다.

외교관은 말을 많이 하지만 말보다 조율이 먼저이고, 국정원은 말을 아끼지만, 눈치가 먼저이며, 기무사는 조직 안에 있지만 외로운 감시자다. 국가에 가까울수록 자기 자신과는 멀어지는 직업 아닐까. 무엇보다 이들은 사적인 감정보다 공적인 명분을 먼저 선택

해야 한다는 말 없는 부담을 끌어안고 살아간다.

그래서 이 일을 고민하는 사람은 질문을 달리해야 한다. 나는 국가의 얼굴로 살면서 내 감정을 눌러둘 수 있는가? 신뢰와 거리 두기를 동시에 유지할 수 있는가? 드러내지 못하는 자부심을 혼자서 오래 지켜갈 수 있는가?

이 직업은 책임의 무게보다 고요의 무게가 더 무겁다.

사소한 실수가 참사로 직결된다
하늘과 철로, 관제탑에서 펼쳐지는 긴장의 직업 세계를 아는가?

조종사, 관제사, 철도 기관사라는 직업은 언뜻 보면 화려하거나 낭만적으로 보일 수 있다. 하늘을 날고, 수많은 기체를 지휘하고, 수백 명을 실은 열차를 운전하는 모습은 종종 영화의 한 장면처럼 비친다. 하지만 실상을 들여다보면 이 직업들의 본질은 하나로 수렴된다. 실수는 곧 사고이며, 판단 하나가 생명을 좌우하고, 매 순

간 긴장과 반복 사이에서 자신을 조율해야 하는 일이다.

이 직업들은 기술보다 반복, 판단보다 리듬, 감정보다 통제력을 요구한다. 말하자면 정확하게 반복하는 사람이 이 일을 오래 한다. 겉으론 지침대로 흘러가는 것처럼 보이지만, 그 안에는 예외 상황을 견디는 체력과 변수에 흔들리지 않는 멘털, 일상을 무너지지 않게 붙드는 조절 감각이 필요하다.

조종사는 하늘 위의 리더다. 조종간을 잡은 손끝에는 수십, 수백 명의 생명이 실려 있다. 이륙과 착륙 사이의 몇 시간은 결코 단순한 루틴이 아니다. 외부 기류, 관제 명령, 기내 변수, 기체 이상 등 수많은 변수가 비행 중간에 예고 없이 발생한다. 그 순간마다 조종사는 냉정하게, 익숙하게, 이미 훈련된 동작으로 반응해야 한다. 겉으론 평온해 보여도 내부는 고도의 집중 상태에서 실시간으로 모든 정보를 관찰한다.

장거리 비행일수록 체력은 고갈되고, 일정은 불규칙하며, 스트레스는 누적된다. 시차와 수면 부족은 집중력을 떨어뜨리고, 반복되는 노선은 정신적 권태를 유발하기도 한다. 이때 무너지는 건 집중력보다 리듬이다. 이 리듬이 깨지는 순간, 실수가 발생하고 그것은 곧 사고로 이어진다. 그래서 중요한 것은 긴장보다 복구력이다. 피로한 몸과 무거운 책임 사이에서 자기 리듬을 회복할 줄 아는 사람만이 오래 버틴다.

관제사는 보이지 않는 조종사다. 직접 기체를 조종하지 않지만, 수십 대 항공기를 말 한마디로 조율한다. 한 치의 오차 없이 기체

간 간격을 조정하고, 적시에 이착륙 지시를 내리며, 기상과 항로 상황까지 동시에 고려해야 한다. 관제의 핵심은 명확하고 단호하게, 그러나 감정 없이 말하는 것이다. 지시가 모호하면 사고가 발생하고, 타이밍이 어긋나면 하늘길 전체가 엉킨다.

관제탑은 조용하다. 그러나 그 침묵 속엔 밀도 높은 긴장감이 흐른다. 교대제 근무 속에서 이어지는 감시와 응답, 침착한 목소리 뒤에는 초 단위의 판단과 반응이 실 새 없이 오간다. 언어 능력이 뛰어나다고 관제 역량이 우수한 것은 아니다. 중요한 건 정보를 감정 없이 정확하고 압축된 언어로 전달하는 능력이다. 하나의 문장, 하나의 단어가 생명을 좌우할 수 있는 환경이기 때문이다.

실수가 용납되지 않는 긴장감을 견뎌야 한다

철도 기관사는 땅 위의 조종사다. 철로는 정해져 있지만, 정지와 출발, 가감속, 비상 상황에 관한 판단은 전적으로 기관사에게 달려 있다. 기차는 매일 같은 노선을 달린다. 익숙한 풍경, 익숙한 거리감, 반복되는 역을 지난다. 그 단조로움 속에서도 집중력은 흐트러져선 안 된다. 작은 착오가 큰 사고로 이어지고, 단 한 번의 부주의가 수많은 승객을 위험에 빠뜨릴 수 있다.

기관사의 일은 실수가 없을수록 드러나지 않는 직업이다. 아무 일도 없으면 원래 그런 줄 알지만, 사고가 나면 모든 책임은 기관사에게 부과된다. 그래서 이 일은 잘하는 사람보다 실수하지 않는 사람이 맡아야 하는 일이다. 비상 상황은 자주 오지 않지만, 그 순간

을 위해 매번 같은 동작을 똑같이, 정확하게 반복해야 한다. 주의가 사라진 순간이 사고의 시작이다.

세 직업 모두 공통점이 있다. 정확하게 반복하는 일이면서 단 한 번의 실수도 용납되지 않는 구조다. 감정을 감춰야 하고, 리듬은 유지해야 하며, 판단은 훈련된 루틴 안에서 이뤄져야 한다. 책임은 항상 사람을 태우고 있다는 것에서 비롯된다. 이 책임은 직급과 무관하다. 조종사도, 관제사도, 기관사도 결국 단 한 번의 실수로 평가받는다.

이 세 직업은 사람의 생명, 이동, 일상에 직결되는 고신뢰 직종이다. 사회는 이들에게 완벽을 요구하고, 이들은 그 완벽을 위해 반복된 훈련과 감정 조율을 거듭한다. 이 직업은 위기를 피하는 사람이 아니라 위기 속에서도 예측할 수 있는 반응을 내는 사람을 필요로 한다. 그것이 바로 프로다. 이 일에서의 프로란, 특별한 결정을 내리는 사람이 아니라 평범한 정밀함을 매일 실천하는 사람이다.

그래서 이 직업을 고민하는 사람은 스스로 물어야 한다. 나는 같은 동작을 반복하면서도 집중력을 유지할 수 있는가? 감정이 요동치는 순간에도 설명서와 지침대로 움직일 수 있는가? 피로, 야간, 교대, 장거리 등 직장인이라면 모두 꺼리는 이 모든 조건을 내 일상으로 받아들일 수 있는가?

이 질문에 고개를 끄덕일 수 있다면, 아마도 이 일을 견딜 수 있을 것이다. 조용히, 무탈하게, 매일의 루틴을 지키는 사람들, 그들이야말로 수많은 생명을 오늘도 안전하게 이끌고 있다.

조종사, 항공기 조종사, 헬리콥터 조종사, 관제사, 항공교통관제사, 철도 기관사, 전철 기관사, 지하철 관제사, 항해사, 선장, 선박 기관사, 항공 정비사, 철도 정비사, 운항관리사

AI 시대에 살아남을 수 있는 공무원

주권과 안전과 관련된 공공직은 자동화가 보조해도 최종 판단과 현장 지휘, 비밀유지, 책임성이 핵심이어서 인간이 중심이어야 한다. 각 분야별로 세계적인 흐름 속에서 국가의 이익을 위해 일할 수 있는 능력을 갖춰야 한다.

외무 행정직	감사직공무원	환경직공무원
교정직공무원	출입국관리직	관세직공무원
법원직공무원	경찰관	형사
과학수사요원	사이버 수사관	교통경찰
경찰특공대	소방관	구조대원
소방 안전관리자	군인	장교
부사관	헌병	군의관
국방 공무원	재난 대응요원	외교관
영사	국제통상 담당관	국정원 요원
정보분석관	안보 분석가	대북 정보관
기무사 요원	군 첩보 분석관	외교 정책자문관
국가 정보보안 전문가	안보 전략연구원	조종사
항공기 조종사	헬리콥터 조종사	관제사

항공교통관제사	철도 기관사	전철 기관사
지하철 관제사	항해사	선장
선박 기관사	항공 정비사	철도 정비사
운항관리사		

13장

보이지 않는 질서와 구조를 설계

공간과 환경의 직업

미학은 20%, 나머지는 조정의 기술이다

건축가와 공간 디자이너는 예술가가 아니라 조율자다

많은 이들이 건축가와 인테리어 디자이너를 감각적인 사람으로 생각한다. 멋진 도면을 그리고, 공간을 아름답게 구성하고, 취향과 안목을 바탕으로 예술처럼 집을 짓는 일은 얼마나 근사한가. 이들을 띠올리면 종종 잡지의 한 페이지나 SNS 속 사진처럼 반짝이는 장면이 상상되기도 한다. 하지만 실무의 현실은 전혀 다르다. 감각은 이 일의 출발점일 뿐, 그 감각을 현실로 구현하는 과정은 조율, 협상, 중재, 설득, 반복과 피로로 가득 차 있다.

건축가는 클라이언트의 꿈을 도면으로 바꾸는 사람이다. 하지만 그 꿈은 언제나 막연하고, 현실은 언제나 복잡하다. 햇살이 잘 드는 따뜻한 집을 짓고 싶다는 표현은 단순하지만, 그 바람을 건축가는 건폐율, 용적률, 내진 설계, 일조권, 예산 등의 조건 위에서 다시 번역해야 한다. 디자인은 감성으로 시작되지만, 구조는 반드시 이성으로 마감되어야 한다. 감성만으로는 허가도 시공도 나오지 않는다. 감각이 아무리 뛰어나도 법과 예산, 일정이 허락하지 않으면 종이 위에만 존재하는 이상일 뿐이다.

현장에서 건축가는 예술가이자 기술자이며 동시에 행정가다. 설계는 평면도와 단면도, 동선과 시선, 빛의 유입과 바람의 흐름까지 고려하며 이루어진다. 그 이상으로 중요한 것은 관계의 설계, 시간의 설계, 감정의 설계다. 시공사는 빠르고 싸게 짓고 싶어 하고,

클라이언트는 최대한 아름답고 편리하게 짓고 싶어 한다. 그 사이에서 건축가는 언제나 중간에 놓인다. 건축의 20%는 창작이고, 나머지 80%는 조정의 기술이라는 말은 절대 과장이 아니다.

고객의 욕구가 먼저다

인테리어 디자이너도 비슷한 구조 안에 놓인다. 다만 그 세계는 더 빠르고 더 자주 바뀌며, 감각과 감정의 경계가 흐릿하다. 클라이언트는 자주 '현대적이면서도 따뜻하게요' '세련되지만 아늑하게요'라고 요구한다. 감정의 언어다. 디자이너는 이 추상적인 언어를 색상과 재질, 조도와 구성으로 번역해야 한다.

디자인이 완성되는 순간조차도 이 감정은 바뀐다. 클라이언트의 말은 디자인 언어가 아니라 기대와 불안의 감정 언어일 때가 많다. 그래서 인테리어 디자이너는 심리상담가처럼 감정을 들어야 하고, 동시에 물류 전문가처럼 자재를 계산해야 한다.

감각이 있어도 충분하지 않다. 그것을 현장에 반영하고, 예산 내에 담고, 일정 안에 끼워 넣고, 시공자와 감리를 설득해 끝까지 유지할 수 있어야 비로소 하나의 프로젝트가 완성된다. 벽지나 바닥만이 아니라 조명 하나, 손잡이 하나 등 세세한 아이템 하나가 공간 전체의 감도를 바꾼다. 자재가 단종되면 감도는 무너지고, 현장소장의 방식이 다르면 치수는 변경되며, 시공자가 순서를 바꾸면 흐름이 흔들린다. 좋은 인테리어란 예쁜 디자인이 아니라 현장성이 반영된 설계, 감각이 구현될 수 있는 설계다.

건축과 인테리어의 세계에서 가장 고통스러운 지점은 정체성이다. 건축가는 자신이 만들고 싶은 것을 만들 수 없다. 인테리어 디자이너는 누군가가 원하는 것을 최대한 해석해 주는 사람이지, 자신의 취향을 밀어붙이는 사람이 아니다. 이들은 작가가 아니라 중재자이고, 창작자가 아니라 감정 조정자에 가깝다. 직접 도면을 그리지만, 그 도면은 결국 현장에서 수정되고, 감리로 조율되며, 클라이언트의 변심으로 다시 돌아온다.

감각보다 설득과 조율 능력이 자격 요건이다

이 직업은 감각이 곧 실력이라는 오해를 많이 받지만, 실제론 감각을 유지하는 태도와 실행까지 도달하는 힘이 실력이다. 멋진 아이디어를 내는 건 누구나 할 수 있다. 하지만 그것을 시공 현장에서 끝까지 지켜내는 건 극히 소수만이 해낸다. 반복되는 피드백, 쪼개지는 일정, 자재 수급 지연, 현장 민원, 시공 변경 등 예상치 못한 사고와 잡무에 감정적으로 반응하지 않고, 기민하게 조율하며 밀어붙일 수 있어야 한다. 이 능력은 감각이 아니라 태도이고, 견디는 힘이다.

이 직업의 핵심은 아름다움을 설계하는 작업이 아니라 현실의 모든 복잡함을 설계할 수 있는 언어로 바꾸는 능력이다. 감각은 시작일 뿐이고, 조율은 매일의 일이고, 실현은 인내의 결과다. 계획된 설계를 유지하려면 싸워야 하고, 감정을 지우려면 훈련이 필요하며, 현실을 뚫으려면 지속 가능한 태도가 필요하다. '이건 왜 안 되

냐?'라는 말에 '이래서 어렵고, 이 방식으로 해결할 수 있다'라고 대안을 제시할 수 있는 사람만이 오래 간다.

그래서 이 일을 고민하는 사람은 스스로 물어야 한다. 나는 설계보다 조율을 더 많이 해도 괜찮은가? 감각이 무시될 때도 감정을 다스릴 수 있는가? 설계 계획을 유지하기 위해 끝까지 싸울 수 있는가?

이 직업은 예쁜 것을 상상하는 일이 아니다. 끝까지 살아남을 수 있는 조율력을 훈련하는 일이다. 감각은 시작일 뿐이고, 현실은 언제나 더 복잡하다.

지금이 아니라, 30년 후를 설계한다
설계보다 협의, 예측력보다 인내력이 우선한다

도시는 흐른다. 도로와 사람, 건물과 공공시설, 교통과 행정, 이 모두가 유기적으로 얽혀 하루하루의 삶을 만든다. 그러나 이 원활

한 하루를 만드는 노고는 대부분 눈에 띄지 않는다. 사람들이 매일 이용하는 길과 공간, 시간의 질서는 결코 저절로 생기지 않았다. 도시의 구조는 누군가가 미리 설계한 질서이고, 그 보이지 않는 흐름을 만든 사람들이 바로 도시계획가와 교통공학자다.

도시계획가는 미래를 설계하는 사람이다. 하지만 그 미래는 이상적이고 추상적이지 않다. 수십 년 후의 인구 밀도, 생활권 분포, 토지 용도, 사회 기반 시설의 수요를 예측하고 계획하는 예견된 현실이다. '병원은 어디에 들어서야 할까? 공원은 얼마나 확보해야 할까? 주택과 산업단지를 어떻게 배치해야 사람들이 모여 살 수 있을까?' 등 도시계획가는 지도 위에 색을 칠하지만, 그 색은 단순한 미적 상상이 아니라 예산과 규제, 민원과 정치적 이해가 맞물려 탄생한 타협의 색이다.

건축가가 한 필지의 건물을 설계한다면, 도시계획가는 도시 전체의 흐름을 짜는 사람이다. 그만큼 더 많은 제약과 조율을 감내해야 한다. 시민의 요구는 실현 가능성과 충돌하고, 기업의 이해는 공공성과 갈등하며, 행정은 느리고 정치적 일정은 급하다.

계획은 곧 협의의 기술이다. 도면보다 회의 자료를 더 자주 들여다보고, 설계보다 조정이 먼저다. 몇 개월이 아니라 몇 년에 걸쳐 하나의 안을 다듬고, 한 문단을 두고 수십 개 기관의 승인을 기다려야 한다. 도시계획가는 결국 계획가이면서 동시에 협상가이며 버티는 사람이다.

교통 공학자는 도시의 순환계를 설계한다. 도시는 숨을 쉰다. 그

호흡은 사람과 차량의 이동 속도, 대중교통의 효율, 신호체계의 리듬으로 드러난다. 도로의 선형, 교차로의 구조, 회차 지점의 위치는 교통 공학자의 손끝에서 시작된다. 도로 하나가 막히면 도시 전체가 병들고, 버스 노선 하나만 바뀌어도 통근 시간은 수십 분씩 늘어난다.

이들은 감정을 설계하지 않는다. 모든 판단은 수요 예측, 시뮬레이션, 신호 주기의 최적화 같은 정량 분석을 바탕으로 내려진다. 아이러니하게도 그 효과는 항상 사람의 감각으로 평가받는다.

성과 없이, 부정적인 피드백 속 작업을 지속해야 한다

교통 공학자는 공학자이지만 동시에 사회학자다. 수학과 통계, 시뮬레이션은 기본이지만, 그보다 중요한 건 '사람은 왜 이 길을 택했을까?'를 상상하는 힘이다. 데이터로는 보이지 않는 비정형 행동, 문화적 맥락, 정책의 정치성 등 수많은 요건을 고려해야 진짜 작동하는 설계가 된다. 기술은 도구일 뿐이며 설득이 없으면 설계는 추진되지 않는다. 교통 공학자는 공학자이면서 설득자이고 협상자다. 기술자보다 의사소통 전문가가 더 오래 살아남는 직업이다.

이 둘의 공통점은 명확하다. 단기 성과가 없다. 지금 아무리 완벽하게 설계해도, 그 결과는 5년, 10년 뒤에야 드러난다. 때로는 승인까지 수년이 걸리고, 실행은 그보다 더 늦다. 이 직업은 설계자이기 전에 인내하는 사람이다.

혼자 잘한다고 되는 일도 아니다. 계획 하나를 실행하려면 수많

은 사람과 기관, 이해관계자를 설득하고 조율해야 한다. 나만 잘하면 된다는 태도는 이 세계에선 통하지 않는다.

도시계획가와 교통 공학자는 시끄럽지 않게 도시를 바꾸는 사람들이다. 눈에 띄지 않게 개선하고, 대부분은 칭찬조차 받지 못한다. 하지만 이들이 없다면 도시는 흐트러진다. 계획 없는 도시는 무질서해지고, 교통 체계가 설계되지 않으면 삶의 리듬이 무너진다. 이 직업은 드러나지 않는 고요한 설계이지만, 도시의 생명줄을 쥔 핵심 역할이다.

이 일을 고민하는 사람은 스스로 물어야 한다. 나는 수년간 평가받지 않아도 버틸 수 있는가? 내 설계를 끝없이 수정하면서도 중심을 잃지 않을 수 있는가? 수치를 읽되 사람을 상상할 수 있는가? 기술을 익히되 정책을 이해할 수 있는가? 협업을 감수하고, 조율을 기꺼이 반복할 수 있는가?

도시는 흐른다. 그 흐름의 방향과 리듬을 설계하는 사람, 그들이 도시계획가이고, 교통 공학자다.

이 분야의 직업

도시계획가, 교통 공학자, 토목 설계 기술자, 도시 디자이너, 주거 정비 기획자, 부동산 정책연구원, 국토계획 연구원, 도시재생 전문가, 교통 정책연구원, 교통계획 전문가, 스마트시티 엔지니어, 인프라 관리 전문가, 도시 행정 공무원

흙을 만지고, 식물을 가꾸고, 숲을 관리하는 일이 있다. 겉보기엔 조용하고 평화로운 직업처럼 느껴진다. 조경사, 원예사, 임업인이 주인공이다.

자연과 함께 일한다고 하면 사람들은 대체로 힐링, 고요함, 느림 등의 단어를 떠올린다. 하지만 실상은 그 반대다. 감각과 설계, 생계와 공사, 기후와 행정 사이를 매일 넘나드는 전방위 노동이다. 고요한 숲은 조경사의 스케치에서 시작되지 않고, 원예사의 손끝에서 완성되지 않으며, 임업인의 탄식 위에서 유지된다.

조경사는 식물로 공간을 설계하는 사람이다. 하지만 그 설계는 감각만으로 완성되지 않는다. 도시공원, 아파트 단지, 문화유산 주변이라는 복잡한 토지 조건을 고려하고, 공공 발주, 시공 예산과 민원 상황 속에서 풀과 나무, 물길과 산책로를 동시에 계획해야 한다. 기획부터 설계, 시공, 유지관리까지 모든 단계에 개입하고 책임져야 한다. 도면을 그리는 일이 아니라 도면이 현실에서 실현되도록 끝까지 버티는 일이다.

나무 하나 바꾸는 데도 현장소장의 눈치, 감리의 지시, 클라이언트의 감정이 개입된다. 예산이 줄면 식재부터 빠지고, 유지 인력이 없으면 조경은 몇 달 만에 폐허가 된다. 감성으로 시작되지만, 현실은 항상 설득과 협상, 감정노동의 연속이다. 조경은 예쁜 디자인의

문제가 아니라 계속 살아 있는 자연을 어떻게 유지 가능한 구조로 조정할 수 있을 것인가의 문제다.

원예사는 흙과 식물을 직접 다루는 사람이다. 정원을 가꾸고, 화훼를 키우고, 도시 텃밭을 설계하며, 원예치료를 기획한다. 식물에 대한 애정은 기본이고, 물과 빛, 온도와 습도의 리듬을 읽어내는 민감함과 반복의 인내심이 필수다.

이 직업의 또 다른 이름은 자영업자다. 시장과 계절, 트렌드와 유통 상황에 따라 수입은 급변한다. 농장 운영, 꽃집 운영, 식물 큐레이션 등 모든 걸 스스로 기획하고, 브랜딩하고, 판매해야 한다.

감성이 있어야 시작할 수 있지만, 살아남는 건 사업 감각이 있는 사람이다. 고정 고객이 없으면 고정 수입도 없고, 감각만 믿고 뛰어들면 빠르게 지친다. 식물은 거짓말을 하지 않는다는 말은 맞지만, 시장은 냉정하다. 예쁘고 건강한 식물을 키워도 팔리지 않으면 생계는 이어지지 않는다.

임업인은 숲을 관리하는 사람이다. 나무를 심고, 자르고, 병충해를 방제하고, 산불을 막고, 탄소 흡수량을 계산한다. 자연 속에서 일한다고들 하지만, 실상은 행정 속에서 일한다. 산림청 정책, 탄소 배출권 시장, 국유림 규정 등 계획과 규정 안에서만 움직일 수 있다. 숲은 자생하지만, 숲을 지키는 일은 인간의 개입과 관리 없이는 지속되지 않는다.

기후 위기 이후 산림은 더 이상 단순한 녹지가 아니다. 탄소중립 시대에 산림은 국가의 전략자원이 되었고, 임업인은 자연 속 노

동자가 아니라 기후와 경제를 연결하는 관리자가 되었다.

설계는 장기적이고, 성과는 더디며, 위험은 실시간이다. 숲은 천천히 자라지만, 병충해와 산불은 순식간이다. 그리고 그 예방과 복구는 현장의 손과 판단에 달려 있다.

흙과 행정 사이에서 살아남는 감각을 키워라

세 직업의 공통점은 분명하다. 감각이 있어야 시작할 수 있고, 기술이 있어야 계속할 수 있으며, 체력과 판단력이 없으면 오래 버티기 어렵다. 자연은 끊임없이 변화하고, 사람은 더 조급하며, 행정은 예산과 효율을 먼저 본다. 이 세계는 고요해 보이지만, 그 안은 늘 요동친다. 예쁜 정원도, 무성한 숲도, 건강한 식물도 누군가의 매일 같은 반복과 관리 위에서만 존재할 수 있다.

그래서 이 일을 고민하는 사람은 스스로 물어야 한다. 나는 흙을 좋아하는가, 아니면 흙을 매일 만질 수 있는가? 식물을 사랑하는가, 아니면 죽을 수도 있는 생명과 매일 마주할 수 있는가? 자연 속에서 일하길 원하는가, 아니면 자연과 제도 사이에서 일하는 어려움을 감내할 수 있는가? 감성을 유지하면서도 기술과 판단으로 생존을 이어갈 수 있는가?

이 일은 감성으로 시작되지만, 기술과 생존, 판단과 설득의 합으로만 지속할 수 있다. 자연은 설계되지 않는다. 숲은 관리되지 않으면 금세 병들고, 정원은 유지되지 않으면 흉해지고, 식물은 살피지 않으면 죽는다. 자연은 저절로 존재하지만, 사람이 함께 살 수 있는

자연은 그렇지 않다.

조경사, 원예사, 임업인은 그 자연을 매일 설계하고, 돌보고, 견디는 사람이다. 그들이 없으면 자연은 그대로 있지만, 사람이 살 수 있는 자연은 사라진다.

기후 위기 시대가 왔다
환경공학자, 에코 컨설턴트 등 환경직을 꿈꾸는가?

기후 위기는 더 이상 먼 미래가 아니다. 산업은 탈탄소를 요구받고, 소비자는 ESG(Environmental, Social, and Governance, 지속 가능한 발전을 추구하는 경영방식으로 환경, 사회, 지배구조를 이름)를 따진다. 학교도, 기업도, 정부도 지속가능성을 말하지 않으면 신뢰를 잃는 시대다. 그리고 그 흐름의 한복판에 있는 직업이 있다. 바로 환경공학자와 에코 컨설턴트다.

겉으로 보기엔 가치 있는 일을 하는 사람들처럼 보이지만, 현실

은 훨씬 더 복잡하고 치열하다. 이들은 기후 위기를 말하는 사람이 아니라, 그 위기를 수치로 설계하고 구조로 설득해야 하는 전문가들이다.

환경공학자는 공기, 물, 땅, 쓰레기 등을 다루는 기술직이다. 정수 처리, 폐수 정화, 대기 오염 방지, 폐기물 자원화, 탄소 저감 기술 모두가 이들의 손을 거친다. 하지만 연구실에만 머무는 직업이 아니다. 현장과 행정 사이를 오가며 기술을 실제 정책과 공사로 연결해야 한다. 수질 데이터, 토양 안정성, 주민 동의, 예산 구조가 동시에 고려되어야 하나의 설계가 통과된다. 착한 마음만으로는 도면 하나, 인허가 하나도 성사되지 않는다.

환경공학은 공학적 정밀성과 공공적 설득력을 동시에 요구하는 일이다. 뛰어난 기술만으로는 충분하지 않다. 환경공학자는 언제나 다양한 이해관계자 사이에 서 있는 소통자이기도 하다. 기업 담당자, 기술 파트너, 관청 실무자, 민원인 등 각계각층을 상대로 수치를 해석하고, 설계를 설명하고, 위험 요소를 예측해 보여줘야 한다. 실험은 완벽했지만, 보고서가 통과되지 않아 좌초된 프로젝트도 많다. 그래서 논문 작성보다 발표를 잘해야 하고, 기후모델보다 엑셀을 더 자주 만진다. 기술직이면서 감정 노동자, 분석가이면서 중재자가 현실 속 환경공학자의 본모습이다.

에코 컨설턴트는 이보다 더 미묘한 전선 위에 있다. ESG 보고서 작성, 탄소 배출량 측정, 전 과정 평가, 녹색인증 대응 등이 이들의 업무다. 이 직업은 환경 전문가이자 경영 전략가, 동시에 정책 해석

가다. 지속가능성의 언어를 기업의 언어로 번역하고, 전략에 맞는 실행 계획을 짜고, 외부의 평가기관과 내부의 임원진을 동시에 설득해야 한다. 친환경이 곧장 매출로 이어지지 않는 지금, 그 설득의 핵심은 언제나 수치다. 숫자 없는 가치는 아무리 옳아도 시장에선 설득력이 없다.

문제는 이 일에 좋은 뜻만 갖고 들어오면 금세 무너질 수 있다는 것이다. 친환경 기술이나 ESG 전략은 언뜻 보면 가치를 지키는 일 같지만, 실제로는 시장성, 시기성, 예산, 정치적 동력 등 여러 요인에 따라 계속 흔들린다. 고객은 가치에 공감하지만, 현실적으로 타이밍이 아니라고 거절하고, 행정은 형식이 맞지 않는다며 반려한다. 정의감만으로 버티기는 어렵고, 실행되지 않는 이상은 결국 포기하게 된다. 많은 이들이 좋은 일을 하겠다는 마음으로 진입하지만, 구조를 읽고, 숫자로 설득하지 못하면 오래 머무를 수 없다.

가치를 말하고 싶다면, 숫자로 설득하라

환경공학자와 에코 컨설턴트 모두에게 필요한 공통 생존 전략이 있다. 설득력 있는 숫자와 구조화된 문서, 그리고 반복을 견디는 체력이다. 이 일은 환경이 소중하다는 신념보다 이러이러한 수치를 기반으로 이러이러한 조치가 필요하다는 논리가 뒷받침돼야 살아남는다. 이상보다 실행, 사명감보다 인내가 우선이다. 좋은 일을 한다는 자부심보다 실제로 변화가 일어나야 의미가 있다.

결국 이들은 가치와 경제성 사이를 오가는 줄타기꾼이다. 지속

가능한 개발이라는 말은 멋있지만, 그 실행은 피곤하고, 이해관계는 충돌한다. 친환경이 언제나 비용 효율적이지 않으며, 설득의 대상은 환경이 아니라 예산표일 때가 많다. 하지만 누군가는 그 틈을 읽고, 구조를 만들고, 수치로 증명하고, 말로 풀어야 한다. 이 직업은 멋진 포스터 한 장보다 복잡한 회의 다섯 번을 견디는 사람이 하는 일이다.

그래서 이 일을 고민하는 사람은 스스로에게 물어야 한다. 나는 환경을 말하고 싶은가, 아니면 환경을 설계할 수 있는가? 가치를 믿는가, 아니면 그 가치를 숫자로 만들 수 있는가? 정책과 예산, 규제와 PR 사이에서 논리를 유지한 채 설계도를 그릴 수 있는가?

기후 위기에 대해 말하는 사람은 많다. 강연장에서, 기사에서, 캠페인에서, 우리는 수많은 메시지와 수치, 경고를 듣는다. 하지만 정작 그 위기를 구체적으로 실행할 수 있는 사람은 많지 않다. 문제를 지적하는 일과 해결 방안을 구조화하는 일 사이에는 커다란 틈이 존재한다. 실현할 수 있는 설계로, 현실적인 조치로, 예산과 정책안에서 기후 위기를 실행할 수 있는 사람은 드물다.

좋은 의도만으로는 아무 일도 일어나지 않는다. 착한 일은 구조 없이는 유지되지 않는다. 아무리 훌륭한 아이디어도 시스템과 자원, 이해관계를 고려하지 않으면 지속하지 못한다. 지속가능성이란 말 자체가 설계된 구조와 유지 가능한 실행을 전제로 한다. 환경을 위해서 일하고 싶다면, 먼저 그 일에 구조를 입혀야 한다.

환경은 감정으로 움직이지 않는다. 분노나 슬픔, 의지만으로 대

기질이 좋아지지 않고, 탄소 배출이 줄어들지도 않는다. 환경은 시스템으로 움직인다. 수치와 기준, 인허가 절차, 기술적 타당성과 경제적 논리를 따라야만 실현된다. 기술과 제도, 협업과 설득이 하나의 회로처럼 맞물릴 때 비로소 변화가 작동한다. 그리고 바로 그 회로를 설계하는 사람들이 있다.

감정의 메시지를 구조로, 이상을 수치로, 가치를 실행 로드맵으로 바꾸는 사람들, 기후 위기의 구조를 읽고, 정책과 시장 사이에서 전략을 설계하는 사람들, 그들이 바로 진정한 의미의 환경공학자이자 에코 컨설턴트다.

이 분야의 직업

환경공학자, 환경 컨설턴트, 기후 정책연구원, 탄소배출 분석가, 지속가능경영 전문가, ESG 전략가, 에너지관리사, 신재생에너지 기술자, 수질관리 기술자, 대기환경 기술자, 폐기물관리 전문가, 환경 데이터 분석가, 환경영향평가 전문가

AI 시대에 살아남을 수 있는 건축·환경 기술자

AI가 도면과 예측을 자동화해도 공간과 환경 분야는 이해관계 조율, 현장 위험 판단, 규제와 지속가능성 설계를 통합하는 인간의 판단과 책임의 영역이어야 한다.

건축가	인테리어 디자이너	인테리어 코디네이터
실내 건축가	전시 공간 디자이너	건축설계사
건축 엔지니어	시공 감리자	건설 현장 관리자
구조 설계 기술자	공간 기획자	리모델링 전문가
부동산개발 기획자	도시계획가	교통 공학자
토목 설계 기술자	도시 디자이너	주거 정비 기획자
부동산 정책연구원	국토계획 연구원	도시재생 전문가
교통 정책연구원	교통계획 전문가	스마트시티 엔지니어
인프라 관리 전문가	도시 행정 공무원	조경가
조경설계가	원예사	정원 디자이너
식물학연구원	생태복원 전문가	산림경영인
임업인	산림 기술자	산림청 공무원
국립공원 관리직	생태 조사원	수목원 관리자

환경공학자	환경 컨설턴트	기후 정책연구원
탄소배출 분석가	지속가능경영 전문가	ESG 전략가
에너지관리사	신재생에너지 기술자	수질관리 기술자
대기환경 기술자	폐기물관리 전문가	환경 데이터 분석가
환경영향평가 전문가		

새로운 직업의 세계

미래를 설계하는 사람들

숫자를 다룬다고 모두 수학자가 되는 건 아니다. 디자인한다고 해서 다 예술가가 되는 것도 아니다. 빅데이터 분석가와 UX(User Experience, 사용자 경험) 디자이너는 정확히 그 경계에 있는 사람들이다. 겉으로는 숫자와 화면을 다루지만, 실제로는 사람을 다룬다. 사람의 마음, 행동의 흐름, 보이지 않는 감정의 패턴을 해석하고, 설계하고, 예측하는 일을 한다. 서로 다른 분야 같지만, 이 둘은 놀랍도록 닮았다. 공통점은 하나, 보이지 않는 것을 읽는 능력이다.

빅데이터 분석가는 로그, 클릭 수, 구매 이력, 검색어를 마주한다. 겉보기엔 냉정한 숫자지만, 그 안에는 사람이 있다. 그날의 기분, 망설임, 충동, 필요, 갈망, 이 모두가 데이터에 남는다. 데이터는 말이 없고, 정답도 없다.

그래서 중요한 건 '왜 이런 흐름이 나왔을까?' '이 이상치는 어떤 맥락에서 생겼을까?' 등의 질문이다. 수치는 항상 결과일 뿐이다. 진짜 분석은 그 뒤에 숨어 있는 심리와 행동의 서사를 읽는 데서 시작된다. 분석가에게는 통계 기법보다 가설과 맥락을 설계하는 사고의 기술이 더 중요하다. 코딩은 기본 도구일 뿐이며 데이터를 이야기로 풀어내는 사람이 진짜 분석가다.

사람을 해석하는 일이다

데이터를 읽는다는 건 결국 사람을 해석하는 일이다. 그래서 논리력과 직관력을 동시에 요구한다. 패턴을 찾는 눈과 그 패턴에 질문을 던지는 감각이 함께 있어야 한다. 때로는 이성과 맞지 않더라도 직관이 먼저 반응한다. 그리고 그 직관은 가장 정확한 출발점이 되기도 한다. 이 둘을 유연하게 오갈 수 있어야 숫자가 정보로 살아난다. 분석가가 된다는 건 논리와 감정 사이의 좁은 다리를 건너는 일이다.

디자이너도 다르지 않다. 화면을 다루지만, 본질은 경험을 설계하는 일이다. '이 버튼을 누르기까지 사용자는 몇 번 망설였을까?' '이탈한 페이지에서 사용자는 무슨 감정을 느꼈을까?'를 고민해야 한다. 색상, 위치, 동선은 단순한 시각 요소가 아니다. 사람의 심리를 따라 설계된 정교한 감정의 지도다.

UI(User Interface, 사람과 사물, 시스템, 소프트웨어 등을 서로 이어주는 부분이나 장치)가 보이는 것을 만든다면, UX는 느껴지는 것을 만든다. 1초의 지연이 주는 좌절, 설명의 과잉, 불편한 버튼 위치 등 소소하지만 절대 소소하지 않은 부분을 감지하고 고쳐내는 사람이 UX 디자이너다.

이 직업은 연구자이자 설계자이자 조율자다. 사용자를 관찰하고, 데이터를 해석하고, 문제를 발견하고, 와이어프레임(Wireframe, 디지털 제품의 기본 구조를 시각적으로 표현한 설계 도구)을 그리고, 팀을 설득한다. 하나의 화면을 완성하는 데도 수많은 가설 설정과 테

스트, 수정을 반복한다.

그 모든 과정을 견딜 수 있어야 한다. 완성이라는 개념은 없다. 늘 미완의 상태에서 '더 나은 건 없을까?'를 묻는 힘, 그 끈질김이 UX 디자이너의 생명력이다. 예상과 다르게 작동했을 때 더 흥미를 느끼는 사람, 결과보다 과정을 사랑하는 사람에게 어울리는 직업이다.

숫자를 통해 사람을 찾고, 감정을 탐험한다

이 두 직업은 서로 다른 언어를 쓰지만, 같은 지향점을 가진다. 숫자 속에서 사람을 찾고, 화면 위에서 흐름을 추적한다. 겉으로는 분석가와 디자이너지만, 실제로는 감정의 탐험가다. 이들은 세상을 더 편리하게, 더 똑똑하게, 무엇보다 더 사람답게 만들기 위해 일한다. 데이터를 읽는 눈, 맥락을 파악하는 감각, 문제를 발견하는 질문 능력, 그리고 끊임없는 개선 의지, 이 모든 것이 이 직업들의 공통 언어다.

특히 중요한 건 이 직업들은 완결을 요구하지 않는다는 점이다. 항상 베타 버전(Beta Version, 정식 발표 전에 소프트웨어 검사를 위해 배포하는 시험용 제품) 상태로 살아가고, 내일의 실패를 위해 오늘을 설계한다. 그런 삶이 피곤하게 느껴진다면 버티기 어렵지만, 그것을 즐기는 사람이라면 이 직업은 꽤 멋진 동반자가 되어준다.

만약 당신이 관찰을 좋아하고, 질문이 많은 사람이거나 완벽보다 진화를 중시하는 성향이라면, 이 두 직업은 분명 당신에게 말을

걸어올 것이다. 세상은 더 많은 기술자를 필요로 하지 않는다. 세상은 더 깊이 보는 사람을 원한다. 데이터의 속살을 들여다보고, 사람의 흐름을 설계할 줄 아는 그런 사람 말이다.

가상의 질서를 설계한다
메타버스와 게임, 재미는 기획에서 탄생한다

"나만의 게임을 만들고 싶다."라고 꿈꾸던 친구들이 있었다. 어릴 땐 그 말이 장난처럼 들렸다. 지금은 다르다. 이 일은 실제로 존재하고, 시장은 거대하며, 수요는 분명하다. 다만 한 가지는 여전하다. 겉보기엔 자유로워 보이지만, 속은 극도로 치밀하고 계산적이라는 점이다.

메타버스(Metaverse, 웹상에서 아바타를 이용해 사회, 경제, 문화적 활동을 하는 등 가상 세계와 현실 세계의 경계가 허물어지는 것을 이름) 기획

자와 게임 기획자는 현실이 된 가상 속에서 질서를 만들고, 시스템을 설계하며, 감정과 행동을 유도하는 사람들이다. 그들의 일은 단순한 '덕질(팬 활동)'의 연장이 아니다. 오히려 창의력과 분석력, 소통력이 균형을 이룰 때만 가능한 고난도 설계업이다.

가상 공간에서의 규칙을 창조한다

메타버스 기획자는 단지 멋신 공간을 꾸미는 사람이 아니다. 그들은 공간과 경험을 동시에 설계하는 도시 계획자이자 사회 시뮬레이터다. 게임과 달리 메타버스에는 승패가 없다. 사용자는 이 세계에서 걷고, 만나고, 거래하고, 심지어 살아간다.

이들에게 주어진 질문은 '무엇을 만들까?'가 아니라 '이 안에서 사람들은 어떻게 살아갈까?'이다. 정답은 없고, 설계만 있다. 기술은 기본이고, 중요한 건 경험의 흐름을 설계하는 능력이다. 스토리텔링, 시각 감각, 상호작용 구조, 사회성 모두 동시에 작동해야 한다. 가상의 물리 법칙을 만들고, 그 안에서 사람들의 동선과 감정을 예측해야 한다. 이들은 가상 세계의 헌법을 만드는 사람이며 경험의 흐름을 설계하는 보이지 않는 연출자다.

게임 기획자는 다르면서도 닮았다. 그들은 재미라는 감정을 시스템 안에 구조화한다. 레벨 디자인, 보상 시스템, 몰입 곡선, 인터페이스(interface, 서로 다른 두 시스템이나 장치를 이어주는 장치) 흐름, 규칙과 서사의 균형까지, 하나의 게임은 수많은 기획의 총합이다.

게임이 좋다는 마음으로 시작할 수는 있지만, 그다음은 메커니

즘(mechanism, 사물의 작용 원리나 구조)의 언어로 말할 수 있어야 한다. 감정이 아니라 구조로 설득해야 한다. 설계도 없이 짓는 건 건축이 아니듯 규칙 없이 만드는 게임은 공허하다.

이 일은 혼자만 잘해서는 완성되지 않는다. 프로그래머, 그래픽 디자이너, 마케터, 운영팀과의 협업이 필수다. 기획자는 그 교차점에서 방향을 잡고, 유저(user, 사용자) 피드백을 매일 반영해 리뉴얼을 반복한다. 기획서 작성 능력은 기본이며 논리와 감정을 넘나드는 설득력이 관건이다. 감정에 집착하면 논리를 잃고, 고집이 세면 피드백을 놓친다. 이 일은 자기 감정을 품은 채 현실과 타협할 줄 아는 사람의 몫이다.

흥미보다 정교한 기획력이 필요하다

두 직업의 공통점은 명확하다. 모두 재미를 설계하지만, 그 재미는 철저히 계산된 구조 위에 세워진다. 사람들이 오래 머무는 동선을 만들고, 클릭을 유도하며, 이탈을 줄이고, 반복 사용을 유도하는 시스템을 설계한다. 사용자가 느끼는 쾌감과 몰입은 수많은 실험 끝에 탄생한 정밀한 시나리오의 결과다. 재미는 우연이 아니며 운이 아니라 기획의 결과다.

단순한 '덕후(열광적 팬)'는 오래 버티지 못한다. 이 일은 개인의 취향만으로는 부족하다. 타인의 감정을 예측하고, 이해하고, 때로는 과감히 삭제할 수 있어야 한다. 기획이 아무리 좋아도 사용자가 재미없다고 하면 바꿔야 한다. 피드백은 실패가 아니라 다음 설계

의 재료다. 고집보다 집요함, 창의성보다 반복의 힘이 더 중요해지는 순간이 많다.

그렇다고 해서 이 일이 창의적이지 않다는 뜻은 아니다. 오히려 진짜 창의성은 구조 안에서 발휘된다. 상상을 기능으로 바꾸고, 감정을 시스템 안에 녹이며, 몰입을 기획서로 표현하는 일이 바로 이 직업의 본질이다. 자유로운 발상은 환영받지만, 그 자유는 철저히 구조 위에서만 날개를 펼 수 있다.

만약 당신이 새로운 세계를 만들고 싶다면, 그리고 그 세계 안에서 사람들이 살아가고, 몰입하고, 머물게 만들고 싶다면 기억해야 할 감정은 하나다. 재미는 공기처럼 가볍지만, 그걸 설계하는 일은 절대 가볍지 않다는 것이다. 메타버스와 게임, 이 두 세계는 현실과 마찬가지로 누군가가 설계한 법칙 위에 존재한다. 그리고 그 설계자는 지금, 이 글을 읽고 있는 당신일지도 모른다.

이 분야의 직업

메타버스 기획자, 메타버스 디자이너, XR(Extended Reality, 확장현실) 엔지니어, VR(Virtual Reality, 가상현실) 개발자, AR(Augmented Reality, 증강현실) 개발자, 게임 기획자, 게임 시나리오 작가, 게임 프로그래머, 게임 그래픽 디자이너, 게임 사운드디자이너, 게임 QA(Quality Assurance, 품질 보증, 관리) 전문가, 게임 PM(Project Manager, 프로젝트 매니저), 이스포츠 기획자, 가상공간 운영 매니저, 디지털 트윈(Digital Twin, 현실 세계의 기계나 사물 등을 컴퓨터 속 가상 세계에 똑같이 구현하는 기술) 전문가

어릴 적 '로봇을 만들겠다' '우주를 누비고 싶다'라는 상상은 대개 만화 속 장면처럼 기억된다. 움직이는 기계, 떠오르는 우주선, 영웅의 전투라는 화려한 이미지 속에서 로봇공학자와 우주 개발자는 오랫동안 판타지였다. 하지만 현실에서 이 직업을 택한 이들은 더 이상 상상의 직업이 아니라는 사실을 깨닫는다. 이건 공학의 최전선에서 매일 실패와 오차를 견디는 사람들의 일이다.

로봇공학자는 단순히 로봇을 만드는 사람이 아니다. 기계가 움직인다는 결과를 얻기 위해 어떤 구조를 설계하고, 어떤 알고리즘을 조율하며, 어느 타이밍에 어떤 명령을 보내야 할지를 정밀하게 계산하는 사람이다.

예컨대 사람이 손을 뻗어 컵을 드는 동작은 단순해 보이지만, 로봇에게 그 동작을 시키려면 수십 개의 관절이 동시에 협응해야 하고, 중력, 마찰, 반작용, 가속도 등 수많은 조건을 실시간으로 계산해야 한다. 사람은 무의식적으로 균형을 잡지만, 로봇은 균형을 코드로 예측하고 센서 피드백을 통해야만 설 수 있다.

이제 막 걷기 시작한 이족보행 로봇이 휘청이는 장면은 실패가 아니라 과정이다. 도면 위에서는 멀쩡한 설계가 현실에서 무너지는 건 단 하나의 이유 때문이다. 현실엔 오차가 있고, 환경이 매번 달라지기 때문이다.

그래서 로봇공학자의 하루는 테스트로 시작해 테스트로 끝난다. 로봇은 쓰러지고, 회로는 끊기고, 명령은 꼬이고, 알고리즘은 다시 구성되고, 시뮬레이션은 무한 반복된다. 그런 일상을 견디지 못하면 이 일을 계속할 수 없다.

로봇만이 아닌 인간의 삶을 설계하는 일이다

더 중요한 건, 이들이 만들고 있는 섯이 단순히 움직이는 기계가 아니라는 점이다. 재난 현장에 투입되는 로봇, 고령 사회를 위한 돌봄 로봇, 재활 로봇, 산업 자동화 시스템 등 사회와 직결된 기술이다. 로봇공학자는 이제 단순한 기술자가 아니라 인간의 삶을 설계하는 공공의 설계자로 진화하고 있다. 그 출발점은 늘 같다. 왜 넘어졌는지를 분석하고, 다시 일어설 방법을 찾는 집요함이다.

우주 개발자의 세계는 더 고요하고, 더 긴장감 있다. ‘우주에 무언가를 보낸다’라는 말은 낭만적으로 들리지만, 그 속엔 초정밀 공학, 고난도 설계, 국제 협력, 그리고 정치적 계산까지 모든 게 응축돼 있다. 인공위성을 궤도에 올리는 일은 단순히 물건을 쏘아 올리는 일이 아니다. 어디로, 어떤 각도로, 어떤 속도로, 언제, 어떤 환경 속에서 해야 하는지 모두 계산해야 한다. 지상 3만 6천 킬로미터 위에서 단 1초의 계산 착오로 위성은 수천 킬로미터를 벗어날 수 있다.

발사체 하나를 설계하기 위해선 열역학, 추진 공학, 진동 공학, 전자파 간섭, 통신 기술, 소재 과학이 결합한다. 보통 수백 명이 수

년 이상 협업해야 가능한 규모이다. 그 모든 시스템은 진공 상태와 극한의 온도 변화, 충격과 진동을 견뎌야 한다. 전력 소모는 최소화해야 하고, 고장률은 제로에 가깝게 설계되어야 한다.

우주 개발자는 별을 관측하는 천문학자와는 다르다. 그들은 무중력의 공간 안에 인간의 기술을 심는 사람들이다. 그리고 그것이 실제로 작동하게 하려면, 과학을 넘어선 복합적 공학이 필요하다. 더 나아가 이 산업은 기술을 넘어 국가 전략과도 직결된다. 기술 독립, 군사 응용, 외교적 협상, 국제 우주조약 등이 함께 얽힌다.

실패 분석 후 다시 도전하는 태도가 일 번이다

이 두 직업의 공통점은 분명하다. 실패가 일상이라는 점, 그리고 그 실패를 기록하고 분석하고 반복할 수 있어야만 진짜 성취에 닿는다는 점이다. 로봇은 수천 번 넘어지고, 위성은 수만 건의 시뮬레이션을 돌려도 현실에서 다른 변수가 튀어나온다. 당황하지 않고, 다시 설계하는 사람만이 살아남는다.

이 직업은 상상력으로 시작되지만, 끝은 공학이어야 한다. 꿈으로 뛰어든 사람은 도중에 지치고, 구조로 버티는 사람만이 끝까지 간다. 이 세계에서 중요한 건 낭만이 아니다. 계산력, 반복력, 그리고 감정을 버리고 구조를 택하는 능력이다.

어린 시절 로봇 만화를 보며 설렜고, 밤하늘을 올려다보며 조종석에 앉은 자신을 상상했고, 그 감정은 틀리지 않았다. 다만 그 감정을 현실로 만들고 싶다면, 이제는 만화책을 덮고 회로도와 시뮬

레이션 창 앞에 앉아야 할 시간이다. 로봇공학자와 우주 개발자는 그렇게 세상에 없던 것을 만들기 위해 실패를 훈련한 사람들이다.

로봇공학자, 로보틱스 엔지니어, 드론 개발자, 인공지능 로봇 디자이너, 로봇 시스템통합 전문가, 자동화시스템 설계자, 우주 개발자, 우주항공 엔지니어, 인공위성 연구원, 발사체 엔지니어, 우주 정책연구원, 항공우주 시스템 설계자, 천문 연구원

새로운 기술로 세상을 바꾼다

기후 기술가와 사회혁신가의 일은 다르다

많은 이들이 세상에 보탬이 되는 일을 하고 싶다고 말한다. 하지만 그 말 뒤에는 어딘가 망설임이 묻어 있다. 좋은 뜻만으로는 부족하고, 좋은 일은 대개 먹고살기 힘들다는 편견 때문이다.

이 틈을 정면으로 뚫고 들어가는 직업이 있다. 기후 기술가와 사회혁신가다. 멋진 구호가 아니라 실제 구조를 설계하고, 현실에 개입하는 기술 기반의 실천가들이다. 그들은 신념만으론 버틸 수 없고, 전략만으론 의미를 만들 수 없는 세계에서 일한다.

기후 기술가는 지구의 절박한 문제에 가장 가까이 있는 기술자다. 탄소 중립과 기후 위기가 뉴스에서만 오가는 동안 이들은 탄소

포집, 수소연료, 재생에너지, 스마트 팜(smart farm, 첨단 농장), 순환 소재, 물 재이용 시스템 같은 기술을 실제로 구현한다. 연구개발을 하고, 기술을 산업에 연결하며, 정책 설계에 참여하기도 한다. 단순한 기술직도, 단순한 환경운동가도 아니다. 기후 기술가는 기술, 산업, 정책이 맞물리는 구조 안에서 문제를 처리, 설계하는 전략가에 가깝다.

기후 문제를 해결한다고 하면 다소 거창하게 들리지만, 현장은 끊임없는 타협과 조율의 연속이다. 기술이 아무리 좋아도 기업이 도입할 수 없다면 무용지물이고, 정책이 아무리 옳아도 현실성이 없으면 무시된다. 이 일은 이상과 수익, 지속가능성과 속도 사이에서 끊임없이 중심을 잡는 일이다. 그래서 기후 기술가는 어느 한 분야의 전문가가 아니다. 기술은 기본이고, 정책을 읽고, 산업을 이해하고, 사람을 설득할 줄 아는 전방위 플레이어여야 한다.

지속가능성이 가장 어려운 조건이다

사회혁신가는 또 다른 방식으로 구조에 개입한다. 이들은 교육, 주거, 보건, 도시재생, 청년 문제, 소외계층 같은 사회적 난제를 누군가는 풀어야 한다는 이유로 직접 풀기 시작한 사람들이다. 창업자이기도 하고, 활동가이기도 하며, 기획자이자 설계자다. 정규 조직에 속하지 않아도 되고, 벤처의 형식을 취하지 않아도 된다. 사회혁신가는 조직을 안 만들고도 창업할 수 있는 사람, 제도를 안 바꾸고도 변화를 유도할 수 있는 사람이다.

가장 어려운 건 지속가능성이다. 좋은 의도로 시작했지만, 자금과 조직, 실행과 확산에서 버티지 못하고 무너지는 혁신 시도는 셀 수 없이 많다. 그래서 사회혁신가는 가치와 수익, 이상과 현실, 비영리와 영리의 경계를 넘나드는 줄타기를 계속해야 한다. 한 방향으론 결코 안 되는 일이다. 기술만으로는 부족하고, 마케팅만 해서는 무너지고, 기획만으론 지속할 수 없다. 늘 현장감과 데이터, 전략과 실행, 삼성과 수지의 교차점에 서 있는 사람에게만 가능하다.

순간의 감상에 젖은 선택은 위험하다

기후 기술가와 사회혁신가의 세계는 전혀 달라 보이지만, 이들의 공통점은 명확하다. 열정만으로는 절대 불가능한 직업, 바로 그것이다. 동기부여를 받았던 감동의 순간과 멋진 말들은 오래가지 않는다. 남는 건 의미 없는 행정 업무를 견디는 끈기, 후원사 앞에서 프레젠테이션을 펼치는 감정노동, 지지부진한 조직 속 갈등을 조율하는 리더십이다. 정말 의미 있는 일을 하고 싶다면, 먼저 의미 없어 보이는 일들을 견디는 훈련이 필요하다.

더불어 이 일에는 두 가지가 공존해야 한다. 절대로 꺼지지 않는 신념과 수시로 바꿔야 하는 전략이다. 신념은 방향을 주고, 전략은 현실을 건넌다. 하나만으로는 부족하고, 둘 다 없으면 버틸 수 없다. 이들은 세상을 바꾼다는 거대한 말 대신, 당장 오늘 하나의 구조를 바꾸고, 하나의 관성을 멈추게 하는 데 집중한다.

그래서 이 직업은 멋지지 않다. 피곤하고 복잡하고, 보람보다 고

민이 더 많다. 그런데도 여전히 이 직업은 필요하다. 기후 위기는 멈추지 않고, 구조적 불평등은 계속되고, 누군가는 문제를 직면해야 하기 때문이다. 그리고 그들이 기후 기술가이자 사회혁신가다. 그들은 항상 "이건 누가 바꾸지 않으면 계속될 텐데, 왜 아무도 시작하지 않지?"라고 질문한다. 그리고 조용히 움직이기 시작한다.

이 분야의 직업

기후 기술가, 에너지 스타트업 창업가, 지속가능 혁신가, 사회혁신가, 사회 가치 병행 사업 기획자, ESG 컨설턴트, 스마트시티 혁신가, 기술 정책 기획자, 디지털 윤리 전문가, 기술창업가, 사이테크(Scitech, 과학기술) 커뮤니케이터, 미래 전략가, 공공 기술 기획자

AI 시대에 살아남을 수 있는 미래형 직업

데이터와 사람, 현실과 가상을 잇는 문제정의, 시스템설계, 거버넌스 (governance, 공동의 목표를 위해 책임감을 가지고 투명하게 의사 결정을 하게 하는 장치) 역량을 갖춘 융합형 설계자가 살아남는다.

빅데이터 분석가	데이터 사이언티스트	머신러닝 엔지니어
AI 리서처	UX 디자이너	UI 디자이너
서비스기획자	사용자경험 연구원	데이터 전략가
CX 매니저	데이터 마케터	인공지능 컨설턴트
데이터 시각화 전문가	메타버스 기획자	메타버스 디자이너
XR 엔지니어	VR 개발자	AR 개발자
게임 기획자	게임 시나리오 작가	게임 프로그래머
게임 그래픽 디자이너	게임 사운드디자이너	게임 QA 전문가
게임 PM	이스포츠 기획자	가상공간 운영 매니저
디지털트윈 전문가	로봇공학자	로보틱스 엔지니어
드론 개발자	인공지능 로봇 디자이너	로봇 시스템통합 전문가
자동화시스템 설계자	우주 개발자	우주항공 엔지니어
인공위성 연구원	발사체 엔지니어	우주 정책 연구원
항공우주 시스템 설계자	천문 연구원	기후 기술가

에너지 스타트업 창업가	지속가능 혁신가	사회혁신가
사회 가치 병행 사업 기획자	ESG 컨설턴트	스마트시티 혁신가
기술 정책 기획자	디지털 윤리 전문가	기술창업가
사이테크 커뮤니케이터	미래 전략가	공공 기술 기획자

AI는 알려주지 않는 나의 미래 직업
AI 시대 진로 설계서

초판 1쇄 발행 2026년 3월 8일

지은이 이승주
펴낸이 박숙현
기획 편집 이경선 배주영
표지·본문 디자인 페이지엔(page_n@naver.com)

펴낸곳 도서출판 별꽃
출판등록 제 562-2022-000139호
주소 (17090) 경기도 용인시 처인구 지삼로 590 CMC빌딩 307호
전화 031-336-8585 **팩스** 031-336-3132
Email booksry@naver.com

ⓒ이승주, 2026

ISBN 979-11-94112-16-7 43370
값 21,000원